高等院校物流管理专业系列教材·物流企业岗位培训系列教材

工程物流学

刘徐方　李　颖◎主　编

卢亚丽　赵　迪◎副主编

U0360958

清華大学出版社

北京

内 容 简 介

本书共 10 章,主要包括工程物流学概述、工程物流的设施设备、建设物流、会展物流、应急物流、军事物流、特种物流、工程物流起重吊装管理、工程物流系固设备与管理、工程物流系统仿真等工程物流的基本理论知识和操作实践,并注重教学内容和教材结构的创新。

本书具有知识系统、理论适中、案例经典、注重应用等特点,既可作为应用型大学物流管理等专业本科生的教材,同时兼顾高职高专、成人高等教育的教学,还可以作为各类工程物流企事业单位从业者的在职教育岗位培训用书。

图书在版编目(CIP)数据

工程物流学/刘徐方,李颖主编. —北京:清华大学出版社,2023.4
高等院校物流管理专业系列教材　物流企业岗位培训系列教材
ISBN 978-7-302-63139-2

Ⅰ.①工…　Ⅱ.①刘…②李…　Ⅲ.①物流管理—高等学校—教材　Ⅳ.①F252.1

中国国家版本馆 CIP 数据核字(2023)第 047557 号

责任编辑:贺　岩
封面设计:汉风唐韵
责任校对:宋玉莲
责任印制:沈　露

出版发行:清华大学出版社
　　　　网　　　址:http://www.tup.com.cn,http://www.wqbook.com
　　　　地　　　址:北京清华大学学研大厦 A 座　　　邮　　编:100084
　　　　社 总 机:010-83470000　　　　　　　　　邮　　购:010-62786544
　　　　投稿与读者服务:010-62776969,c-service@tup.tsinghua.edu.cn
　　　　质量反馈:010-62772015,zhiliang@tup.tsinghua.edu.cn
印 装 者:北京国马印刷厂
经　　销:全国新华书店
开　　本:185mm×230mm　　　　印　　张:15.75　　　　字　　数:331 千字
版　　次:2023 年 4 月第 1 版　　　　　　　　　　印　　次:2023 年 4 月第 1 次印刷
定　　价:48.00 元

产品编号:094837-01

序言

　　物流是国民经济的重要组成部分，也是我国经济发展新的增长点。2020 年 10 月，党的十九届五中全会审议通过《中共中央关于制定国民经济和社会发展第十四个五年规划和二〇三五年远景目标的建议》，为我国物流产业发展指明了前进方向，并对进一步加快我国现代物流发展、提高经济运行质量与效益、实现可持续发展战略、推进我国经济体制与经济增长方式的根本性转变，具有非常重要而深远的意义。

　　国家"一带一路、互联互通"经济建设的快速推进和全球电子商务的迅猛发展，不仅有力地促进了我国物流产业的国际化发展，而且使我国迅速融入全球经济一体化的进程，中国市场国际化的特征越发凸显。

　　物流既涉及国际贸易、国际商务活动等外向型经济领域，也涉及交通运输、仓储配送、通关报检等多个业务环节。当前面对世界经济的迅猛发展和国际市场激烈竞争的压力，如何加强物流科技知识的推广应用、加快物流专业技能型应用人才的培养，已成为我国经济转型发展过程中亟待解决的问题。

　　针对我国高等职业教育院校物流教材陈旧和知识老化的问题，为了满足国家经济发展和社会就业需要，满足物流行业规模发展对操作技能型人才的需求，在中国物流技术协会的支持下，我们组织北京物资学院、大连工业大学、北京城市学院、吉林工程技术师范学院、北京财贸职业学院、郑州大学、哈尔滨理工大学、燕山大学、浙江工业大学、河北理工大学、华北水利水电学院、江西财经大学、山东外贸职业学院、吉林财经大学、广东理工大学等全国 20 多个省市应用型大学及高职高专院校物流管理专业的主讲教师和物流企业经理共同编写了此套教材，旨在提高高等院校物流管理专业学生和物流行业从业者的专业技术素质，更好地服务于我国物流产业和物流经济。

　　作为普通高等院校物流管理专业的特色教材，本套教材融入了物流运营管理的最新教学理念，注重与时俱进，根据物流业发展的新形势和新特点，依照物流活动的基本过程和规律，全面贯彻国家"十四五"教育发展规划，按照物流企业对人才的需求模式，加强实践能力训练，注重校企结合、贴近物流企业业务实际，注重新设施设备操作技术的掌握，强化实践技能与岗位应用能力培训，并注重教学内容和教材结构的创新。

本套教材根据高等院校物流管理专业教学大纲和课程设置，对帮助学生尽快熟悉物流操作规程与业务管理，毕业后顺利走上社会具有特殊意义，因而既可作为本科或高职院校物流管理专业的教材，也可作为物流、商务贸易等企业在职员工的培训用书。

中国物流技术协会理事长　牟惟仲

2022 年 10 月于北京

现代物流体系作为现代化经济体系的重要组成部分，是畅通国内国际双循环的基础保障，应以"内外联通、区域联通、供需联通、产业联通"为目标，以产业异构创新为支撑点，提高现代物流体系在促进区域协调发展、引领产业融合发展中的关键作用。 工程物流是现代物流的重要组成部分。 在实践中，工程物流主要解决建设项目、应急救援、会展、特种物资等具有综合性复杂内容的物流组织活动，具体有建设物流、应急物流、会展物流、特种物流等形式。 其特点是高风险、强时效、一次性，一般需要多种特殊设备、多种运输方式、多家不同企业协作进行。

本书作为高等职业教育"工程物流学"课程的特色教材，坚持科学发展观，严格按照教育部"加强职业教育、突出实践技能培养"教育改革的要求，既注重知识体系的完整，也注重操作技能训练和实际应用能力的培养。 本书的出版对帮助学生尽快熟悉工程物流操作规程、掌握基本知识技能具有特殊意义。

全书共十章，以应用能力培养为主线，根据工程物流的运行规律，系统介绍工程物流的设施设备、建设物流、会展物流、应急物流、军事物流、特种物流、工程物流起重吊装管理、工程物流系固设备与管理、工程物流系统仿真等工程物流的基本理论知识和操作实践，并注重教学内容和教材结构的创新。

本书由李大军筹划并具体组织，刘徐方（华北水利水电大学）和李颖任主编，刘徐方统改稿，卢亚丽、赵迪任副主编，王海文教授审定。 作者编写分工如下： 牟惟仲（序言），刘徐方（第一章、第五章），李颖（第二章、第九章），卢亚丽（第三章、第七章），赵迪（第四章、第六章），刘慧敏（第八章、第十章）； 李晓新（文字版式修改、课件制作）。

在本书的编写过程中，我们参阅了大量国内外有关工程物流学的最新书刊、网站资料，以及国家新近颁布实施的物流法规和管理规定，收录了具有典型意义的案例，并得到编委会与中国物流技术协会专家教授的具体指导，在此一并致谢。 为配合教学，配有电子课件，读者可以扫描书后课件二维码免费下载使用。因编者水平有限，书中难免有疏漏和不足之处，恳请专家、同行和读者批评指正。

编　者

2022 年 10 月

目录

工程物流学概述

1. 熟悉工程物流学的概念和特点；
2. 掌握工程物流的功能要素；
3. 了解工程物流的节点。

引导案例

浙江石化 4000 万吨/年炼化一体化工程进行时

1. 浙江石化二期十万等级空分进入安装阶段

2020 年 6 月 3 日,由杭州制氧机集团股份有限公司(以下简称"杭氧集团")研制的十万等级($105\,000\,\text{m}^3/\text{h}$)空分设备——整装冷箱,成功运抵浙江石油化工有限公司舟山 4000 万吨/年炼油化工一体化工程现场,进入正式安装阶段。这是目前世界上最大等级的整装型空气分离冷箱设备,其总体技术达到国际领先水平。

杭氧集团对浙江石化十万等级空分冷箱采用在工厂内整体制造安装成型方式。整体尺寸为长 8.1m,宽 7m,高 59m,重量达 500 吨。整体制造安装成型不仅能更好地保证设备生产质量,还可以大幅缩短现场安装时间(预计能缩短项目时间三个月)。

浙石化二期共 4 套十万等级整装空分均由杭氧集团制造。浙石化一体化项目一期 4 套八万等级整装空分也由杭氧集团制造。2019 年 11 月投运,2020 年 4 月通过考核验收。

2. 浙江石化二期空分空压项目最大设备顺利吊装就位

2020 年 6 月 14 日,位于东海之滨的浙江舟山市鱼山岛天朗气清,由上海二十冶公司承建的浙石化 4000 万吨/年炼化一体化工程二期空分空压项目(以下简称"舟山制氧项目"),第一套(5 号)105 000m³/h 整装冷箱主塔成功吊装。此次吊装的冷箱为目前国内单体规模最大的特大型整装冷箱,也是当前全球等级最大的整装空分设备。浙石化公用工程事业部领导、监理方总监、设备厂家代表等共同见证了此次吊装过程。

3. 浙江石化项目加氢精制反应器顺利发运

浙江石化 4000 万吨/年炼化一体化二期工程 2×300 万吨/年浆态床渣油装置加氢精制反应器在二重镇江公司顺利装船发运。浙江石化项目加氢精制反应器是公司重点出产产品。该产品重达 1600 吨,总长度约 62m,直径近 6m,制造难度较大,加上疫情影响,产品制造周期非常短。

4. 浙江石化二期工程浆态床渣油加氢装置全球首台 3000 吨级、单体最重的超级浆态床反应器吊装圆满成功

2020 年 6 月 10 日,十建公司承建的浙江石化二期工程浆态床渣油加氢装置全球首台 3000 吨级、单体最重的超级浆态床反应器吊装圆满成功!

本次吊装的超级浆态床反应器是浆态床渣油加氢装置的核心设备,单体重量超 3000 吨,总长超 70m,是全球单体吨位最大的反应器。该反应器从设计、制造到吊装成功,完美诠释了"中国设计""中国制造""中国吊装"的世界领先水平。本次吊装采用 5200 吨级液压提升系统主吊、2000 吨履带式起重机溜尾的吊装方案:吊装起重量大,可以做到对施工场地影响最小化;具备整体移位功能,减少了中间塔架拆装步骤,从而可缩短整体施工周期。

(资料来源:https://www.sohu.com/a/205977431_650979)

思考:

1. 如何开展大型设备的运输、吊装等相关物流作业?
2. 工程物流与连续物流相比有哪些特点?

第一节　工程物流概论

一、工程物流的提出

工程物流(project logistics)的概念问世于 2004 年年初。它被中远物流赋予的内涵是:大型工程建设项目中的物资、材料和设备的运输(海运、陆运、空运)、仓储、中转、配送、报关报验、起重吊装全过程的物流活动。目前这个概念更多的是指成套设备的物流。

我国的物流市场尚不完善,对于物流的研究比较滞后,物流门类的划分更未达到规范。各物流企业根据自己市场营销的需要和自身的优势、特点,提出一些物流门类,如日用消费品物流、会展物流、工程物流等,这是物流经济发展的需要,同时也为物流研究提供了基础素材。

工程物流是一种特殊的、一次性的物流活动，需要以系统论的方法来规划和设计物流系统、管理和控制物流过程、安排和运用物流设备和技术。工程物流由"工程"和"物流"两个基本要素组成。这两个基本要素各自以独立形态存在时，有其一般性的含义；当两者以前者修饰并限定后者的关系结合在一起时，其含义便有了一定的约束，不再完全遵循原来的解释。在实践领域中，工程物流主要包括建设项目、救助支援、大型会展、大型迁址以及战时后勤保障等具有综合性复杂内容的物流组织活动，其特点是高风险、强时效、一次性，一般需要多种特殊运输、吊装等设备，多种运输方式，多家不同物流企业协作进行，因此大多具有典型的第三方物流特征，更接近第四方物流。

首先了解工程的概念。工程（项目）是指要在一定时间里，在预算规定范围内达到预定质量的一项一次性任务。

根据工程的概念，工程物流的范畴界定如下。

（1）广义上的工程物流是指具有工程特性的一切物流活动。按照这个定义，它所研究的范围可涉及建设物流、会展物流、应急物流、战时军事物流和特种物流等。

（2）狭义上的工程物流是指建设物流，即围绕建设项目，由物流企业提供某一环节或全过程的物流服务，目的是通过物流企业的专业技术服务，给予投资方最安全的保障和最大的便利，大幅度降低工程成本，保证工程项目如期完成，包括建设项目的设备采购、包装、装卸、运输、固定、安装、回收的全过程。在众多的基础建设行业中都涉及工程项目物流，如采矿业、石油开采、风电项目、轨道交通、路桥、基建项目等。

现代物流是在传统运输及其相关行业的基础上经过扩展、延伸、整合而发展起来的，工程物流也不例外。过去，物流环节相互割裂，系统性差，整体效益低下。工程设备的陆运、海运、吊装起重、仓储管理以至货运代理、报关报检等分工非常细密，一般由各不相同的公司分别承担不同环节的服务。如广州远洋运输公司的远洋大件运输、中国汽车运输总公司的公路大件运输、中国外运的进口设备代理及报关等，都是在本专业中出类拔萃的企业。而某一个项目也会分别选用不同的公司来承担不同环节的物流服务。如深圳大亚湾核电站的工程物流（1988—1991年），选用某欧洲海运公司负责海运，某香港驳船公司负责驳运，中国汽车运输总公司负责公路大件运输，法国 FOSTRUN 公司负责吊装，核工业部 23 公司、山东核电公司分别负责设备材料的仓储管理和安装，而整个物流的协调、控制和管理都由业主广东核电负责。

20 世纪 90 年代，由于经济活动已向商品导向转变，物流业开始注重经济效益。物流活动不仅局限于被动的仓储和运输，而且开始注重系统运作，即考虑包括包装、装卸、流通加工、运输在内的物流系统整体效益。随着社会物流需求的增加以及对物流认识的深化，我国在计划体制下形成的运输、仓储和货代企业，为适应新形势下竞争的需要，正努力改变原有单一的仓储和运输服务方向，积极扩展经营范围，延伸物流服务项目，逐渐向多功能的现代物流方向发展。

在工程物流领域,开始出现部分公路大件运输企业与海运企业的整合,铁路运输与公路运输的整合,公路运输与吊装工程的整合,设备制造商参与货运代理,传统货运代理涉足运输等。传统的公路大件运输、吊装企业,传统的货运代理企业(特别是进口设备业务做得比较好的海运代理企业),工程公司的物资管部门、行业的物资管理机构,大型设备制造厂家等都在向工程物流方向发展。工程物流逐渐形成规模。

工程物流的未来发展空间非常大。工程物流市场的发展会推动工程物流行业的发展。工程物流将会自成体系,成为与工程设备制造、工程设计施工相提并论的工程设备物流系统。工程物流不仅是工程设备的物流,还会逐渐包括工程材料的物流,成为工程物资物流公司。

二、工程物流的特点

工程物流是物流产业中一个有较多特殊性的物流门类,其特点主要表现在以下方面。

(一)"工程"的长期性

工程物流的服务对象是大型重点建设项目。项目投资动辄几亿、几十亿,甚至上百亿、几百亿人民币。项目建设的前期准备时间非常长,正常情况下从开始规划、预可行、可行,到立项、开工,往往需要3～5年时间,有的甚至长达10年。项目建设周期也比较长。例如,火电站建设(以4×30万kW规模为例)从第一台机组发电到工程结束一般需时2～4年,核电站建设(以2×100万kW规模为例)一般需时4～6年,水电站建设(以7×60万kW规模为例)则往往需要8～10年。

相对来说,石化建设项目、冶金建设项目等建设周期较短,但也在2～4年。这样算来,从项目准备到项目建设再到项目完工,短的5～6年,长的甚至10年以上。

相对于漫长的项目准备和工程建设过程,工程物流所需的时间实际并不长,从3～5个月到2～3年不等,但前期准备时间非常长。从跟踪信息、发展关系到项目开发、投标中标,一般中等规模的项目需要4～5年的时间,有的曾用了10年时间。当然,随着中国市场经济结构的逐渐形成以及各项工程技术包括物流技术水平的不断提高,大型工程的建设周期出现越来越短的趋势。

工程的长期性决定了工程物流"持久战"的工作性质。对于参与的个体来说需要有长期努力的思想准备;对于企业来说既不可以忽视中长期规划,也不可以忽视基础工作。

(二)"物"的差异性

工程物流的对象主要是成套设备。一套设备少的几十件,数千立方,几十上百吨;多的几百件,几万立方,几千上万吨。这么多的设备轻重不等、大小不等,外形各异。有的有包装,有的裸装。包装又有集装箱、木箱之分;有的用布盖着,有的用塑料袋罩着。

一般物资的物流,包装箱是标准的,集装箱是国际标准的,托盘是标准的,运输车辆也可以使用标准的。但是工程物流的货物几乎很少是标准的。为了保证运输和吊装起重的安全性、经济性,对于千差万别的设备需要选配不同的车辆和船舶。

成套设备都不是批量产品,一般都是订单生产、单件生产,价格比较昂贵,需要按价值购买保险。物流过程中不容有货损,否则运回工厂返修或者重新生产都会影响工程建设进度,造成巨大损失。

(三)"流"的复杂性

工程物流的"流"的距离,短的仅有几百米,长的可达几千公里和上万海里。少的用一种运载工具,如车辆;多的采用远洋运输、沿海运输(或者内河运输)、铁路运输、公路运输等多种运输方式的接驳。由于货物的差异性,特别是长大笨重货物,需要选用特殊的船型和特殊的车辆。在每一种运输方式的转接过程中,又有吊装作业。这些都造成了"流"的复杂性。

工程物流的运输中往往还需要进行道路改造、桥梁加固、排障护送。有的项目中道路改造的费用竟然为公路运输费用的数倍,有的铁路运输中的技术措施费也达运费的十来倍,可见需要做的工作之多和涉及面之广。这些道路改造、技术措施、排障护送的工作,过去基本由业主自己出面解决,随着物流活动的逐渐深入,不少客户或业主提出由物流公司负责解决。这也是"流"的复杂性的另一个方面。

(四)工程物流的专业性

根据以上分别对工程物流三个要素的单个分析,我们能够更清楚地看到工程物流专业性的特征。相对于其他物流门类来说,工程物流的专业性更为突出。对于每一个工程物流项目,基本都要针对客户的需求量身定做。

(五)工程物流的风险性

工程物流由于技术难度大、投入大,成为"门槛"较高的物流门类。又由于它能够提供的附加值较多,因而又有较好的回报。但是与较好回报成正比的是它的较大的风险性。这种风险表现在经营风险和质量风险两方面。

所谓经营风险,主要是指能否在与客户约定的标底价格中保质保量地完成任务。由于市场竞争日趋激烈,价格战愈演愈烈,利润空间越来越小,同时由于工程物流中"物"的差异性和"流"的复杂性导致的较多不确定因素,都会增加工程物流项目的风险性。尽管报价中往往含有10%的不可预见费,但实际的不确定因素往往不止10%。成本控制成为工程物流项目管理的重要内容。成本控制的不到位将增加工程物流的经营风险。

所谓质量风险,主要是指工程物流运输、吊装过程中发生的各种事故对于项目构成的危险。质量是工程物流的生命,工程物流的质量方针是"完整无损,万无一失"。几十年来中远工程物流项目中基本没有发生过大的事故,但小事故确实时有发生。有人认为"万无一失"的提法不科学,应改为"将事故降到最低水平",但实际上对于工程物流的每一个项目来说,都应该是"零故障"。

工作中任何细小的疏忽,都有可能酿成大的事故和灾难。在我国的工程物流历史上,几百吨的货掉下车、重车翻车导致车毁人亡、重车压塌桥梁、重件将船压翻导致船沉货损等事故都发生过,后果都非常严重。工程物流项目中任何一起安全质量事故,不仅造成严重的经济损失,而且该质量事故的污点将在很长一段时间都不能被抹去,从而导致相关责任方信誉丧失、业务萎缩。

三、工程物流与连续物流的区别

工程物流与传统意义的连续物流既有相同之处,又有明显的不同,两类物流最本质的区别是工程物流具有"工程"和"非常规"的性质,连续物流具有"供应"和"常规"的性质,这一本质特征使两者在方案制定和实际操作上都有很大的不同。

(一) 供应链的特征不同

(1) 工程物流供应链具有暂时性和不确定性,重点放在装卸、运输和安装等具有工程性质的物流功能上,其他物流所包含的包装、流通加工、配送等服务功能基本淡化;连续物流一般使其"物"在物流系统中进行不间断的流动,往往包含原材料采购、生产制造、运输、包装、流通加工、配送等环节,最终到达目的地。

(2) 工程物流的供需双方一般仅限于物流服务的提供商和物流服务的需求方,每次物权的转移便意味着该阶段物流活动已经完结,供应链关系也基本解除;而连续物流在供应链中是不断地向前传递的,从制造商、批发商、零售商最终到达消费者手中,供应链一旦形成就比较稳定,能够持续较长的时间。

(二) 运作模式不同

1. 连续物流模式

连续物流的服务模式一般有"第一方物流""第二方物流""第三方物流""第四方物流"或各方物流兼有等形式,目前市场经济下连续物流的主体仍是"第一方物流"和"第二方物流","第三方物流"仅占很小的部分,如美国约占 15%,我国约占 10%。

2. 工程物流模式

由于工程物流自身具有的特点和属性,必须大量依托专业性物流服务,其运作模式往往需要或不可避免地采用"第三方物流"甚至"第四方物流",并具有更为明显的系统工程特征,是现代物流运作模式的高端层次。工程物流的一次性特点导致了这类物流作业的实施不能照搬传统的模式,需要具备资源整合和解决突发事件能力的物流服务商,通过整合、综合、集成的方法,充分依托社会资源来完成这类复杂的物流活动。

(三) 管理的核心内容不同

连续物流周而复始,操作上具有借鉴性、可重复性,某一次失误造成的损失容易被下一次物流行为弥补,供应链比较稳定,实施过程中潜在的风险性相对较小。

工程物流能够为物流服务商创造出比连续物流更丰厚的利润,但高利润与高风险并存。工程物流是一次性的物流活动,而且一般服务对象的投资巨大,有时有着浓厚的政治色彩,安全要求高,从最初的方案设计、实施到任务结束的整个过程都存在很多不确定因素,困难随时都会出现,这就要求物流服务商必须对项目进行充分、全面的风险评估,将风险管理贯穿始终。

(四) 决策的方法和技术不同

在工程物流项目实施之前,制定出较为可行的方案是工程物流成功运作的关键。尽管连续物流在运作之前也要有物流方案的支撑,但因时间、效益、成本、利润及供应链组成等因素相对比较明确,形成的方案有着很强的确定性,所以具有明显的静态特征,制定这类方案的决策方法一般利用横道图或网络计划法即可。

工程物流项目的方案形成不仅需要由多家企业合作完成,同时还受自然条件的约束,具有很大的不确定性,这就需要相应的设计方案在实施过程中具有迅速的应变能力。

(五) 对特种设备和技术的要求不同

工程物流运作的一个最大特点,就是作业的非标准化,这也是工程物流与连续物流实施过程中的重要区别。工程物流往往需要使用特殊的、超大型的专业设备,突破常规的思维模式和已有自然条件的限制,利用前所未有的工艺方法和技术手段;连续物流通常需要的是常规性设备,技术上也相对成熟。

四、工程物流学

(一) 工程物流学的研究要素

工程物流学研究的是"物体"在空间上的移动,由于工程物流针对的是具有综合性复杂内容的特种物流活动,因此它除了"物流"本身的物理要素以外,更依赖于所有要素的有机组合,偏重于对物流项目的不同个案进行计划、组织和控制的系统方法研究。

1. 物体

工程物流中的"物"即物质实体,通常具有自然属性和社会属性。自然属性是指其物理、化学、生物属性。工程物流的服务内容之一是要保护好物体,使其自然属性不受损坏,因而需要对物体进行必要的监管,在物体移动过程中需要根据物质实体的自然属性合理安排装卸、运输、安装等物流作业。社会属性是指物体所体现的价值属性,以及生产者、使用者、物流服务者和金融、保险等相关行业之间的各种关系。在物流过程中要保护物体的社会属性不受任何影响。

由于工程物流中的"物"一般具有特殊性、多样性的特点,因而增加了物流操作的难度。如千吨级重的金钟罩吊装上船时,吊车是否能满足起重要求? 船上要做哪些特殊安排才能开始吊装? 装船时会侧翻吗? 如何固定才能确保在海上出现 5m 高风浪时能安然无恙? 工程项目中的大件货物可能具有超重或者长宽高超限的特征,在运输的过程中要受到桥、涵、路、洞等的影响,而且最经济省时的路线往往不能够满足大件货物的运输条件,所以在设计货物的运输路线时不仅要考虑经济性,还要考虑路线方案的安全和可操作性。

2. 载体

载体是指物体借以移动的设施和设备,如图 1-1 所示。载体一般分成两类,第一类载体是指基础设施,如铁路、公路、航道、码头、车站、机场等,它们大多是固定的;第二类载体是指设备,即以第一类载体为基础,直接承载并运送物体的设备,如车辆、船舶、飞机、装卸搬运设备等,它们大多是可以移动的。载体的情况,将直接影响到工程物流的可能性、可靠性和经济性,决定着工程物流的成败。

开顶柜&框架柜　　　　　　分体吊装作业

大件陆运&装箱　　　　　　拖柜

图 1-1　工程物流的载体

1958 年第一台叉车的出现是我国发展物流装备的开端,但是随后发展缓慢。20 世纪70 年代我国出现了第一座自动化立体库,但未批量生产。1995 年前后,中国物流装备业才真正起步,进入形成期与成长期之间的过渡阶段。2002 年前后,物流装备行业基础逐步完善,产业链形成。随着制造业向中国转移,物流装备巨大的市场被激活。从 2009 年开始,物流装备行业进入快速发展阶段,至今仍处于这一阶段。

由于工程物流的"物"的特殊性,对涉及的机械装备、设施和相关技术提出更高的要求。工程物流装备是指用于物流工程各个环节的设备和器材,主要包括仓储设备、装卸搬运装备、运输装备、包装设备、流通加工设备、集装单元化设备、物流信息采集与传输设备、物流智能装备、物料装卸搬运系统等。

3. 流向

流向指物体从起点到终点的实际移动线路。在工程物流中,尽管目的地是一个,但由于物体、载体以及它们之间组合的复杂性和多样性,可能会同时存在几种不同路线的选择。这些路线中的运输距离、运输方式、运输安全和运输可靠性以及运输经济性等都有着很大的差异,也是最难决策的要素之一。

一般情况下工程物流企业会根据项目客户不同的需求制定物流方案,实施运输计划、单证制作、仓储、通关、装卸等综合物流服务,针对大件、重型设备、机械以及精密仪器等特殊货物,提供包括路勘、特种车辆选择、吊装加固方案设计、运输管理及风险控制在内的综合物流管理服务。

4. 流量

流量即通过载体承运的物体体积或重量的度量。由于工程物流中的"物"常常以单件为主体,具有超大、超重、超长、非常规等特点,因而基本上不存在流量在流向上均匀分布的特征。

5. 流距

流距即由载体承运的物体在流向上移动距离的度量。流距与流向、流量一起构成了物流向量的三个数量特征,流量与流距的乘积是物流的重要量纲,比如 t·km 等。流距又分为理论流距与实际流距,理论流距往往是可行路径中的最短路径。

在相同载体条件下,路径越长,物流运输成本就越高,如果要降低运输成本,一般就应设法缩短流距即运输里程。但是,由于工程物流的复杂性和不确定性,使得流距因素只在相对简单、情况确定的前提下才发挥作用,有时加大流距反而是提高效率、降低成本的重要方法,因此并非流距越短越好。

6. 流速

流速即由载体承运的物体在流向上移动时间的度量。流速是衡量物流效率的重要指标。一般来说,在相同的条件下,流速快,意味着物流消耗时间的缩短、物流成本的减少、物流效率的提高。但对于不同的载运工具,物流消耗时间缩短,物流成本也可能大幅度提高。工程物流流速的指标分为两个,一个是全程的时间,另一个是某一环节的时间,需区别对待。

7. 工艺

工艺是工程物流的关键要素,主要体现为工程技术的方法。工艺的要求或选择不同,载体、流向、流距、流速等都不相同,因而工艺在工程物流中具有决定性的意义。

8. 系统

工程物流是一个有机的整体,其过程是对社会资源的运作。从工程物流系统整体出发,把物流和信息流融为一体,看作一个系统,把生产、流通和消费全过程看作一个整体,运用系统工程的理论和方法进行物流系统的规划、管理和控制,选择最优方案,以最低的物流费用、高的物流效率、好的顾客服务,达到提高社会经济效益和企业经济效益的目的。

(二) 工程物流学的主要特点

1. 集成性

工程物流学的主要基础是现代物流学,现代物流的学科体系构成了工程物流学的基本内容,包括物流成本管理、物流作业管理、物流服务管理、物流组织管理、物流人事管理、物流经营管理、物流战略管理以及物流系统设计、物流网络规划、物流标准、物流信息、物流技术、物流工程等。

2. 交叉性

工程物流学最重要的特点是多学科交叉性。它将工程学、物流学与管理学相结合,成为这些学科的边缘学科。现代科学的发展存在分工日益精细和各学科相互融合与渗透的两大特点,学科之间的界限日益模糊,交叉性日益突出。工程物流学以各边缘交叉学科为研究对象,探讨工程物流的特征、共性及个性。

3. 应用性

工程物流学是一门实践的科学,它来源于实践并指导实践。工程物流活动是人类最基本的实践活动之一,随着工程物流规模和广度的发展,实践活动不断变化,工程物流学必须以新的工程物流实践为对象,运用科学分析的方法为实践活动提供科学的依据。

(三) 工程物流学的内容

(1) 工程物流经济包括资源配置优化、工程物流市场的供给与需求、工程物流技术经济、工程物流产业的发展等。工程物流经济涉及许多经济类课程,比如技术经济学、国际经济与贸易等。

(2) 工程物流管理包括工程物流的人力资源管理、质量管理、风险管理和战略管理等。其中质量管理研究适合工程物流运作的质量保证体系；风险管理涉及如何进行风险识别、风险分析、风险决策和风险控制等。由于工程物流的特殊性，其战略管理也有特殊的内容。

（3）工程物流工艺与技术包括船舶运输，如船舶稳性的计算、装卸对船舶稳性的影响、设备运输加固等；公路大件运输，如特种车辆和装备、国内外先进的技术和发展趋势等；大件吊装，如大型吊装设备的选择、吊装技术与发展趋势以及有关的系固设备等。

第二节　工程物流的功能要素

我国《物流标准》对"物流"的定义是："物品是从供应地向接受地的实体流动过程。根据实际需要将运输、储存、装卸、搬运、包装、流通加工、配送、信息处理等基本功能实施有机结合。"可见，现代物流的构成要素除了实现物资、商品空间移动的运输以及时间移动的储存这两个基本功能要素以外，还有为使物流顺利进行而开展的装卸、搬运、包装、流通加工、配送、信息处理等要素。工程物流是物流的一个分支，同样离不开（当然也不仅仅具有）这些基本要素。

工程物流的主要构成要素有：运输、吊装起重、排障护送、堆存、报关报检、信息处理及咨询。下面以长大笨重（简称大件）货物为例，对这些要素进行分析。

一、运输

运输是指"用设备和工具，将物品从一地点向另一地点运送的物流活动"，它是在不同地域范围间，以改变"物"的空间位置为目的的活动，可以对"物"进行空间位移。运输是物流的主要功能要素之一，是改变物品空间状态的主要手段，是连接物流各环节的必要条件。运输费用占物流总费用的比例最高，最有降低的可能；运输时间占物流总时间的比例最长，通过合理组织运输，有可能节约物流时间。

包括水运（远洋运输、沿海运输、内河运输）、公路运输、铁路运输、空运在内的各种运输方式（图1-2）同样是工程物流最主要的功能要素。

铁路运输　　　　　　　　　公路运输　　　　　　　　　水运

图1-2　工程物流运输方式

对运输活动的管理,要求选择技术经济效果最好的运输方式及联运方式,实现"及时、准确、经济、安全"的基本原则。及时是指尽快将货物送达指定地点,尽量缩短物品在途时间;准确是指防止运输过程中各种差错事故的发生,准确无误地将货物和单证送交指定的收货人;经济是指通过合理的运输方式、运输线路的选择,有效利用各种运输工具和设备,节约人力、物力和运力,合理降低运输费用,提高运输经济效益;安全是指在运输过程中,防止危险事故的发生,保证货物的完整无损。

(一) 水路运输

水路运输是利用船舶进行货物运输的运输方式,具有运载量大、费用低廉、节省能源并能够实现大件运输等特点。水路运输包括江河运输和海上运输,海上运输又分为沿海运输和远洋运输。水路运输工具主要包括船、舶、舟、筏等。工程物流领域使用的货船主要有集装箱船、散装船、油船、液化气船、滚装船、载驳船、冷藏船等。

水路运输为目前各主要运输方式中兴起最早、历史最长的运输方式。其技术经济特征是载重量大、成本低、投资省,但灵活性小,连续性也差。它较适于担负大宗、低值、笨重和各种散装货物的中长距离运输,特别是海运,更适于承担各种外贸货物的进出口运输。从经济性考虑,能够采用水路运输的一般不选用铁路运输和公路运输;能够采用铁路运输的一般不选用公路运输。

(二) 公路运输

公路比铁路的通过性好,当大件货物在质量、体积上超过普通车辆允许的载质量或容积,甚至超过公路、桥梁的净空界及通过能力时,通过采取技术措施、绕道、新修临时便道等措施,也可保证车辆通过。但在长途运输时,其费用大大超过铁路,而且安全、质量、效率问题尤为突出。因此在工程物流中,公路运输往往适用于近距离运输,一般在水运或者铁路运输不能到达的情况下,才考虑公路运输。

道路大型物件运输管理办法

交通部于1995年颁发了《道路大型物件运输管理办法》。该《办法》将大型物件分为四级:

(1) 一级大型物件是指达到下列标准之一者:长度大于14m(含14m)小于20m,宽度大于3.5m(含3.5m)小于4.5m,高度大于3m(含3m)小于3.8m,重量大于20t(含20t)小于100t。

(2) 二级大型物件是指达到下列标准之一者:长度大于20m(含20m)小于30m,宽度大于4.5m(含4.5m)小于5.5m,高度大于3.8m(含3.8m)小于4.4m,重量大于100t(含100t)小于200t。

(3)三级大型物件:长度大于30m(含30m)小于40m,宽度大于5.5m(含5.5m)小于6m,高度大于4.4m(含4.4m)小于5m,重量大于200t(含200t)小于300t。

(4)四级大型物件:长度在40m(含40m)以上,宽度在6m(含6m)以上,高度在5m(含5m)以上,重量在300t(含300t)以上。

大型物件的级别,按其长、宽、高及重量四个条件中级别最高的确定。

为了保证运输车辆和货物的安全,承运大型物件时首先需要根据货物的重量、外形尺寸等需求,选用适合货物类型、承载吨位、长宽高尺寸的平板挂车。

(三) 铁路运输

铁路运输是工程物流中最主要的运输方式之一。在陆上长途运输中,与汽车运输相比,它有多方面优势,如相对安全、经济、便捷。但铁路运输相对公路运输而言标准化程度较高,对于部分较大超限货物,铁路运输无法通过采取技术措施加以完成。

铁路运输货物中,把超限货物、超长货物和集重货物统称为阔大货物。

1. 超限货物

一件货物装车后,在平直线路上停留时,货物的高度和宽度有任何部位超过机车车辆限界或特定区段装载限界者,均为超限货物。超限货物根据超限部位在高度方面的位置不同,分为上部超限、中部超限、下部超限;按其超限程度分为一级超限、二级超限和超级超限。上部和中部超限均分为一级、二级和超级超限三个等级。下部超限危险性大,只有二级超限和超级超限两个等级。

2. 超长货物

一车负重突出车端,需要使用游车或跨装运输的货物。超长货物一般具有长度大、质量大及外形复杂等特点。为了保证运输安全,装载时尤其需要严格地遵守有关技术条件。当然,在确定超长货物的装载方案时,也应考虑充分利用铁路货车的载重能力,尽可能减少运行上的限制要求,但重要的是要优先考虑安全方面的要求。

3. 集重货物

一件货物的重量大于所装货车负重面长度的最大容许载重量时称为集重货物。集重货物的特点是货物重量大、支重面小、货车负重面长度承载重量大。当一件货物确定为集重货物以后,发站应在货物运单、票据封套、编组顺序表上注明"集重货物"字样。但是在铁路运输过程中,必须根据货车最大容许载重量表选用适合的货车,只有当货物的重量小于或等于货车负重面长度的最大容许载重量时,才能运送。

集重货物如装载不当,就有可能酿成事故,造成车毁货损。因此,根据货物的外形、重量和特点,结合使用车辆的类型,正确地选择集重货物装载方案,是保证行车安全、货物完整的重要条件。

(四) 航空运输

航空运输快捷便利,但费用高昂,载货空间有限,一般不适宜运送大件货物。除非紧急情况下,某一设备需要以极快速度运达现场,同时体积也在航空运输限定标准之内,客户也能承担昂贵的运输费用时才选用,否则不会选用航空运输方式作为工程物流的运输通道。

二、吊装起重

一般物流操作中的装卸搬运,可以用机械也可以用人工来完成。但工程物流的主要对象是大型物件,这就不可能单由人工来完成,往往需要利用专门的起重工具,甚至大型吊装设备。吊装起重是将大型物件装上运输工具或者从运输工具上卸下的作业,如图 1-3 所示。

图 1-3 工程物流吊装起重

根据吊装起重的方法,可分为利用吊车的"吊上吊下"方式,利用叉车的"叉上叉下"方式,利用车辆的"滚上滚下"方式,利用起重设备的"移上移下"和"背上背下"方式。

1. 吊上吊下

利用各种起重机械从货物上部起吊,依靠起吊装置的垂直移动实现装卸,并在吊车的运行范围内或回转范围内实现搬运,或依靠搬运车辆实现小移动。由于吊起和放下属于垂直运动,因此这种装卸方式属于垂直装卸。

2. 叉上叉下

利用叉车从货物底部托起货物,并依靠叉车的运动进行货物位移,搬运完全靠叉车本身,货物可不经中途落地直接放置到目的地。这种方式垂直运动不大,主要是水平运动,属水平装卸方式。

3. 滚上滚下

主要是指港口装卸的一种水平装卸方式。利用汽车承载货物,连同车辆一起开上船,到达目的地再从船上开下,称滚上滚下方式。承载货物上船的车辆,可以留在船上与货物同行;也可以将货物运送上船并将货物支撑起来后车辆撤出,到达目的地后,用原车或其他车辆上船将货物运下。

4. 移上移下

在两种交通工具之间(如火车与汽车之间、船舶与汽车之间)进行靠接,然后利用起重机将货物从一个装载工具上水平移至另一个装载工具上,称为移上移下方式。也有从一种交通工具上移至地面的。

5. 背上背下

通过使超重型挂车自身液压悬挂中的液压缸伸缩使货台上下升降,如同时配备可支撑货物的横梁和支墩,即可实现重量为几百吨至上千吨货物的自装自卸。该技术的应用可为客户节省大量的装卸费,在无法使用吊机等装卸设备进行作业时,更能体现出该技术的优势。

三、排障护送

排障护送是工程物流的要素之一。工程物流的运输对象体积、质量往往较大,在运输(特别是在公路运输)过程中,常常会因为道路原有通过能力不足,而需要采取临时改道、对桥梁或道路进行加固等措施;也会出现需要对影响通行的障碍予以临时排除,待通行过后再予以恢复的工程施工;还有为保证运输的顺利通行,邀请交通管理部门、公路管理部门对运输活动实施护送的措施。这些工作统称为排障护送(图1-4)。

图 1-4　工程物流排障护送

在公路运输过程中,应尽量选择通过条件较好的、适于运输车辆运行的线路,以减少对路桥的改造、加固工作。实在无法回避或绕行的障碍及采取的措施一般包括:

(1)道路的宽度、坡度、转弯半径、地面受力强度不能达到运输车辆的要求时,需要对道路进行改造,或者重修。

（2）运输车辆的车货总质量大于所通过桥梁的承载能力时，需要对桥梁实施加固、改造，以满足通过的需求。

（3）运行路途中所经收费站的通道的实际宽度、高度小于车货总高度和宽度时，需要对收费站的通道进行改造。

（4）横跨或与道路并行的高压线距地面的高度达不到车货总高度，或达不到安全距离时，在实际运输时要采取停电措施。

（5）横跨道路空中的各种电力线、通信线达不到运输车辆通行要求时，需采取措施，或是撑高，或是降到地面，或是拆除待通过后再恢复。

（6）道路线面的各种管道，如供水管、排水管、煤气管道、通信电缆管道等在经过计算不能承受所通过车辆的压强时，需要采取保护措施。

（7）在通过繁华市区时，需要邀请交通警察疏导交通或者实施交通管制。

排障护送工作需要投入大量的人力物力，需要有很强沟通、公关能力的人员与所涉及的政府部门或主管单位的相关人员协商、沟通，以寻求最经济、最安全的解决方案。

排障护送工作一般需要依靠客户（业主）在当地的影响力来完成，但也有客户（业主）完全委托给物流公司负责的。

四、堆存

在物流要素中，储存是运输之后的第二重要的物流要素。在工程物流中储存的概念由堆存代替了（图1-5）。这是因为储存包含储备和库存两重意思，而工程物流的对象一般都是单件成套生产，不需要储备，因而不能用储存来表示工程物流对象的存放状态。

图 1-5　堆存

堆存有两种情况。

（1）因为中转不顺利导致临时存放

这种现象都在物流运输的中转环节发生，堆存场地一般在码头、车站等运输节点上。

这种堆存一般都由码头、铁路货场负责管理。

（2）因为工期延误导致按计划运达的设备不能按计划被安装而临时存放

这种现象一般发生在物流的最后阶段，存放在施工或安装现场。一般由业主或者安装承包商负责管理。这种情况下的堆存之后，往往都会发生二次倒运。

要合理确定堆存保管制度和流程，对堆存物品采取有区别的管理方式，力求提高报关效率。超重设备在堆存期间需要注意货物对地面的压强，以及采取必要的防护措施。

五、报关报检

海关出于发展本国经济、开展对外贸易、维护国家的主权和利益的需要，对一般贸易进出口货物实行海关监管。海关监管的基本制度由申报、查验、放行三个环节组成。申报是指货物的所有人或代理人在货物进出境时，向海关呈交规定的单证并申请查验、放行；查验就是以已经审核的法定申报单证为依据，在海关监管场所对货物实施检查，即检查"单""证"是否相符，"单""货"是否相符；放行是指海关对进出境货物经查验后，在有关单证上签印放行。凡是应税的货物必须经海关征收有关税费后才予以放行。至此海关监管结束，货物可以离开海关监管现场。

进口货物在口岸一般要从进境的运输工具上卸下，存放到设在码头、机场、车站、邮局等地的海关监管仓库内，直至向海关办结了进境手续后，经海关放行，才可将货物从仓库中提走。为减少重大件货物的吊装作业，可经与海关协商允许后，实行货物在运输工具上报关。

进口货物应在收到到货通知后的 14 日内，持运单或其他提货通知书向海关申报；出口货物应在货物运达海关监管仓的 24 小时之前向海关申报。逾期不报，海关将收取滞报金。

向海关申报时应准备如下文件：《进口许可证》《提货单》、发票、《装箱单》、减免税或免检的证明文件，应施行商检、动植检、医药检的进出口货物，还应交验有关主管部门签发的证明文件。连同按规定填写的《进口货物报关单》或《出口货物报关单》递交到海关。海关在签收报关文件后，会进行认真细致的"审单"，审单中如发现问题会通知申报单位补充或更正。

接下来海关会派员到货场进行查验，在查验过程中，应保持与海关的密切配合，并按规定缴交各税费和款项，以争取海关尽快结束查验并放行。进口货物除向海关报关以外，凡涉及商检、动植检、医药检的，还需分别向各管理机构办理相关手续。

报关是国际工程物流的一个重要环节，是国外运输段和国内运输段的一个分界点。报关的顺利与否直接影响到货物在物流过程中的时间占用和成本占用。货物的所有人往往委托代理人（报关行）代为办理报关手续。代理人将为自己的报关行为承担法律责任。因此应正确处理委托人与国家规定的关系，在国家规定许可范围内，尽可能为委托人提供到位的服务。一旦委托人的要求超出国家或海关规定,就要给予重视并正确处理。

六、信息处理及咨询

物流信息是指反映物流活动各种内容的知识、资料、图像、数据、文件的总称。物流信息对运输管理、库存管理、订单管理、仓库作业管理等物流活动具有支持保障的功能。物流信息具有信息量大、更新快、来源多样化等特点。

对物流信息进行分类是处理物流信息和建立信息系统的一项基础工作。按信息产生的领域和作用的领域来分类,物流信息可分为物流活动所产生的信息和提供物流使用的、其他信息源产生的信息两类。按信息的作用不同,可分为计划信息、控制及作业信息、统计信息、支持信息。按信息的加工程度不同分类,可分为原始信息和加工信息两类。

如图 1-6 所示为工程特流实施方案线路图。

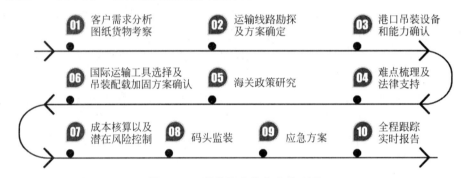

图 1-6　工程物流实施方案线路图

第三节　工程物流的节点

一、物流节点

物流系统网络中,连接物流线路的结节之处称为节点。观察物品流通的位移运动可知,物流过程是由许多运动过程和相对停顿过程组成的。通常两种不同形式的运动过程或相同形式的两次运动过程中都有暂时的停顿,换个说法是每一次暂时停顿都会连接两次不同的运动。因此物流的过程是由多次的运动、停顿、再运动、再停顿……组成的,直至达到最终目的。

广义的物流节点是指所有进行物资中转、集散和储运的节点,包括港口、空港、火车货运站、公路枢纽、大型公共仓库及现代物流(配送)中心、物流园区等。狭义的物流节点仅指具有现代物流意义的物流(配送)中心、物流园区和配送网点。物流系统网络结构就是由执行运动使命的线路和执行停顿使命的节点两种基本元素组成的。

工程物流活动也是在节点上进行的。在线路上的陆运、水运等都是运输活动,当然还有排障护送;在节点上则可以完成物流的其他功能,如吊装起重、堆存、报关报检、信息处理等。工程物流的节点主要有港口、铁路车站、工厂仓库、工地货场、海关监管场地及其他公共货场。

二、工程物流节点的功能

工程物流节点对优化整个物流网络起着重要作用,工程物流的资源性投资应尽可能考虑在节点附近。

工程物流节点更多地执行指挥、调度和信息等中枢功能,其主要功能有三项。

1. 衔接功能

物流节点将各个物流线路联结成一个系统,使各条线路通过节点变得更为贯通,通过转换使各种运输、各次运输更好地衔接。

在工程物流过程中,需要不同线路、不同运输工具、不同地点的衔接,由于输送形态、输送装备都不相同,在两个节点之间不能有效贯通。工程物流节点利用各种技术、管理方法可以起到有效的衔接作用,将中断转化为通畅。

如工程物流企业与口岸各个作业码头均签有长期服务协议,可以保障货物到港以后优先装卸、转运及结算,减少货物滞港时间,节约综合物流成本。主要服务包含计划受理、货物接驳、内河转运、监装监卸、码头结算、保险及咨询等。

2. 信息功能

工程物流节点是工程物流系统信息传递、收集、处理、发送的集中地,每一个节点就是一个信息点,它与工程物流系统的信息中心结合起来,就成了指挥、管理和调度整个工程物流系统的信息网络。

如工程物流企业为客户提供报关代理业务、通关业务(一般贸易、加工贸易、转关退运等)、商品编码拟定、代理出入境检验检疫报检、监管证件代办、疑难问题解决方案、政策解读及咨询等。业务范围包含普通货物、食品、危化品、设备、重大件等,同时也提供保税区、物流园区等特殊区域报关、货物代理业务,帮助客户适应不断变化的国际关务及法规环境,提升整体通关效率,全程把控商品通关风险。

3. 管理功能

工程物流系统的管理设施和指挥机构往往集中设置于工程物流节点之中,实际上,工程物流节点大都是集管理、指挥、调度、信息衔接及货物处理为一体的工程物流综合设施。整个工程物流系统运转的有序化和正常化、整个工程物流系统的效率和水平取决于工程物流节点的管理职能实现的情况。

扩展阅读1-1

工程物流风险识别

复习与思考

1. 广义的工程物流包括哪些物流形式？
2. 简述工程物流的特点。
3. 工程物流与连续物流的区别是什么？
4. 举例说明工程物流的功能要素。

第二章

工程物流的设施设备

> 1. 掌握工程物流的运输设备的分类、主要用途；
> 2. 了解工程物流各种装卸设备的用途和特点。

引导案例

提前 168 天！中船澄西交付中波公司第 4 艘 62 000 吨多用途重吊船

2022 年 6 月 15 日，中国船舶集团旗下中船澄西船舶修造有限公司为中波公司建造的第四艘 62 000 吨多用途重吊船"永兴"轮以视频"云交付"的方式签字交船，比合同期提前 168 天交付，标志着公司为中波轮船建造的 4 艘 62 000 吨多用途重吊船圆满收官。1 号船提前 25 天交付，2 号船提前 41 天，3 号船提前 133 天，体现了中船澄西强大的保交船能力。

"永兴"号是中国船舶集团有限公司旗下中国船舶工业贸易有限公司联合中船澄西为交银金融租赁有限责任公司建造的，由中波轮船股份公司承租，交付后将由中波轮船使用和管理，该船是中波公司订造的 4 艘 62 000 载重吨多用途重吊船项目的最后一艘。此前，中波公司订制的"泰兴"轮、"赫贝特"轮、"皮莱茨基"轮已先后于 2021 年 12 月、2022 年 2 月和 2022 年 4 月投入运营。

62 000 吨多用途重吊船是目前世界上载重吨位最大的多用途重吊船，船型结构领先，能效指标优秀，制造工艺精良，成功入选英国皇家造船师学会《2021 年世界名船录》《2021 年中国船厂十大最有特色新造船》，船长 199.90 米，型宽 32.26 米，型深 19.30 米，设计吃水 11.30 米，服务航速 14.40 节。该型船货舱采用大开口、箱型结构，最大舱长约 40 米，配置有两台 150 吨克令吊和两台 80 吨克令吊,可灵活装载各种尺寸重大件设备货、纸浆货以及各类固体散货等,也可装载集装箱。同时,本船满足最新 Sox 排放要求,绿色、节能、环保,其先进的设计和极佳的适货性,能为客户提供更为优质的服务。

作为新中国第一家中外合资企业和第一家远洋运输企业,中波轮船肩负着运输战略物资的重要历史使命,为新中国开辟了一条通向世界的"海上铁路",为建国初期的经济建设做出了重要贡献,架起了中波两国人民友谊的桥梁。

随着"永兴"轮的交接,中波公司船队规模现已达到 31 艘,共计 109 万载重吨,稳居世界多用途重吊船领域前列,公司发展跨入新的发展阶段。中波公司将依靠在重大件设备货运输领域的专业能力和丰富经验,在服务共建"一带一路"、保障国际供应链畅通中积极贡献力量。

(资料来源: https://business.sohu.com/a/558184415_121123907)

思考:

1. 多用途重吊船有什么优点?

2. 除了多用途重吊船,还有哪些大型货物运输设备?

受经济发展格局变化和经济中心转移的影响,国际大石化、风电、新能源、海洋工程等重点建设工程项目迅速扩大,设备的重型化和大型化发展趋势明显,单件货物长度超过 10m 或重量超过 100t 的设备越来越多;变电站成套设备、化工类大件设备、建筑设备和施工设备等工程设备的运输需求也在不断增长。工程设备超大超重且形状不规则,其重量、体积往往超过普通车辆的载重量或容积,甚至超过公路、桥梁的设计载重量,很少能够通过传统的运输工具或装卸方式进行运输。

虽然大件设备在货运总量中所占比重不大,但当大件设备进行跨地区、跨国家运输时,不但设备自身的运输安全风险系数增大,而且需要付出更多的货物维护成本、装卸成本、固定成本,有时甚至需要专门的运输工具,因此运输成本比一般货物运输高。一旦某个运输环节发生异常,不仅会影响设备的安全,还会影响整个项目进度,造成更大经济损失。因此,工程设备本身的特点要求在选择工程物流运输设备和运输路线规划时以设备安全为目标,最大程度减少装卸次数,充分满足实际运输需要,并根据货物特性选择合适的固定方式,使运输的可操作性强、平稳性及安全性高,确保设备平稳快速到达,缩短物流和现场安装工期,降低工程物流风险。

大件物流运输业起步晚,尤其是工程物流,缺乏明确的法律法规,抗风险能力较弱,工程设备运输的安全、质量、效率难以保障,每年不乏大型设备在运输过程中翻车的事故。因此工程物流涉及的运输设备、装卸设备和相关技术比普通货物有着更高的要求。

第一节 运 输 设 备

一、水运设备

水路运输是一种最古老、最经济的运输方式,运输线路主要利用自然的海洋和河流,综合运输能力主要由船队的运输能力和港口的吞吐能力决定,它包括沿海运输、近海运输、远洋运输、内河运输四种运输形式。

由于不同运输形式的运行条件不一样,因此各运输形式又分别有适用的不同船型。大件货物的海上运输,亦称大件海运、大件船运。从体积来讲,包括超高、超长、超宽且体积不规则的大体积货品。能用于工程物流重大件海上运输的船舶包括半潜船、重吊船、多用途船、滚装船、汽车专用船和杂货船等,一般的大件设备船自身装有重型起重设备,有时也通过浮吊协助装卸。目前国际贸易运输中集装箱是主要运输工具,但由于工程物流的货物特性,极少采用集装箱运输。

水路运输能力较大,适合大宗货物的运输,可以承担原料、半成品等散货运输,如建材、石油、煤炭等。在大批量和远距离的运输中,水路运输成本较低,而且水运建设投资低,航道整治费用仅为铁路建设费用的 30% 左右。但是水路运输速度较慢,受自然条件影响较大,特别是气候条件,水面和水位受季节影响明显,无法保证全年通航,呈现出较大的波动性及不平衡性。

因此,水路运输适合长距、大量、时间性较弱的各种大宗物资运输。

小贴士

全球船舶制造行业发展特点分析

根据《2021 年中国海洋经济统计公报》显示,2021 年我国海洋经济的产业结构进一步优化,绿色低碳成为发展亮点。绿色动力船舶订单占全年新接订单的占比达到 24.4%。潮流能、波浪能等海洋能开发利用技术持续推进。那么当前的全球船舶制造行业发展又有什么特点呢?

(1)全球性竞争。船舶作为国际贸易最主要的运输工具,其需求范围是全球性的;船舶建造工业则会因要素禀赋的比较优势不同而集中在少数国家。船舶的需求和供给特点使得船舶产品在全球范围内进行流通。因此,造船企业在分享全球市场的同时也将面临来自世界各地的竞争。

(2)产品结构复杂。船舶是一种定制化的产品。船东根据运输标的、通行航道、成本的不同来定制不同型号、不同技术水平的船舶。船舶可根据不同的用途分为 16 大类,每

一类别又可根据载重吨分为多种种类。因此,单个造船企业无法生产也无需(从成本和收益角度考虑)生产所有类型的船舶,而是根据自身的生产规模、技术优势等条件来选择某一细分市场。

（3）单个造船企业所占市场份额较低。世界造船行业已向中国、韩国、日本集中,这三个国家手持订单量占世界的比重在90%左右。上述三个国家前10名造船企业的手持订单量占各自国家的比重也都在50%以上。然而,由于全球造船市场容量很大,且船舶建造周期较长,从全球范围来看,单个造船企业的市场份额较低。

（4）周期性长。船舶具有较长的建造周期和使用周期,这使得下游航运业的运力增减无法根据市场需求灵活地做出调节。航运业主要承担大宗商品在全球范围内的流通,而大宗商品的供需状况与宏观经济的走势密切相关。因此,产业链上下游之间的传导机制使得造船行业具有明显的周期性特征。随着自身及下游航运业的金融属性的加强,造船行业的周期性波动更为剧烈。

从历史上看,造船行业的周期性波动与全球经济走势是一致的,全球经济的每一次危机都会引起造船行业的波动,宏观经济周期性波动将引起新船市场需求的起伏变化。

（资料来源:https://www.chinairn.com/hyzx/20220407/173948197.shtml）

(一) 半潜船

1. 半潜船概述

20世纪70年代后,国际传统杂货海运受不断增加的市场需求及不断推进的科学技术影响,承运货物由常见100kg左右的小包装杂货件向机械化工设备、大型车辆、大型工业结构件演变。国际能源领域合作和深海油气勘探步伐加快,又出现整体构件、大型工业模块等超大型货物,如海洋石油钻井平台、潜艇、军舰等。这些庞然大物无法进行吊装,传统杂货船的结构和技术规范已经无法满足这类超大超重货物的需要。

若通过船身下潜将货物拖到甲板上,即可以免去吊装,由此大量半潜式运输船和用大型油轮改装的半潜船应运而生。1979年第一艘现代半潜船"Super Servant 1"由荷兰航运公司设计,日本住友重工建造并成功投入使用,经过40多年的发展,最大半潜船载重量接近12万吨,而且半潜船也可用于预制、运输和沉放万吨以上的巨型沉箱。

半潜船也称半潜式母船,是可以下潜的船。半潜船干拖运输吃水浅,航速快,主要用于运输及装载海上超大超重型且不可分割的特殊设备,如驳船、潜艇、大型舰船、大型混凝土构筑物、钻井平台等,或用于水下打捞工程,具有重要的经济和军事意义。

根据半潜船的船型及承载能力,一般将其分为五类:

0型:载重大于8万吨,现仅有两艘,即"新光华"轮和DOCKWISE VANGUARD轮,后者是全球最大的半潜船,类似于航母舰岛的布局使其吨级由6万吨提高至11万吨。

Ⅰ型:载重为5万~7.5万吨,如DOCKWISE公司的BLACK MARLIN轮、BLUE

MARLIN 轮,中国的"祥云口"轮、"祥瑞口"轮等。

Ⅱ型:载重 3 万~5 万吨,如"夏之远 6"轮、"振华 22"轮等。

Ⅲ型:载重 1 万~3 万吨,我国拥有较多,如"泰安口"轮。

Ⅳ型:载重大于 1 万吨的半潜船。

2. 半潜船的特点

(1)半潜船调节压载能力强,主甲板可下潜至水下

半潜船通过调节压载水量来调整船舶本身重量以控制主船体的沉浮,从而实现对海上大型设备的装载,其工作原理类似于潜艇,但半潜船仅主甲板潜至水下;半潜船有很多压载舱,调节压载能力较强,下潜范围可控制在 10~30m,如中远海运的"祥云口"号半潜船有 61 个压载水舱。

在进行装货作业时将海水打入半潜船的压载舱,船身变重,装货甲板潜入水中与码头平齐,通过系泊缆与码头紧靠,继而将货物拖拽或吊装到甲板上。货物到达指定位置后快速排空压载舱里的水,半潜船上浮并固定货物,装货结束。运输到目的地后通常利用吊装、滚装、浮卸等方式实现卸载。浮卸时半潜船通过压载使得主甲板潜入水下,运输货物依靠自身浮力漂浮,而后通过拖船拉出半潜船甲板,半潜船通过排载使得主甲板浮出水面,最终完成运输过程。如图 2-1 所示为半潜船装载工作示意图。

图1:非工作状态下的半潜船　　图2:甲板潜入水下等待货物装载

图3:货物拖拽到甲板上方,水仓排出压载水　　图4:船体上浮,货物完成装载

图 2-1　半潜船装载工作示意图

(2)船舶载重量较大

半潜船承载的各类重大件货物呈现大型化特征,单件货物承运重量可达 1 万吨,高度可达 60m,长度可达 90m。目前最大的半潜船载重量已达 11.7 万吨。

（3）半潜船为甲板载货，空间大，承载能力强

为满足快速下潜的作业要求，半潜船船型宽扁、型深较小，主尺度比值与常规货船有较大差别；为了满足越来越大型化的工程装备的运输需求，半潜船不仅甲板空间巨大，承载能力也强，一般为 $15\sim20t/m^2$，采用直通型甲板，以便装载超出船长的大型结构物，采用敞开式甲板且浮箱可移动的半潜船，船舶载货空间更大。

（4）配置高、航速快

半潜船是海运船舶中配置最高的船型之一。船舶一般装配电力推进系统、动力定位系统和360°回旋的螺旋桨系统，以确保准确定位和装卸货；采用常规推进方式，航速高达15kn[①]左右，可实现海上大型设备的远距离快速运输。

（5）建造技术复杂

由于半潜船承运的货物超高超大，且在进行装卸作业时须将主船体下沉至水面以下，因此船舶不仅重心高，而且稳性差。在设计建造和使用半潜船时都要考虑稳性，并且设置很高的道楼结构来增加其储备浮力。

3. 半潜船的发展现状及发展前景

全球从事重大件运输的公司比较多，有代表性的包括荷兰的 DOCKWISE、FAIRSTAR 航运公司，挪威 OHT 公司及中远航运。

荷兰 DOCKWISE 公司是全球拥有半潜船最多、运力最大的公司，拥有运输大件的半潜船和运输游艇的专用半潜船等共计 23 艘，是目前世界最大的多用途海洋重型运输公司。荷兰 ROLLDOCK 公司的半潜船相对来说内部甲板较低，吨位小；设计精巧，对于不同的运输物可以通过"假底"来提升甲板高度，在管道和大型机械设备的运输方面有较强的竞争力。荷兰 FAIRSTAR 公司成立于 2005 年，2012 年成为 Dockwise 公司的全资子公司。该公司现有 4 艘在营半潜船，此外订购的 1 艘名为"White Marlin"号的 76000 DWT 的新船与 Dockwise 公司在营的"Blue Marlin"号同样采用相似设计，载重量也相差无几。

挪威 OHT 公司现有的半潜船都是由油轮改造而成，平均船龄 23 年，相比于新建半潜船，虽然油轮改造半潜船的成本低，但性能有限。

中国是继荷兰之后第二个建造自航式半潜船的国家。20 世纪 90 年代以前，荷兰 DOCKWISE 航运公司几乎垄断了全球港口机械远洋运输，振华港机为节省巨额租金建造了 26 艘 6 万吨级的整机运输船，占据部分港口机械运输市场。目前中远海运拥有 2 万、4 万、5 万、10 万吨级半潜船共 7 艘：有"泰安口"号和技术参数一致的姐妹船"康盛口"号，"泰安口"号是中国大陆建造的第一艘大型自航式半潜船，装货平台如同足球场，可满足各种气候的海区及无限航区要求，如北冰洋海区；还有两艘 5 万吨级的"祥云口"号和"祥瑞口"号，可承运安装世界上 90% 以上的石油钻井平台及大型海工设备，单件承运

---

① kn，一个专用于航海的速率单位，1kn＝1n mile/h，简称"节"。

货物重量可达 4.8 万吨；2016 年,交付的 10 万吨级"新光华"号,是当时中国第一、世界第二的重型半潜船。

随着深海资源勘探步伐加快,大量的石油钻井平台和模块化装备呈现大型化、智能化趋势,这对半潜船自身的尺度和载重量提出了更高的要求。随着国际能源领域合作项目的增加,各种油气施工机械和生产装置在世界范围内频繁调遣,而且装备的建造点与投运点的距离也使海上大型设备的运输需求不断增长。被运设备的价值往往远超半潜船,因此载重量更大、稳定性更高、安全性更好、功能性更强的半潜船成为未来发展方向,越来越多的半潜船企业也将目光投入到盈利空间更大的能源运输领域。

-小贴士

半潜船"参军"的天然优势

一方面,和大多数水面舰艇相比,半潜船需要时可部分沉浸在水中,外露体积减小,能有效降低雷达反射面积,减弱红外特征,消除一定噪声,同时降低对手水面舰艇所发射反舰导弹的命中率。另一方面,根据水动力学原理,半潜状态有助于消除兴波阻力,还能保持近似水面舰艇的态势感知能力。同时,在一些浅水海区,它还可以浮到水面增加通过率。

鉴于此,一些国家开始大力挖掘半潜船的军用功效。美军多年来倾力将蒙特福特角号等机动登陆平台打造成海上浮动前进基地,充当移动港口的角色;日本推出的三井海上移动登陆平台,在空阔的甲板上标注了 4 个重型直升机起降点,也可用于大批量输送气垫登陆艇、主战坦克、各种车辆和物资,根据情况进行航空管制和两栖作战。

除充当海上移动基地外,半潜船在未来战场可扮演多种角色,如可变身海上抢修维修站,充当海上船坞,对受损舰艇和装备实施快速维修;可变身导弹发射平台,尤其在布置垂发系统上,无论是导弹的发射和制导,相关问题都比在潜艇上容易解决一些,且载弹量更大。不过,这对武器系统的抗浪和防腐蚀要求大幅提高,需要进一步研究。

(资料来源:http://www.81.cn/yw/2021-11/12/content_10107208.htm)

(二) 多用途船

1. 多用途船概述

货运船舶诞生以来,干杂货船一直是海上货物运输的主力,在大型散货船与超大型油船出现之前,干杂货船在世界商船船队中长期占据着吨位总数的首位。进入 20 世纪后,随着国际海运市场细分和货物运输专业性的提高,散货船、集装箱船、滚装船、大件运输船等较为专业的货运船逐渐取代传统的干杂货船成为海上货运市场的主力。伴随着国际货

运需求的不断转变,进入 21 世纪后,全新的多用途船以其分舱灵活的特点,成为除集装箱船、油船和散货船以外的海上支线运输的主力船型。

多用途船是指既能装载一般件杂货、机械设备、散货,又能装载集装箱,适货能力较强且具备多种功能的船舶,它还具有一定的起货能力。广义地说,凡能装运两类以上货物的船舶都可称多用途船,但一般所讲的多用途船特指多用途干货船。

散货船、集装箱船、大件运输船等都是在传统干杂货船的基础上衍生出的新船型,多用途船保留了传统的干杂货船航速低、操纵性能好等特点。第一代多用途船的设计理念是,对传统的干杂货船舱盖及甲板加以改造,以便能够在甲板上载运集装箱或长大件,船舶货舱中依然装载传统的干杂货。

干货的品种很多,按其对船舶性能及设备等的要求可归纳成五类,即件杂货、散货、集装箱、重大件货及滚装货,所以多用途船的目标就是高效率地载运这五类货。主要有以下类型的多用途船:以载运集装箱为主的多用途船;以运输重大件、特长件为主的多用途船;兼运集装箱及重件货的多用途船,这类船将上述两类多用途船的特点和功能结合在一起;兼运集装箱及重货、滚装货的泛多用途船。

工程项目货物是多用途船的主要货源,越来越多的船东开始倾向能够适装超高工程设备且垂直运输的敞口(无舱盖)多用途船。上海船舶研究设计院在 2015 年成功研发出 13 000 载重吨敞口多用途船,是国内设计和建造的首艘可敞口航行的多用途船;2016 年上海船舶研究设计院在原 36 000 载重吨多用途船的基础上进行升级设计,可通行 0.8m 厚的当年冰航区,可在冬季航行通过波罗的海。

全球多用途船运力约 2896 万载重吨,绝大部分运力被牢牢掌握在欧洲船东手里,然而近几年其船队整体运力明显下降。

2. 现代多用途货船的特点

(1)船体结构的调整

这是现代多用途货船的最大特点,与传统的干杂货船不同,现代多用途船通常采用类似集装箱船的大开口设计,以便载运长大件。为提高船舶承揽重大件货物的能力,现代多用途船会尽可能地增加货舱的长度,以便承运大型成套机器设备。

为避免装载大型甲板货物与甲板起重设备对驾驶视线的影响,一些多用途货船开始将驾驶室与生活区域从船尾移动到船首,这是近年来多用途货船在整体布置上最为显著的调整。为减少船上电缆与管路的数量,同时为方便船员进入机舱工作,通常货船的驾驶室与生活区域都会布置在靠近船尾的位置。将驾驶室、生活区域移动到船首虽说会增加船上管路、电缆的施工量,进而增加船舶建造成本,但从整体来看,这对于提高船舶经济性、航行安全还是非常有利的。

(2)配备大型起重设备

为确保重大件货物的装卸,多用途船通常都会配备起重能力较强的大型起重机,目前多用途船上最大起重机的起重能力已超过 200 吨。当船舶配备多台起重机时，通常会通过配备两台起重机同时操作时所需要的吊梁，来提高船舶总体起重能力。一些设计师还考虑在船上采用大型门式起重机，以提高船舶货物装卸能力与装卸效率。

（3）多用途船的型宽较大

因多用途船常装运甲板集装箱或甲板货以提高载货能力，故从稳性要求需取较大的船宽。型深主要从装运的货物对舱容的要求出发，大多数从装运集装箱所需的层数出发确定，亦即考虑集装箱的高度、层数、必要的间隙及舱口围板高度等来确定型深。

传统的多用途船装运重大件只能靠吊装，吊重能力有限（并吊负荷 500 吨以下）的普通多用途船装运超大件能力不足，难以满足日益增长的特种运输需求；而配备了重吊的多用途船，其建造、营运成本高，设备闲置率高，在市场低位时的生存能力差。

相对于高技术、高附加值的船舶，多用途船的建造技术要求相对较低，各国船厂都具备建造该船型的能力，目前中国是接多用途船订单最多的国家。虽然多用途船不像集装箱船等主流船型那样在国际航运市场具有举足轻重的地位，但是在航运兴旺时，它可以为航运公司创造较高的收益。如 2007 年国际航运市场兴旺，多用途船期租水平迅猛增长，中远航运的多用途船和杂货船占船队主营利润增量的 92.2%。多用途船能适应多变的形势，较低的资金投入会使更多船东积极发展具有较高经济性的多用途船。

（三）滚装船

1. 滚装船概述

自从 20 世纪 50 年代后期集装箱船诞生后，人们在使用集装箱船过程中发现装卸集装箱并不方便，因为要动用许多吊货装置和起重设备。20 世纪 60 年代末，在集装箱船基础上，有些国家又设计了一种新型船舶——滚装船。这样不仅可以省去许多装卸、起重设备，简化装卸程序，还可以使集装箱船能在一般码头停靠，不需要对港口码头进行大规模改造。于是就出现了集装箱滚装船，现代货运船舶中的滚装船就是指这种集装箱滚装船。全球最大的货物滚装船是萨沃纳号，总长 238m，型宽 34m，型深 28.95m，7800m 车道，航速 20.8kn。

与传统的垂直装卸工艺不同，滚装船采用水平装卸工艺，通过"滚上"或"滚下"来提升装卸速度，降低船舶在港停留时间，故又称"开上开下"船，或称"滚上滚下"船。滚装船利用运货车辆来载运货物，本身无须装卸设备，一般在船侧或船首、船尾有开口斜坡连接码头（图 2-2），载货汽车或载有集装箱的拖车直接从船的大舱里升至码头，或由码头直接开进大舱里进行卸货。滚装船多用于近洋或沿海短航线运输，特别是在采用水陆联运方式时能收到较好的经济效果，适于运输小型商品轿车、大中型客车、重卡、大型工程机械、超长超高设备等。

根据滚装式集装箱船的结构形态的不同，可将滚装船划分为以下种类。

图 2-2　滚装船斜坡道

（1）多层甲板滚装船

它是一种包括上甲板在内的多层甲板船,可用于装载各种压载物和燃油。集装箱拖挂车通过跳板和斜坡道运进运出,各层甲板均设有集装箱系紧装置。为保持承载面的连续性,机舱和上层建筑通常设在尾部。

（2）尾斜跳板滚装船

它是一种设有尾斜跳板的船舶,可以解决船舶与码头的连接问题,实现船岸之间滚动装卸作业。集装箱拖挂车进出时,尾跳板可使跳板与码头平面夹角不至于过大,同时又不扩大码头作业面积。

（3）滚装-吊装两用船

它是一种舱内利用跳板进行滚动装卸而甲板上用岸边集装箱起重机进行垂直装卸的特殊船型。由于两种装卸方式同时进行,因此可加速集装箱的装卸。

2. 滚装船的特点

（1）装卸效率高

滚装运输运力可达 1000～2000t/h,船舶周转快和水陆直达联运方便。货物可直接被牵引入船舶甲板,这一过程较少需要辅助装卸设施,通过减少装卸过程,缩短运输时长来减轻货物损伤,降低运输成本;也可以从发货单位到收货单位“门到门”直接运输。滚装运输已成为世界上主流的汽车海运方式。

（2）码头不需起重设备

即使港口设备条件很差,滚装船也能高效率装卸。滚装船比集装箱船更胜一筹的地方在于码头上不需要起重设备,也不需要大规模改造、扩建滚装船码头,增添装卸设备。

（3）具有更大适应性

滚装船可以专门运载特种货物和各种大件货物,如钢管、钢板、钻探设备、农业机械,还可以混装多种物资及用于军事运输。

（4）重心高,稳定性较差

滚装船由于舱容利用率低,载货容积比普通货船大,因而型深高,且在露天甲板上又需装载数层集装箱,且为使车辆在舱内通行无阻,货舱内不设横舱壁,舱内支柱较少,因此,滚装船的结构强度和抗沉性较差。快速装卸造成左右舷货物的不平衡,也会导致船舶倾斜与摇摆。

(5)船型主尺度比值选择困难

滚装船的主尺度应满足载运货物所需截面尺寸及高度,其内部净空尺寸应与货物的单元尺度相配合。各种货物在舱内的布置方案不同,由此带来滚装船主尺度的不连续变化。选择时,难以实现最佳主尺度比值。

(四)重吊船

1. 重吊船的定义

重吊船,是指载运重件货物并能依靠自身设备装卸的运输船舶(图 2-3),一般配备起吊能力达几百吨的重吊,大舱口及可升降旁通二层舱盖设计,可用于装载和运输大型机械、设备和大型项目物件,主要面向包括风能、核能、火电和石油工程等大型整套设备、起重设备及重型机械等工程大型设备运输。相较于常规商品运输市场,由于矿业、土木工程建筑、石油天然气以及电力等能源领域此起彼伏的发展,具有大型货舱的多用途重吊船越来越受到市场的青睐。

图 2-3 重吊船

重件运输船按货物的装卸方式不同分为吊装式、滚装式、吊滚式、浮装式、吊浮式、吊浮滚式等。吊装式重件运输船设有重型吊杆,载重量为 1000～7000t;滚装式重件运输船不设重吊,船上设有跳板,货物靠滚装运输,载重量为 1500～5000t;吊滚式重件运输船既有重吊,又有跳板,可吊装 800t 以下或滚装 1000t 以下的重件货,载重量为 1200～3000t;浮装式重件运输船类似于浮船坞,货物的装卸靠浮进浮出,可运输 12 500t 重件货。

2. 重吊船的特点

(1)容积大,重吊能力强

船的宽度较大,长宽比一般在 5∶1 左右,甲板空间宽敞,便于装卸。重吊船通常只设一个舱,舱口较大,宽度约为船宽的 70%～80%,长度为船长的 50% 以上,能够安排不规则货物的积载。这种船吃水较浅,便于出入中小港口,可直接将成套设备运往目的地。

应根据需求配备起重能力更强的起吊设备以提高重大件货物的装载能力和效率,同时注重集装箱的装载能力,以灵活地满足各种运输需求。随着世界经济贸易形式的多样化以及航运市场变数的增加,具有大型货舱的多用途重吊船越来越受到市场的青睐。

（2）营运灵活,利用率高

多用途重吊船兼顾货舱内装载重货或集装箱以及货舱外甲板之上的集装箱装载能力,以适应件杂货、包装货运输集装箱化的趋势,其船型与一般杂货船、多用途船差异较小,设计、建造难度相对不大。

3. 重吊船市场发展

20世纪90年代前后,日立造船、川崎重工、日本钢管和三菱重工等几家实力较强的大型船企也曾在多用途重吊船市场中占有一定的份额,但由于多用途重吊船具有技术要求差异大,难以实现标准化和系列化的建造特点,因此日本大型造船企业逐渐退出这一市场。新高知重工、本田造船等小型船企逐渐成为主要建造企业,但获取的少量订单主要来自日本国内船东。

从船东区域来看,全球多用途重吊船船东主要集中在欧洲发达国家,荷兰和德国尤为突出,这与欧洲是传统的重货运输市场以及区域内发达的集装箱运输有关,如荷兰Spliethoff就是一家经营多用途重吊船历史悠久的船东。中国现已成为全球多用途重吊船建造市场上的主要力量,山东黄海、泰州三福等近年来在多用途重吊船建造领域发展迅速。

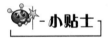小贴士

船舶载重线——水上的"电子秤"

船舶载重线标志是指勘绘于船中两舷,标明载重线位置以限制船舶最大吃水,确保船舶最小干舷的标志。《1966年国际载重线公约》规定必须在船舶两舷勘绘载重线标志,以限制船舶装载时的最大吃水。

最大吃水,又称"外形吃水",是指包括任何水下突出物在内的船体外形最低点至某一水线面的垂直距离。营运船舶为改善航行性能,多呈船尾吃水大于船首吃水的尾倾状态。此时船尾吃水即为最大吃水。最大吃水决定了船舶能否安全通过浅水区,它也是国外部分港口收费的依据之一。吃水的大小不仅取决于船舶和船载所有物品,如货物、压载物、燃料和备件的重量,而且还取决于船舶所处水的密度。

通过读取标在船首和船尾的船舶载重线,可以确定船舶的吃水。船舶载重线标志由甲板线、载重线圈、各载重线三部分组成。

"TF"表示热带淡水载重线,即船舶航行于热带地区淡水中时,总载重量不得超过此线。

"F"表示淡水载重线,即船舶在淡水中行驶时,总载重量不得超过此线。

"T"表示热带海水载重线,即船舶在热带地区航行时,总载重量不得超过此线。

"S"表示夏季海水载重线,即船舶在夏季航行时,总载重量不得超过此线。

"W"表示冬季海水载重线,即船舶在冬季航行时,总载重量不得超过此线。

"WNA"表示北大西洋冬季载重线。在冬季航行经过北大西洋(北纬36°以北)时,总载重量不得超过此线。

二、陆运设备

陆运包括公路运输、铁路运输和管道运输,工程物流主要使用公路运输和铁路运输。

公路大件运输是指公路运输中对庞大、沉重而又不可分割的整体货物的运输,大件货物在体积和重量上超过了普通载货汽车的载运标准和公路线形以及桥涵通过能力的规定界限,运输时需采用特殊的运输设备。公路大件运输车辆是具有装载整体大型物件实际能力在200t及以上300t以下的超重型车组,包括牵引车、挂车和其他大件特种设备。

公路运输适应性强,相较于铁路、水路网,公路运输网密度较大,所需固定设施简单,一般中途不需换装,可以实现"门到门"直达运输,而且车辆购置费用较低,投资回收期短。但是汽车运输量小,运输成本高,安全性不高,排放气体对环境影响严重。

根据不同货物的运送要求,火车主要分为平车、敞车、棚车、罐车、漏斗车。其中平车是铁路上大量使用的通用车型,无车顶和车厢挡板,装卸方便,主要用于运输大型机械、集装箱、钢材等,必要时可以装运超宽、超长的货物。铁路运输的优点是运送量大,速度快,成本较低,一般不受气候条件限制,适合于大宗、笨重货物的长途运输,且能耗低,通用性好,占地面积少,连续性好。

(一) 超重型牵引车

牵引车是指装备有特殊装置用于牵引挂车的商用汽车。它是汽车列车组合中的动力头,以牵引挂车来实现汽车列车的运输作业。超重型牵引汽车是用于牵引和顶推超重型车的驱动车,又称主车,而被主车牵引的从动车简称挂车。超重型牵引车装有大功率的柴油机,并配有大速比的机械或液力变速器和主减速器。有的还有轮边减速装置,以降低车速,加大牵引力。随着国家的战略发展,重型牵引车呈现出专业化、大马力、大吨位的发展趋势。

超重型牵引车多系3轴或4轴,由后两轴驱动,也有前、后轴全驱动的。在牵引全挂车时,牵引车上必须加适当的压重,以增加作用在驱动车轮上的荷重,从而使驱动车轮和地面之间有足够的附着力。在一般情况下超重型挂车只用一辆牵引车牵引;在公路坡度大、弯度大、货件重等情况下,可用两辆牵引车牵引,一辆在前牵引,另一辆在后顶推;有时甚至要用多辆牵引车牵引和顶推,用以降低车速,加大牵引力。

汉诺玛格 SS-100 是第二次世界大战期间德国国防军的重型牵引车(图 2-4),能够牵引重达 20t 的拖车。"二战"期间,这种牵引车执行了各种各样的任务,它牵引过各种拖车、火炮和设备。同时,它还是德国空军的主力机场牵引车,并承担了著名的 V-2 弹道导弹的运输工作。

图 2-4　汉诺玛格运输导弹

(二) 半挂车

半挂车是承载货物的平台或容器,其本身没有动力,通过与牵引车连接后形成一个整体,应用在各种货物运输中。由于半挂车相对独立,因此在货物运输抵达目的地或转运时可通过直接交付或交换半挂车完成,减少了传统的装卸货工序,显著提高了运输效率。

按照半挂车的结构和用途来分,可用于工程物流的半挂车主要有以下几种类型(图 2-5)。

低平板半挂车

栏板式半挂车

阶梯式半挂车

凹梁式半挂车

图 2-5　多种半挂车示意图

1. 低平板半挂车

低平板半挂车通常采用凹梁式(或者井型)车架,即车架前段为鹅颈,中段为货台(车架最低部分),后端为轮架(含车轮)。在往低平板半挂车上装载机械设备时,通常是从半挂车后端装载,即采用从后轮架上面移动机械设备或者将车轮移除的方式,然后再将机械设备固定在半挂车上。

低平板半挂车系列有平板式、凹梁式和轮胎外露式,适用于不同货物。低平板半挂车通常用来运输重型汽车(如牵引车、大客车、专用汽车等)、轨道车辆、矿用机械、林业机械、大件罐体、工程机械(如挖掘机、推土机、装载机、铺路机、起重机等)及其他重载货物,其重心越低,稳定性和安全性越好,运输超高货物和通过头顶障碍的能力就越强。低平板半挂车刚度高,强度高;车架货台主平面低,以保证运输的平稳性。因此适宜运载各类工程机械、大型设备和钢材等。

2. 平板式半挂车

平板式半挂车是大件运输中应用最为广泛的一种超重型挂车,此半挂车整个货台是平直的,既无顶也无侧厢板,适于载运多种大型物件和重件,如电力设备中的发电机定子、变压器和其他重型设备。平板式半挂车的连接部件都是标准化、系列化的,可按所运大件货物的尺寸、重量,把几辆单体平板挂车纵横连接组合,构成所需的大型平板挂车车组。平板式半挂车行驶时的机动性较好,可以根据挂车轴重的大小控制相应的行车速度。

3. 栏板式半挂车

此半挂车的货台四周通过栏板保护,既可运输大型设备,又可运输散件货物。

4. 阶梯式半挂车

这种半挂车车架呈阶梯形,货台平面在鹅颈之后。由于阶梯式结构货台主平面降低,从而适合运输各种大型设备、钢材等。

5. 凹梁式半挂车

凹梁式半挂车是低平板半挂车的一种。此半挂车货台平面呈凹形,具有最低的承载平面。凹形货台平面离地高度一般根据用户要求确定,适合超高货物的运输。

小贴士

单 体 板 车

板车可以组合成各种挂车,常见的板车主要有炮车、凹板车、普通单体平板车及液压平板车等。

炮车:其功能结构简单,板面较高,适合短途普通大件设备运输。

凹板车:适合运输超高设备,但承压能力较小,最大负荷在180t左右。

普通单体平板车:可任意拼接但不可升降、转向,适合路面条件较好的情况下使用。

液压平板车:自带动力泵油装置,模块可以任意拼接成设备运输所要求的长度或宽度,是远程超长、超宽、超高、超重设备运输的首选板车类型,适合各种路况使用。

(三) 铁路长大货物车

特长和特重货物无法用一般的铁路货车来装运,必须使用专门的长大货物车。铁路装运阔大货物的车辆统称为长大货物车,一般装运的货物为大功率变压器、发电机定子和转子、大型机床、轧钢机牌坊、合成反应塔等,载重量可达数百吨。

按结构区分,长大货物车分为以下几种。

1. 钳夹车

将车辆制成两节,货物钳夹在两节车之间或通过专门的货物承载架装载在两节车之间,专门用于超高设备的运输,前后钢架将设备卡在中间,大大缩短了设备离地距离。货物通过塔下部的耳孔和销、上部的支撑与前后钳形梁的相应部位相连接,此时货物本身成为承载车体的一个组成部分,空载时两钳形梁可相互连接,载重量为300～380t。如图2-6所示。

图 2-6　钳夹车

2. 长大平车

长度较一般平车长,车辆长度一般在19m以上,一般都以平车的形式来设计和制造,是专供运送超长、超大及笨重货物的车辆,载重量为70～265t。如图2-7左图所示。

图 2-7　长大平车(左)和凹底平车(右)

3. 凹底平车

纵向梁中部做成下凹而呈元宝型，俗称元宝车，底架中部装货平台比两端较低，可装截面尺寸较大的货物，载重量为 60～320t。如图 2-7 右图所示。

4. 双连平车

双连平车又称重连平车，由两个或两个以上平车或多轴平车重连而成，两端平车上设置可旋转的枕鞍，用于装运长形的自承货物，载重可达 370t。

5. 落下孔车

底架中央部分做成空心，货物通过支承架坐落在孔内，货物的某些部分可以落在底板面以下，从而可以装载更大型的货物，载重量可达 250t，适合装运电力、冶金、化工、重型机械等行业的大型货物，如轧机牌坊、变压器等。如图 2-8 所示。

图 2-8　落下孔车

三、空运设备

航空运输与其他运输方式相比主要有以下优点：速度快、直达性好；舒适性、安全性高；经济特性良好。但飞机机舱的容积和载重量都比较小，运输成本高，且易受气候条件影响，可达性差。

起飞总重量超过 100t 的运输类飞机称为大型运输机器，包括军用、民用大型运输机。世界承载重量最大的运输机是乌克兰的安东诺夫安-225"哥萨克人"超大型军用运输机。

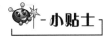小贴士

大型军用运输机有多大

军用运输机看起来和平常的客机差别不大，但是运输机是分等级的，比如"二战"中美军有名的 C-47 运输机，其本身就是客机的军用型号，载员为 28 人，双发的最大起飞重量为 14t，长 19.43m，翼展 29.11m。

现在比较常见的通用军用运输机,如最大起飞重量 141t 的 A400M,最大起飞重量 210t 的伊尔-76-MF,最大起飞重量 285t 的 C-17 运输机等,是各国空军中空中战略运输的主力,其个头也远大于"二战"时代的运输机,大于多数常见客机,如 737-900ER 的最大起飞重量为 85.13t。

而军用运输机中的"巨无霸",是苏联制造的安-225 运输机,最大起飞重量高达 640t,可以载重高达 250t。这种类型的飞机实际只生产了一架,量产型的最大军用运输机是安-124 运输机,美军的 C-5"银河"排在其后。

C-5"银河"大型战略运输机中,C-5M 型最大起飞重量达到 418t,最大载重约 129.3t,全长 75.54m,翼展 67.88m,机身高度达到 19.85m,可以运输美军多种重要的主战装备,如 M1A2 坦克、导弹甚至是其他飞机。

C-5,以机身高度而言,将近 20m,以楼高 3m 计算(普通住宅),高于六层楼;长相当于两个半多的篮球场长度(标准篮球场长 28m),单个主机翼长度也相当于一个篮球场,成人站在其巨大的垂直尾翼上,远远看去,如小鸟一般。

C-5 可以"鲸吞"其他战斗机,如 C-5A 一次能装进 20 架"小鸟"直升机,或者搭载 6 架阿帕奇武装式直升机,或者运输 A-10 攻击机等战斗机,甚至可以运输同样属于军用运输机的 C-130,当然前提是这些飞机需要拆掉机翼再"进屋"。

作为目前最强大的军事力量,美军在空军方面有着极大的优势,其中与别国差距最大的便是空中战略运输能力,在强调军队快速部署能力的现代军事理念中,军用运输机的空中运输能力是衡量实力的重要标准,也是快速将大量部队部署到热点地区的一个前提条件。

因此许多军用运输机都强调在跑道情况并不理想的野战机场上的起降能力,不过像 C-5 这样的 400 吨级运输机,实际上在这一方面的能力相对较差,其更适合往来于条件更好一些的专用机场,这种野战起降能力,一般在 200 吨级或者以下的运输机中比较常见一些。

(资料来源:https://m.sohu.com/a/455746124_120508047?_trans_=010004_pcwzy)

(一)民用运输机

民用运输机大多称为"货机",追求舒适度与经济效益,人们熟悉的波音、空客等就是典型的民用运输机。

(二)军用运输机

军用运输机是用于运送军事人员、武器装备和其他军用物资的飞机,具有较大的载重量和续航能力,能实施空运、空降和空投,保障地面部队从空中实施快速机动。军用运输机问世以来,在多次重大战争中都发挥了重要作用。现代战争重视高速、机动和深入敌后作战,运输机的发展越来越受到重视。它具有在复杂气候条件下飞行和短距起落能力,有些装有自卫的武器及电子干扰设备。军用运输机分为战略运输机和战术运输机。

战略运输机在全球范围载运部队和各种重型装备，实施全球快速机动。这类运输机载重能力强，载重量超过 40t，起飞重量一般在 150t 以上；航程远，正常装载航程超过 4000km，最大载重航程超过 5000km；能空降、空投和快速装卸，主要在远离作战地区的中型、大型机场起降，必要时也可在野战机场起降。

战术运输机为战区作战提供中、近距离空运、空降、空投任务，载重量较小，一般不超过 20t，航程较近，最大载重航程不超过 3000km，执行战术任务时的机动性较高，如 C-130。

大型军用运输机还可以作为空中预警机、空中加油机、海上巡逻机等。空中预警机比较常见的是由客机或者运输机改装而来，这类飞机内部可使用空间大，能够安装大量电子与维持运作的电力与冷却设备，同时还可容纳数位雷达操作人员。也有的国家以直升机作为载具，不过这一类的空中预警机的效果不如由中大型机体改装而来的机种。

 小贴士

战略战术运输机

纵观当今世界，全球空中运输实力最强的非美国莫属了，该国空中运输能力不容置疑，处于世界第一梯队。美国运输机发展历史长达 100 年，其间研制了众多型号，但其中多数已经退役，目前现役的有 C-5 战略运输机、C17 战略/战术运输机、C-130 战术运输机，这三种运输机撑起美国军事运输业。

众所周知，被喻为"环球霸王Ⅲ"的 C-17 运输机由麦道公司研制，近几年的制造单价为 3.2 亿美元左右，起飞重量为 265t，最大航程可达 1.1 万 km。C-17 运输机的作战范围和功能涵盖了过去的 C-5 运输机和运输机所具备的一切。C-17 代表了军用运输机发展的一种思路。它把战略运输机和战术运输机的优势结合起来，而从技术上克服各自的不足，是当今世界上唯一可以同时适应战略、战术任务的新型运输机。

可以说，C17 是运输机"三剑客"中"最年轻"的，也是科技水平最高的，它是由美国麦道公司（后并入波音）研制的战略战术运输机，1981 年开始研制，于 1993 年服役，既能执行远程战略运输任务，又能执行将作战物资、人员、装备直接运入战区的战术任务。

C-17 运输机长 53.04m，高 16.79m，翼展 51.81m，可在 915m 长的简易跑道上着陆，这一能力使其可在全球上万个跑道起降；机组乘员 3 人，分别为正副驾驶员和货物装卸员；主起落架 12 个轮胎，左右每组 6 个轮胎，前起落架 2 个轮胎。

C-17 适应于快速将部队部署到主要军事基地或者直接运送到前方基地的战略运输，必要时该飞机也可胜任战术运输和空投任务。这种固有的灵活性和其他性能帮助美军大大提高了全球空运调动部队的能力。

（资料来源：https://m.sohu.com/a/482222562_701550?_trans_=010004_pcwzy）

第二节 装卸设备

大件货物在起运前主要有两个处理环节,即吊装、加固。吊装是用专门的吊用机械设备将大件货物装上运输工具的过程。由于工程物流的货物一般为电力、化工、机械、军工、石油、冶金等行业的大型仪器设备,具有精密、笨重、非标准、高价值的特点,在装卸、运输过程中对于操作技术要求特别严格,稍有不慎就会造成设备损坏,还得重新返厂加工,损失巨大,因此,货物的装卸应尽可能选用适宜的装卸机械,做好吊装工作。

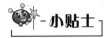

智能起重机

所谓智能起重机,是指在特定的范围内垂直上下、水平移动物品,主要用于运送资料,相应的工作有间歇动作和循环操作。智能起重机广泛应用于仓库、工厂和码头的不同领域,在生产活动中发挥着决定性的作用。一般来说,智能起重机可以将一些智能技术集成到起重机中,有效地完成起重任务,自动控制操作和运动,既可以编程,也可以识别外部环境,模拟人的操作。即使没有专家,10人也能监视几台智能起重机按生产要求运行。

从这个观点来看,智能起重机也被称为起重机机器人和无人起重机。它可以有效控制人才需求,大幅度提高生产率,是人工智能、基础自动化、无线通信和ERP信息技术集成和合理应用的产物,值得大规模推广。

与以往的人工起重机相比,智能起重机具有以下优点:

(1)在容量大、工作条件差的情况下,通过程序禁止手动操作,不仅可以在严酷的环境下连续运行,还可以通过一定的程序管理不同的设备,操作准确,能提高挂钩定位的可靠性,控制漂移宽度,特别是在加工场所和工厂,能满足较高的安装定位要求。

(2)减少功耗,增加保护。在实际应用中,与以往的起重机相比,智能起重机可以节省一半左右的电力,噪声小。

(资料来源:https://m.sohu.com/a/484166051_120746269?_trans_=010004_pcwzy)

起重设备按结构不同可以分为升降机、轻小型起重设备、起重机。起重机是可以在一定范围内垂直提升并水平搬运重物的多动作起重设备,分为桥式类型起重机和臂架式类型起重机。

一、桥式类型起重机

桥式类型起重机包括门式起重机和装卸桥。

(一) 门式起重机

门式起重机又称龙门吊,主要用于室外的货场中料场货、散货的装卸作业。它的金属结构像门形框架,具有场地利用率高、作业范围大、适应面广、通用性强等特点,一般设立在港口、码头或重型设备生产厂的货场。起重量从几十吨至一二百吨,近年也出现了起重量达千吨的龙门吊。

普通龙门起重机多采用箱型式和桁架式结构,用途最为广泛,包括吊钩、抓斗、电磁、葫芦门式起重机,可以搬运各种成件物品和散状物料,起重量在100t以下,跨度为4～39m。

吊钩门式起重机,用于车站、码头、工矿企业及物资部门的货场和露天仓库。

抓斗门式起重机,用于煤、矿石、沙等各种散装物料的搬运。

电磁吸盘门式起重机,用于冶金厂、机械厂装卸钢材、铁块等物料。

MH 型电动葫芦门式起重机是用电动葫芦作为运行式起重小车的通用型门式起重机(图 2-9),适用于在车站码头、仓库货场、建筑工地、水泥制品厂、机械或结构的装配场、水电站等露天作业的场地中做起重运输装卸等工作,也适合于在室内车间工作。

双梁门式起重机(图 2-9)采用的是箱形双梁焊接结构,门架由两根偏轨箱形梁、四条支腿、两根下横梁和两个拱架组成,全部为箱形结构,可以增大作业空间,便于运输安装和维修起重机,可承担一般装卸及起重运输工作。

图 2-9　电葫芦门式起重机(左)和双梁门式起重机(右)

(二) 装卸桥

装卸桥是门式起重机的一种特殊形式(图 2-10),通常称跨度大于 35m,起重量不大于 40t 的门式起重机为装卸桥。装卸桥取物装置以双绳抓斗或其他吊具为主,用来装卸大批量的散状物料或成批件物品,适用于电厂、车站、港口、林区货场等场合。其中,集装箱装卸桥主要用于码头集装箱船舶的装卸作业。

图 2-10　装卸桥

二、臂架式类型起重机

(一) 汽车起重机

汽车起重机是装在普通汽车底盘或特制汽车底盘上的一种起重机,其行驶驾驶室与起重操纵室分开设置,起重量从十来吨到150t,大型汽车吊(80t以上)我国一般都从国外进口。汽车的轮胎不受力,依靠四条液压支撑腿将整个汽车抬起来,并将起重机的各个部分展开,进行起重作业;当需要转移起重作业现场时,需要将起重机的各个部分收回到汽车上,使汽车恢复到车辆运输功能状态,进行转移。

汽车起重机采用液压起重技术,承载能力大,可在有冲击、振动和环境较差的条件下工作。汽车起重机能以较快速度行走,机动性好、适应性强,自备动力,不需要配备电源,能够奔赴远距离作业,因此在交通运输、城建、消防、大型物料场、基建、急救等领域得到了广泛的应用。

受吊臂的作业半径限制,其最大起重量只是在吊臂最小作业半径时才有效,即起重量(t)×作业半径(m),作业半径越大,起重量越小。世界上汽车吊的最大吨位1200t。另外,多吊机联合作业可形成合力,提高起重能力和工作效率。

汽车起重机是工程物流企业必不可少的吊装起重设备,一般工程队、建筑业、电力安装部门都需要汽车起重机。

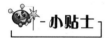—小贴士

汽车起重机是否属于特种设备

对于搞工程的人来说,设备在工程现场普遍存在,不足为奇。可是,如果工程中涉及特种设备,就应引起人们足够的重视。称其为特种设备,是因为它是涉及人的生命安全、危险性较大的设备。工程管理中,对人员、特种设备的管理要求也特别严谨,比如特种设备证书、备案证书、特种作业人员证书、安装检测验收、人证统一等要求。

汽车起重机以前属于特种设备,但2014年新的《特种设备目录》中规定了流动式起重机中的轮胎起重机属于特种设备,而原来规定的汽车起重机被删除了。有人置疑汽车起重机是否属于轮胎起重机范围。

汽车起重机具有载重汽车的行驶性能,行驶速度快,转移灵活迅速,可在各类公路上通行;汽车底盘及其零件供应较方便;起重量范围广。但是工作时须支腿,不能负荷行走,不适宜在松软或泥泞等软弱地基作业。

轮胎起重机作业移动灵活,机动性好,可在360°范围内工作,稳定性好;起重量较小时,可不打支腿作业,亦可负荷行驶。轮胎起重机行驶时对路面要求特别高,行驶速度比

较缓慢,不适于在松软泥泞的地面工作。

二者概念相似,汽车起重机、轮胎起重机只有二字之差,而汽车起重机大多是靠轮胎行驶,因此,人们特别容易把汽车起重机理解为轮胎起重机,或认为是其分类的一种产品。但二者是不同的两种设备,其外观虽相似,但结构不同。二者虽然都是由上车、下车两部分组成的,但汽车起重机有上、下车两个操纵室,轮胎起重机只有一个操纵室。

自 2014 年起,汽车起重机不再纳入特种设备安全监管范围,特种设备法律法规规范对汽车起重机不适用。因此,汽车起重机司机从 2014 年起不需要持有"特种设备作业人员证"。轮胎起重机属于特种设备,被纳入特种设备安全监管范围,作业人员需持有"特种设备作业人员证"。

(资料来源:https://www.sohu.com/a/485487522_268713? scm = 1019. e000a. v1. 0&spm = smpc. csrpage. news-list. 3. 1630756472602qfb4Mvs)

(二) 履带起重机

履带起重机,是具有履带行走装置的全回转动臂架式起重机。一般履带起重机根据操作结构可划分为履带行走、回转盘、提升、变幅几个功能,履带起重机场地作业性能好,超出汽车吊,影响其主要安全的危险因素是地基的稳定性,是否超载或突发阵风等,其安全装置要求具备力矩限制器、重量限制器、吊钩高度或深度限制器等。

履带起重机主要用于工地,用于装卸车和安装工程,是工程物流重要的吊装起重设备,起重量一般为 100~300t,也有近 500t 的。履带起重机稳定性好,载重能力大,防滑性能好,对路面要求低,但是灵活性差,行驶速度慢,油耗高。

如图 2-11 所示为汽车起重和履带起重机。

图 2-11　汽车起重机(左)和履带起重机(右)

(三) 轮胎起重机

轮胎起重机是指将起重作业部分装在专门设计的自行轮胎底盘上所组成的起重机(图 2-12 左)。因为它的底盘不是汽车底盘,因此设计轮胎起重机时不受汽车底盘的限制。

图 2-12 轮胎起重机(左)和浮式起重机(右)

轮胎起重机一般轮距较宽,稳定性好;轴距小,车身短,故转弯半径小,适用于狭窄的作业场所,但其行驶时对路面要求较高,不适于在松软泥泞的地面上工作。轮胎起重机可前后左右四面作业,吊重时一般需放下支腿,增大支承面,并将机身调平,以保持起重机的稳定;在平坦的地面上可不用支腿吊重。

一般来说,轮胎起重机的行驶速度比汽车起重机慢,其机动性不及汽车起重机,但它与履带起重机相比,具有便于转移和便于在城市道路上通过的性能。随着轮胎起重机行驶速度的显著提高,出现了越野型液压伸缩臂式的高速轮胎起重机,它具有较大的牵引力和较高的行驶速度,越野性能好,并可全轮转向,机动灵活,特别适用于在狭窄场地上作业。

(四) 浮式起重机

浮式起重机是安装在专用的船体或囤船上的固定式起重机(图 2-12 右),作业效率高。根据用户需求,可采用变频控制,使各机构运转更平稳可靠。浮式起重机可以进行岸与船、船与船之间的装卸作业,其自重轻,占地少,工作效率高,作业稳定性好,运转灵活,是内河湖泊理想的装卸设备,也适用于码头疏浚和码头工程施工作业,如作为抓斗挖泥机、浮式卸砂机、浮式卸煤机等使用。

扩展阅读2-1

物流业特种设备的管理问题与对策

复习与思考

1. 简述工程物流水运设备的特点。

2. 简述工程物流陆运设备的应用。

3. 汽车起重机和轮胎起重机的区别是什么?

建 设 物 流

1. 熟悉建设项目的概念和特点；
2. 掌握建设项目物流的有关概念及特点；
3. 了解建设项目供应链物流模式。

引导案例

火神山医院建设

火神山医院从开始建设到投入运营一直备受瞩目,短短 10 天时间,一座建筑面积 3.4 万 m²,拥有 1000 个床位的"现代化三甲级医院"拔地而起,中国速度再一次让世界惊叹。一项工程的成功建设需要业主、相关机构、设计方、施工单位等各个节点企业的共同努力,火神山医院能迅速完工,就与它背后强大的工程供应链管理有关。

10 天完工的火神山医院工程,其工程供应链管理主要有 4 个特点:

1. 严密计划

想要在规定的时间内保质保量地完成医院建设,严密的建设计划必不可少。物资供应计划和施工计划必须严丝合缝,不容有失。一旦缺工待料形成窝工,就会对工期形成不可估量的影响。火神山建设牵头单位是总部设在武汉的中建三局,整个工程汇集了 7500 名建设者,大型机械设备、车辆近千台,每一台设备、每一个工人负责哪一部分的工作都做了细致周密的安排。

2. 紧急采购

在紧急采购中,拥有的资源越多,完成采购任务的可能性越大。所有参与建设的企业都高度服从建设需要,基本做到有什么给什么,且第一时间送到,大大节省了采购时间。

生活保障方面:中国外运送来的食品、中粮集团捐赠的粮油为数千名工人供应一日三餐;湖北中百仓储联手阿里巴巴旗下淘鲜达建成一个"无接触收银"超市,为工人和医务工作者提供生活物资供应。

施工材料方面:华新股份的水泥、河北军辉的防火涂料、正大制管的镀锌圆钢、华美节能的橡塑绝热保温材料、惠达卫浴的5931件马桶和龙头、海湾安全的消防报警器、佳强节能等三家企业的3500套装配式集成房、新兴际华的球墨铸铁管、永高股份的市政及建筑管道。

信息系统建设方面:联想集团提供了全套2000多台计算机设备和进驻现场的专业IT服务团队;TCL电子提供了全部公共LCD显示屏;小米提供了平板电脑。

物资运输方面:顺丰、中通、申通、韵达、EMS、阿里巴巴物流平台等中国物流巨头联合开通国内及全球绿色通道,免费从海内外各地为武汉运输救援物资。

3. 组织能力

调动这么庞大的人力、物力,需要超强的质量控制、工程管理、组织协调能力,各个参与方之间紧密、无缝的信息共享和不计成本,与时间赛跑,完成国家交代的目标。在非常状态下,总承包单位中建三局组织人员后勤补给、材料供应、质量控制、工序衔接,而且各施工组团相互不受影响,形成了一套严格科学的内部管理和组织的标准控制流程。

4. 准时交付

整个项目在时间方面也卡得很严,一切为工期让路。火神山建设中,所有机器设施工点24小时不停歇,很多人放弃回家团圆,采用24小时两班倒制度,累了就随便找个地方休息。

(资料来源:http://www.rhd361.com/special/news? id=7e28828b93ae4dbf876433f6c8cc98bc)

思考:

1. 什么是工程供应链?

2. 供应链管理在工程建设中的作用有哪些?

第一节　建设项目

一、建设项目概述

项目是为创造独特的产品、服务或成果而进行的临时性工作,有广义和狭义之分,广义的项目是指在相应的约束条件下有专门组织和特定目标的一次性任务;而狭义的项目一般是指工程建设项目,简称建设项目。

建设项目是指依据施工任务而开展的一系列建设活动的总和,它以工程建设作为载体,是作为被管理对象的一次性工程建设任务。另外,建设项目也是指具备相应设计任务书和总体设计,同时在经济上独立核算,行政上有独立组织形式的建设单位。在我国,建设项目在工业建筑和民用建筑上的表现各不相同。工业建筑上一般以一座生产厂房、水利大坝及联合性企业等为建设项目,民用建筑上一般以一栋住宅、医院、商场等为建设项目。一个建设项目可以仅包括一个单项工程,也可以包括多个单项工程。

根据工程项目设计要求和编制建设预算、统计、制订进度计划、会计核算等方面的需要,一般会对建设项目进行进一步划分,具体分为单项工程、单位工程(子单位工程)、分部工程(子分部工程)以及分项工程。

(一) 建设项目的组成

根据建设项目的组成内容和层次不同,按照分解管理的需要,从大至小依次可分为建设项目、单项工程、单位工程、分部工程和分项工程。

1. 建设项目

建设项目是指按一个总体规划或设计进行建设的、由一个或若干个互有内在联系的单项工程组成的工程总和。

工程建设项目的总体规划或设计是对拟建工程的建设规模、主要建筑物构筑物、交通运输路网、各种场地、绿化设施等进行合理规划与布置所作的文字说明和图样文件。

例如新建一座工厂,它应该包括厂房车间、办公大楼、食堂、库房、烟囱、水塔等建筑物、构筑物以及它们之间相联系的道路;又如新建一所学校,它应该包括办公行政楼、一栋或几栋教学大楼、实验楼、图书馆、学生宿舍等建筑物。这些建筑物或构筑物都应包括在一个总体规划或设计之中,并反映它们之间的内在联系和区别,我们将其称为一个建设项目或工程建设项目。

2. 单项工程

单项工程是指具有独立的设计文件,建成后能够独立发挥生产能力或使用功能的工程项目。

单项工程是建设项目的组成部分,一个建设项目可以包括多个单项工程,也可以仅有一个单项工程。工业建筑中一座工厂的各个生产车间、办公大楼、食堂、库房、烟囱、水塔等,非工业建筑中一所学校的教学大楼、图书馆、实验室、学生宿舍等,这些都是具体的单项工程。

单项工程是具有独立存在意义的一个完整工程,由多个单位工程所组成。

3. 单位工程

单位工程是指具有独立的设计文件,能够独立组织施工,但不能独立发挥生产能力或使用功能的工程项目。

单位工程是单项工程的组成部分。在工业与民用建筑中,如一幢教学大楼或写字楼,总是可以划分为建筑工程、装饰工程、电气工程、给排水工程等,它们分别是单项工程所包含的不同性质的单位工程。

4. 分部工程

分部工程是单位工程的组成部分,是按结构部位、路段长度及施工特点或施工任务将单位工程划分的若干个项目单元。

例如,土石方工程、地基基础工程、砌筑工程等就是单位工程——房屋建筑工程的分部工程,楼地面工程、墙柱面工程、天棚工程、门窗工程等就是装饰工程的分部工程。

在每一个分部工程中,因为构造、使用材料规格或施工方法等不同,完成同一计量单位的工程所需要消耗的人工、材料和机械台班数量及其价值的差别也很大,因此,还需要把分部工程进一步划分为分项工程。

5. 分项工程

分项工程是分部工程的组成部分,是按不同施工方法、材料、工序及路段长度等将分部工程划分的若干个项目单元。

分项工程是可以通过较为简单的施工过程生产出来,并可用适当的计量单位测算或计算其消耗量和单价的建筑或安装单元。如土石方工程,可以划分为平整场地、挖沟槽土方、挖基坑土方等;砌筑工程可以划分为砖基础、砖墙等;混凝土及钢筋混凝土工程可划分为现浇混凝土基础、现浇混凝土柱、预制混凝土梁等。

分项工程不是单项工程那样的完整产品,一般来说,它的独立存在是没有意义的,它只是单项工程组成部分中一种基本的构成要素,是为了确定建设工程造价和计算人工、材料、机械等消耗量而划分出来的一种基本项目单元,它既是工程质量形成的直接过程,又是建设项目的基本计价单元。

综上所述,一个建设项目由一个或几个单项工程组成,一个单项工程由一个或几个单位工程组成,一个单位工程又由若干个分部工程组成,一个分部工程又可划分为若干个分项工程。分项工程是建筑工程计量与计价的最基本部分。了解建设项目的组成,既是工程施工与建造的基本要求,也是进行计算工程造价的基础,作为从事工程造价计价与管理的工程造价技术人员,分清和掌握建设项目的组成显得尤为重要。

(二) 建设项目的分类

按照不同的分类标准,可以将建设项目做如下分类。

1. 按照建设性质划分

建设项目按其建设性质不同,可分为新建项目、扩建项目、改建项目、迁建项目和恢复项目。

（1）新建项目

新建项目是指根据国民经济和社会发展的近远期规划，按照规定的程序立项，从无到有、新开始建设的项目。对原有的建设项目扩建，其新增加的固定资产价值超过原有全部固定资本价值三倍以上的，也属于新建项目。

（2）扩建项目

扩建项目是指原有企业为扩大原有产品的生产能力和效益，或增加新产品的生产能力和效益而增建的生产车间、独立生产线；行政事业单位在原有业务系统的基础上扩大规模而增建的固定资产投资项目。

（3）改建项目

改建项目是指原有建设单位为了提高生产效率，改进产品质量或改进产品方向，对原有设备、工艺流程进行技术改造的项目；或为了提高综合生产能力，增加一些附属和辅助车间或非生产工程的项目。包括挖潜、节能、安全、环境保护等工程项目。

（4）迁建项目

迁建项目是指原有企事业单位根据自身生产经营和事业发展的需要，按照国家调整生产力布局的经济发展战略需要或出于环境保护等各种原因，迁移到另外的地方建设的项目。

（5）恢复项目

恢复项目是指原有企事业单位或行政单位，因自然灾害、战争或人为灾害等原因使原有固定资产遭受全部或部分报废，需要进行投资重建来恢复生产能力、业务工作条件和生活福利设施等的工程项目。这类工程项目，无论是按原有规模恢复建设，还是在恢复过程中同时进行扩建，都属于恢复项目。但尚未建成投产或交付使用的工程项目受到破坏后，若仍按照原设计重建的，原建设性质不变；如果按照新设计重建，则根据新设计内容来确定其性质。

建设项目按其性质分为上述五类，一个建设项目只能有一种性质，在项目按总体设计全部建成以前，其建设性质是始终不变的。

2. 按照投资作用划分

建设项目按其投资在国民经济各部门中的作用，分为生产性工程项目和非生产性工程项目。

（1）生产性工程项目

这是指直接用于物质资料生产或直接为物质资料生产服务的建设项目。主要包括：

① 工业建设项目。包括工业、国防和能源建设项目。

② 农业建设项目。包括农、林、牧、渔、水利建设项目。

③ 基础设施建设项目。包括交通、邮电、通信建设项目；地质普查、勘探建设项目。

④ 商业建设项目。包括商业、饮食、仓储、综合技术服务的建设项目。

（2）非生产性工程项目

非生产性建设项目包括消费性建设项目，是指用于满足人民物质、文化和福利事业需要的建设和非物质生产部门的建设项目。主要包括：

① 办公用房。包括国家各级党政机关、社会团体、企业管理机关的办公用房。

② 居住建筑。包括住宅、公寓、别墅等。

③ 公共建筑。包括科学、教育、文化艺术、广播电视、卫生、博览、体育、社会福利事业、公共事业、咨询服务、宗教、金融、保险等建设项目。

④ 其他建设项目。不属于上述各类的其他非生产性项目。

3. 按照建设规模划分

为了适应建设项目分级管理的需要，国家将建设项目分为大型、中型、小型三类；更新改造项目分为限额以上和限额以下两类。不同等级标准的建设项目，在项目依法报建时，其审批机构或报建程序有所不同。按照建设规模划分的标准如下：

（1）大型、中型、小型项目

大型项目、中型项目和小型项目是按照项目的建设总规模或总投资额来划分的。应按照批准的可行性研究报告所确定的总设计能力或投资总额的大小，依据国家颁布的《基本建设项目大中小型划分标准》进行划分。

（2）生产单一产品、多种产品、品种繁多项目

生产单一产品的工业项目，按产品的设计生产能力划分；生产多种产品的工业项目，按其主要产品的设计生产能力来划分；生产品种繁多，不易分清主次，难以按产品的设计生产能力划分时，可按投资总额划分。

（3）特殊建设项目

对国民经济和社会发展具有特殊意义的某些建设项目，虽然设计能力或全部投资不够大、中型项目标准，但经国家批准已列入大、中型计划或国家重点建设工程的项目，也按照大、中型建设项目进行管理。

（4）更新改造项目

更新改造项目是指对原有设施进行固定资产更新和技术改造相应配套的工程以及有关工作，一般以提高现有固定资产的生产效率为目的。更新改造项目一般只按投资额分为限额以上和限额以下项目，不再按生产能力或其他标准划分。

基本建设项目的大、中、小型和更新改造项目的限额的具体划分标准，根据各个时期经济发展水平和实际工作中的需要而有所变化。

4. 按照项目的投资效益和市场需求划分

按照项目的投资效益，建设项目可划分为竞争性项目、基础性项目和公益性项目三种。

（1）竞争性项目

竞争性项目是指投资效益比较高，竞争性比较强的建设项目。这些项目进入容易、市场调节作用明显。如商务办公楼、酒店、度假村、高档公寓等项目。这种项目的投资主体一般为企业，由企业自主决策，自担投资风险。

（2）基础性项目

基础性项目是指具有自然垄断性、建设周期长、投资额大而收益较低的基础设施或需要政府重点扶持的一部分基础工业项目，以及直接增强国力的符合经济规模的支柱产业项目。如交通、能源、水利、城市公用设施等。政府应集中必要的财力和物力，通过经济实体投资建设这些建设项目，同时，还应广泛吸收企业参与投资，有时还可吸收外商直接投资。

（3）公益性项目

公益性项目是指为社会发展服务、难以产生经济效益的建设项目。主要包括科技、文化、卫生、体育和环保等设施，公、检、法等政权机关以及政府机关、社会团体、办公设施、国防建设等项目。公益性项目的投资主要由政府用财政资金承担。

5. 按照项目的投资来源划分

按照项目的投资来源，建设项目可划分为政府投资项目和非政府投资项目两类。

（1）政府投资项目

这是指为了适应和推动国民经济或区域经济的发展，满足社会的文化、生活需要，以及出于政治、国防等因素的考虑，由政府通过财政投资、发行国债或地方财政债券、利用外国政府赠款和国家财政担保的国内外金融组织的贷款等方式独资或合资兴建的建设项目。政府投资项目在国外也称公共工程。

按照其盈利性不同，政府投资项目又可分为经营性政府投资项目和非经营性政府投资项目。

① 经营性政府投资项目是指具有盈利性质的政府投资项目，政府投资的水利、电力、铁路等项目都属于经营性项目。经营性政府投资项目应实行项目法人责任制，由项目法人对项目进行策划、资金筹措、建设实施、生产经营、债务偿还和资产的保值增值，并对项目实行全过程负责，使项目的建设与建成后的运营实现全过程管理。

② 非经营性政府投资项目一般是指非盈利性的，主要追求社会效益最大化的公益性建设项目。学校、医院以及各行政、司法机关的办公楼等项目都属于非经营性政府投资项目。非经营性政府投资项目可实行"代建制"，即通过招标等方式，选择专业化的项目管理单位负责建设实施，严格控制项目投资、质量和工期，待工程竣工验收后再移交给使用单位，从而使项目的投资、建设、监管和使用实现"四分离"。

（2）非政府投资项目

这是指企业、集体单位、外商和私人投资建设的工程项目。这类项目一般均实行项目法人责任制，使项目的建设与建成后的运营实现全过程管理。

二、建设项目的特点

建设项目和其他项目类似，作为被管理的对象，其特点主要表现在以下方面。

1. 具有明确的建设目标

每个项目都具有确定的目标，包括成果性目标和约束性目标。成果性目标是指对项目的功能性要求，例如建设一座学校，最终建设成果要满足学校使用要求，达到项目的最终目标；约束性目标是指对项目的约束和限制，如建设项目要在规定的时间内完成，并达到质量、数量等相关要求。

此外，建设项目还以形成固定资产为特定目标。政府部门主要审核建设项目的宏观经济效益和社会效益，而企业则看重盈利能力等微观的财务目标。

2. 建设过程的一次性

建设项目都是具有特定目标的一次性任务，每个项目都具有特定的建设流程。例如一般性的房屋建设项目，项目建设最初要从"三通一平"开始，最终以交付验收结束。

从项目开始到项目结束，全过程都有明确任务要求，只有当前一项任务完成以后才能进入下一项任务，项目任务依次完成，直到所有任务均顺利完成，全过程项目没有重复。在正常情况下，建设项目任务全部结束以后，项目组织机构会被解散，下一个项目开始时又会进行重组。

3. 具有指定的对象

任何建设项目都有具体的对象，它决定了项目的最基本特性，同时也是项目分类的依据。例如，新建一所综合性高中，这个项目是以技术、经济和社会发展为目的，并且从无到有的建设项目，因此将此项目称为新建项目；某企业为扩大生产能力或新增效益而增建的生产车间或者工程项目，以及事业和行政单位增建业务用房等，则称为扩建项目。对象的不同，带来了不同的建设项目分类。

4. 生命周期性

建设项目的一次性决定了它具有明确的起点和终点，项目周期有不同的表述方法，用六阶段划分表述为：项目决策（提出项目概念-项目建议书批复）→设计准备（项目建议书批复—可行性研究报告批复）→设计（可行性研究报告批复—交付施工图下达开工令）→施工（交付施工图下达开工令—开始试车）→动用前准备（开始试车—竣工验收）→保修（竣工验收—保修期结束）。这个过程便是项目的周期性，每个项目的完成都会有相应的过程，但是无论时间长短，最终都会结束。

5. 不确定性

我国幅员辽阔,东西跨度大,南北纵深长,不同地区有着不同的水文地质和环境气候。而建设项目是独特的,且是唯一的,项目的发展没有固定的先例,只能参考以前的项目经验。项目在发展过程中会受到施工技术、施工人员、国家政策等多种因素制约,因此大量变化情况是无法预见的。

6. 作用及影响周期长

由于不同建设项目的规模不同,因此项目周期也会有所不同。目前建设项目的建设周期、运营周期以及投资回收期普遍都较长,全部周期之和较短的也有 50~60 年,长的则高达上百年之久。所以建设项目成果投入使用时间较长,带来的影响面积大、作用时间长。

第二节　建设项目物流

一、建设项目物流概述

(一) 建设项目物流的概念

我国对建设项目物流的研究起步较晚,因此"建设项目物流"的概念迟迟没有被确定,这个局面一直持续到 2007 年王诺著的《工程物流学导论》出版。王诺在书中根据工程物流的实践范畴,将工程物流的概念分为广义范畴和狭义范畴。建设项目物流被界定为工程物流的狭义范畴。

建设项目物流,即围绕建设项目,由专业的物流企业提供某一环节或全过程的物流服务,目的是通过物流企业的专业技术服务,给予投资方最安全的保障和最大的便利,大幅度降低建设项目成本,保证工程项目的顺利完成。物流服务具体包括对建筑相关材料的采购、运输、储存、装卸、搬运、包装、配送及信息处理等过程,其中与建筑相关的材料包括物料、配件、设备及商品混凝土等。

项目部和物流企业为了使得建设过程顺利完成,需要寻找合适的时间、正确的位置,利用低廉的成本与高质量的物料供应,并加强物料的采购、运输、储存、加工及现场管理等过程,尽量做好现场及基础设施的布置,保证机械设备的足量供应,才能更好地做好工程建设。此外,还需要控制好计划的内容,并做好劳动力供应需求,管理好所有的物流及有关的物流信息。

总之,建设项目物流管理就是对整个工程建设中的物流活动进行计划、组织及调控,其目的在于使得整个工程建设项目在具体的操作中更加便捷与容易,同时对于某些特殊环节能更好地加以控制。

(二) 建设项目物流的功能

建设项目物流的功能除了包括"物"的运输、保管、装卸、包装、包装物和废品回收以及与之相联系的物流信息管理等现代物流的基本功能以外,还具备以下功能:

(1) 不仅服务于而且支撑于整体项目,是方案的直接设计者或最终的限制条件,与项目的成败直接相关。

(2) 建设物流的操作者不仅是物体的承运人和保管人,更是项目的组织者和决策者,其方案的经济性决定了整个项目的可行性。

(3) 成熟的建设物流商和精确的运输解决方案对整个项目事实上起着规避风险,保证项目安全和顺利实施的决定性作用。

(4) 建设物流的服务水平引领着生产领域不断向"高""精""尖""大""全"的高端水准和超大规模进军,是整合生产资源、大幅度提高生产力的重要杠杆。

(三) 建设项目物流的运输

建设项目物流的运输主要采用铁路、公路、水运和多式联运等四种方式。一般而言,只要有可能,对于远距离的运输尽量首选铁路和水路,近距离则采用公路,时间紧急的考虑选择空运,这是由各种运输方式的特点决定的。

1. 公路运输

公路运输能够承运各种特大件、特重件、特长件和超高超宽件,一般三级公路就可满足重件车队的通行要求。公路运行机动灵活、便于指挥,可以实行全程现场监控,有问题随时增援,能实行"门到门"的服务。但大件运输由于车组的轮密、轴多、轴负荷较大,同时因大型平板车运行速度极慢(一般为 $3\sim5km/h$),严重影响沿线交通的正常秩序;当重量超过公路和桥梁的设计承载力时,还要进行加固处理,更加剧了交通堵塞,因此,只有短途运输或小规模物资才考虑采用公路运输。

2. 铁路运输

铁路因是专用线路,所以是最为安全、可靠、顺畅的运输方式,其主要优点是不受气候影响,可深入内陆实现货物长距离的准时运输。但是受铁路的建筑界限、桥梁负荷和车辆等级限制,对货物的尺寸有严格的要求。另外,由于铁路的专用性,难以实现"门到门"的服务,一般还需要汽车倒载完成全程运输。

3. 水路运输

与陆上运输相比,水路运输不仅对重大件的重量、尺寸限制最少,并且经济可靠。目前,国内、国际超大件的运输基本上采用水路运输。

4. 多式联运

多式联运是在集装箱运输的基础上产生和发展起来的,是货物运输的一种较高组织形式,相对于传统单一运输方式,它具有无可比拟的优越性。

二、建设项目物流的特点

建设项目物流是工程物流的狭义范畴,同时,它也是工程物流中占有最大比例的部分。同其他物流相比,工程建设项目物流材料采购与运输的量都相对较大,并且技术含量要求更高,在实际工程运用中还会遇见一些突发状况,影响其操作的不确定因素比较多。归纳起来,其特点主要有以下几个。

1. 运作的目标性

工程建设项目物流须按相关拟定合同要求,将工程建设所需材料安全及顺利流通到工程建设目的地,但这种材料物流的操作还需要严格遵循物流的开始时间与完成时间,其所表现的目标性较强。

2. 运作的短期性

工程建设项目物流在实践上少有重复性,每个工程都有其自身的特点,因此再好的物流方案也仅能适用一次物流组织活动,但可以将好的物流方案作为新的项目定性或局部的参考,从而为每一个工程项目物流方案做出创新性的筹划。工程建设项目物流与工程建设项目建设周期"同生共死",工程建设项目开始承建之时,也是其物流开始之时,当工程建设项目结束之日,也是其物流的终结之日,因此,工程建设项目物流的运作周期相对短暂。

3. 运作的风险性

目前的工程建设项目往往都会涉及一些大型的机具设备以及设施,这就加大了有关机械设备及设施的运输和装卸过程的难度,与此同时还带来了很大的风险。但是这些设施和设备往往对整个工程建设项目的成功与否起着决定性的作用,因而常常得冒很大的风险去完成。此外,工程建设项目还受诸多因素的影响。

工程建设物流是工程建设的一部分,受工程内外部各种因素的影响,尤其是需要特殊采购的关键工程设备,受市场、谈判、采购、供应、到场时间等因素的影响,不确定性多,对计划影响大。尤其是工程建设受恶劣气候、政治事件、通货膨胀、各行政当局的审批时限、地基条件的未知数、新结构新技术的效率、材料设备供应脱节、设计变更、汇率变化、各参与方的组织协调困难、资金供应不及时等因素的影响,因而建设过程存在很大的不确定性。

工程建设项目物流可预知的风险和不确定性有:

(1)供应商生产能力和运送能力。

(2)地域运输,尤其对于国外采购货物。

(3)合同执行风险。

（4）相关参与方的协调。

（5）损失或损害的潜在原因，如天灾、社会动乱等。

（6）承包商的现场物流。

4. 运作的综合性

工程建设项目具体工作中操作的复杂性及关系的广泛性决定了建设项目物流管理的综合性。其中操作的复杂性是指工程项目物流一般都是非标准化作业，大型建设项目一般技术和工艺复杂，科技含量高，可能有高新技术成果的运用，甚至需要进行专项课题科研，这直接影响到供应商的数目。因此供应商企业需要有各个方面的人才，他们熟悉各种专用特种设备和运输、吊装等技术，并能利用丰富经验进行现场指挥操作。关系的广泛性是指建设项目涉及的部分主要包括规划、运输、环境等，此外国际工程建设项目还涉及国际运输代理及海关等环节，涉及关系比较广泛。

5. 运作的关联性

每个工程项目物流都由多个环节或多个部分组成，这些环节或部分之间是相互依托的，往往牵一发而动全局。一个环节的失误，可能会导致整个项目停顿，甚至失败，就像一台大型机器中每一个部件对整体都具有决定性的意义，少一个部件也不能正常地运转。如大型工程的规模庞大、技术和工艺复杂，参建单位数量众多，主要有业主方、设计单位、施工单位、物资供应商、咨询单位、金融机构、政府部门、最终运营管理单位等，它们构成工程的建设供应网络。

在建设供应网络中，各方之间的物流、信息流、资金流、工作流、价值流往来交错，如果各方之间不能很好地沟通，就可能导致物流计划的失误，材料不能及时到达现场，造成停工待料，或是材料供大于求，造成现场材料的浪费，增加成本控制的风险。

6. 运作的二次性

工程建设项目所需要的建筑材料往往体积大，需要占用大量的建筑场地。在城市市区施工的建设项目由于建设场地空间狭小，往往不能提供足够的仓储空间，导致许多建筑材料不能一次运输到位，存在二次运输问题。另外，在线形工程建设项目，如铁路项目、公路项目、管道工程项目中，由于建设空间分布过长，一般沿线设置若干物资仓库，物资进场先进仓库储存，施工中再运到具体施工地点，因此，也存在二次运输问题。

三、建设项目物流的作业环节

建设物流服务商一般提供"门到门"的一揽子物流解决方案，服务范围从生产工厂接货一直到工地现场交货卸车，其中包含整个物流项目的信息采集、方案策划、装卸操作、设备组织、驳船转运、码头管理、陆上运输及报关报检等，具体的作业环节和服务内容主要有以下几点。

1. 信息采集

根据运输任务确定可能的路线和运输方式,进行方案设计前的现场信息采集,也就是进行实地考察和相关数据的搜集。一方面,熟悉运输线路及运输地区(国家)的自然环境(包括天气情况、地形状况等),聘请相关的技术人员或专家对道路、桥梁的通过能力进行精确的核算,掌握可能选用的运输设备规格及参数的详细资料等;另一方面,与当地的相关部门或企业进行必要的沟通和协调,把握当地的政策及法规。

例如,某大型设备在运输过程中需要拆除一些高压电线,架设部分桥梁等,这些都必须得到当地相关部门的批准和协助。在方案设计之前,进行现场考察和各种信息的采集,都是为后续工作的展开做铺垫,是极其重要的环节,其信息或数据的准确性直接影响到方案的制作和运作的可能性。

2. 物流方案设计

在信息采集的基础上,综合客户对时间、成本等内容的具体要求,进行物流方案制作,包括运输线路、运输方式、各类物流设施及设备的确定,各种费用估算,相关环节的衔接等,从人、物、资金、信息等各方面进行部署和权衡,制作可行的物流方案;同时依据实地考察的信息,对可能出现的问题制定相应的应急措施。

3. 听取客户和专家意见,进行方案修正

在形成初步物流方案之后,由客户和相关的专家进行评审,提出不足之处和建议。在此基础上,对物流方案进行进一步的完善和修改,形成最终的实施方案。

4. 专业人员的配备和管理

建设物流是一项复杂的物流活动,需要综合性技术和专业知识做支撑,要组建专门的项目团队,由经验丰富的组织者对整个项目的物流活动进行控制和管理,并对项目成员进行必要的业务培训。各方面的管理人员、技术人员及专家等配备齐全,形成精干团队,能够相互配合和协调,使整个物流方案顺利实施。

5. 货物装卸、运输的监督,货物实时跟踪和报告

建设物流中的装卸及运输等操作过程,通常安排专门人员进行技术指导和监督,应用定位系统等先进的科技手段进行实时跟踪,并形成报告文件。

6. 货物系固

建设物流中涉及的货物多是大型或特种设备,因此在物流操作过程中,要严格按照国家相关标准做好货物的系固工作,以保证运输过程的安全。无论采用何种运输方式,系固都是建设物流中货物安全运输的重要保障。

7. 报检、报关服务

随着物流全球化的发展,建设物流中运输的货物很多是从国外进口或出口到国外的,

出入境需要报关、报检服务,因此,物流服务商要同相关部门做好协调,顺利地完成这一物流环节。

8. 货物运输

建设物流中的货物运输主要涉及四种运输方式及它们的不同组合,即水路、公路、铁路、航空及多式联运方式。建设物流中设备的运输往往会跨越多个地区甚至不同国家,运输线路复杂,需要专业的运输技术,如滚装技术、桥上桥技术等。货物运输是实现建设物流服务的主要环节。

9. 现场卸车

货物运达工地现场卸车时,往往需要各种吊装设备进行吊装,将设备放在指定位置,使其就位。

10. 质量管理和控制

在整个建设物流过程中,要有针对此项物流服务制定的质量保证文件并据此进行全程控制,确保物流实施的安全和质量。

11. 编制完工报告

建设物流服务完成后,针对整个流程,编制完工报告,总结经验教训。

第三节　建设项目供应物流模式

在实际工程项目建设过程中,建设项目的物流服务模式往往因具体项目内部和外部环境的制约和影响而有所不同。例如有的建设项目的物资招标、采购、运输和仓储等物流服务由业主组织,也有承包商或供应商组织的,此外还存在由生产厂家或第三方物流企业组织物资运输和仓储等物流服务的。当前,建设项目供应物流主要有以下几种模式。

一、业主供材制物流模式

这种模式是指由建设项目的业主通过招标、采购、运输、仓储等业务活动,为承包单位提供工程项目所需的工程材料。同时,在业主方与承包方签订相关合同时,应当明确向承包单位供应材料的基础价格,承包商依据业主提供的价格进行工程报价,减少后期在工程施工过程中因为材料价格波动造成的纠纷。实行业主供材制模式,必须在业主单位内部设立物资管理部门,配置必要的物流设施,如仓库、运输车辆等。物资管理部门的主要职责是对物资供应进行管理以及实施有关的物流运作。除进货运输作业可由供货单位或由其委托运输公司承担外,其他物流作业基本由物资管理部门完成。

（一）模式优点

（1）可以有效保证工程质量和进度。

（2）在大型建设项目中，因供材需求量过大而可以获得较低的材料价格，降低建设项目造价。

（二）模式缺点

（1）一般的建设项目的项目班子都是临时组建的，项目结束以后就会解散，因此相应成立的物资管理部门工作效率低下，远远不如专业的物流企业。

（2）工程项目的建设，需要成立专门的物资管理部门，配备相应的物流设施，同时项目结束以后还需对部门成员重新进行安置，这间接增加了物流成本。

（3）业主需要协调与材料供应商、承包单位在材料采购供应方面的关系，协调成本比较高。

业主供材制物流模式是传统的项目物流供应模式，已经越来越不适应市场经济环境下工程项目管理模式的变革需要。

二、"业主十承包单位"供材制物流模式

这种模式是指由业主招标确定材料供应商和供应价格，承包单位根据业主确定的供应厂家和价格组织进货并承担物流作业；业主根据承包单位的进货数量和进货时间向供货厂家支付货款，并定期从承包单位的工程结算款中抵扣，同时收取一定的管理费。

（一）模式优点

（1）与业主供材模式相比，避免了业主设置物资部门造成浪费和承担风险，同时有效解决了物流效率不高和降低协调成本的问题。

（2）业主指定供货商，从而保证了材料质量。

（3）业主控制材料价格，就从材料成本的角度控制了工程建设成本。

（4）这种模式把材料消耗量和物流费用的风险转移给了承包单位，有效降低了对应的风险。这种模式在我国比较常用。

（二）模式缺点

（1）某些工程建设项目涉及的承包单位较多，导致物流作业分散，规模效益差。

（2）承包单位的主营业务是工程施工，仅对现场的物流作业有一定管理经验，但缺乏对材料供应全局和全过程的合理考虑。

（3）对于大型项目的物流作业，承包单位的物流设施存在不足。

三、"业主＋供应商"供材制物流模式

这种模式是指由业主招标选择材料供应商和供应价格,供应商从材料生产厂家购进材料并组织物流业务,然后根据工程项目的进度要求,按时、按品种、保质、保量将材料配送到指定的施工现场。

该模式的优点与"业主＋承包单位"供材物流模式基本一致。

模式缺点:

(1)该模式将物流服务从承包单位转移到了供应商。但供应商不是材料生产厂家,它仍然需要从中谋利,因此增加了一个商流环节。

(2)由于增加了供应商这个商流环节,因此加大了材料质量和供货及时程度的不确定性。

(3)对于大型建设项目,增加一个商流环节,往往会增大材料供应成本。如果能直接从生产厂家进货,减少商流环节,就可以节约材料供应成本。

四、"业主＋生产厂家＋第三方物流企业"供材制物流模式

这种模式是指由业主招标选择材料生产厂家和确定材料价格,物流业务委托给第三方物流企业或由生产厂家委托给第三方物流企业(物流服务商)。后一种情况中,生产厂家在投标时应向业主提供与第三方物流企业签订的委托协议。第三方物流企业根据工程项目的进度要求,按时、按品种、保质、保量将材料配送到指定的施工现场。

(一) 模式优点

该模式除具有上述第二、三种模式的优点外,还有以下优点:

(1)减少了供应商,利用了物流企业的优点,商流和物流成本均比前面三种模式更小。

(2)协调工作简单,若物流企业由材料厂家委托,则业主只需协调承包单位和材料供应商即可。

(3)可以充分发挥第三方物流企业的专业化服务优势,有效降低物流成本。

(二) 模式缺点

若第三方物流企业直接由业主委托,则业主需要协调承包单位、材料供应厂家和物流服务企业三方之间的关系,协调工作量最大。

五、"工程总承包商＋生产厂家＋第三方物流企业"供材制物流模式

工程总承包指的是设计、采购、施工总承包,是总承包商按照合同约定向业主提供工

程设计、设备物资采购,以及施工、试运营等整个项目生命周期的服务,实现设计、采购、施工各阶段工作的合理交叉与紧密融合,并对承包工程的质量、造价、工期、安全全面负责的一种项目管理模式。

该物流模式是指总承包商通过招标选择材料生产厂家和确定材料价格,物流业务委托给第三方物流企业或由生产厂家委托给第三方物流企业(物流服务商),总承包商承担物流运行的监控工作。

(一) 模式优点

(1) 因为业主把材料采购全权委托给总承包单位,所以业主可以精简在材料采购方面的机构和人员,得以将精力放在材料采购的总成本和工程建设总成本的控制上,可以有效降低业主的建设管理成本,提高建设项目的管理效率。

(2) 可以充分发挥总承包商在材料采购方面的丰富经验,可以降低材料采购成本,选择恰当合理的工程材料。

(3) 可以充分发挥总承包商在协调工程进度、众多分包商的物资需求、物资供应等方面的丰富经验。

(4) 可以充分发挥第三方物流企业的专业化服务优势,降低物流成本。

(二) 模式缺点

(1) 业主不参与材料供应厂家的选择,对材料的价格难以把控。

(2) 由总承包单位全权选择材料生产厂家和确定材料价格,后期若材料价格产生波动,业主易和总承包单位产生经济纠纷。

目前,在国际工程项目承包模式中,工程项目总承包模式是普遍采用的。由于项目总承包商在材料物资的招标、采购、选型、匹配、供需协调等方面的集成优势和规模优势,实行"工程总承包商+生产厂家+第三方物流企业"模式可以给工程建设项目的实施带来增值效益。因此,这种物流模式在国际工程项目中已经得到越来越广泛的应用。

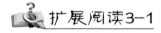 扩展阅读3-1

水利水电工程中物流优化系统构建

复习与思考

1. 狭义的项目指什么? 简述其具体概念。

2. 简述建设项目的特点。

3. 简述建设项目物流的概念并概括其特点。

4. 说明"工程总承包商＋生产厂家＋第三方物流企业"供材制物流模式适用于哪些工程项目,并简述该模式的优缺点。

第四章

会 展 物 流

学习要点

1. 理解会展物流的概念和特点；
2. 熟悉会展物流系统运作流程；
3. 了解会展物流进出口管理。

引导案例

2008 年奥运物流，你还记得吗？

2008 年北京奥运期间，相关物流及交通企业已经进行了一次实战体验，也给 2022 年北京冬奥会提供了很好的借鉴。但那些宝贵经验，你还记得吗？

一、冷链物流：应急预案保障食品安全

从 2007 年 8 月 8 日起，北京就以 39 场"好运北京"体育赛事为契机，全面检验奥运食品安全保障能力，做好奥运赛事的食品安全演练工作，从而为 2008 年奥运会食品安全保障工作积累经验、打好基础。制定出台了一系列针对食品物流安全保障的规章制度，如《奥运会食品安全食品动物药品使用管理规范》《奥运会进口食品安全》等。

奥运会期间正值北京最炎热的夏季，奥运会所需的蔬菜和肉类等都必须进行冷藏运输。原料的运输全程使用全球定位系统(GPS)和温度自动记录装置，对运送的路线也都进行了严格规定。从奥运食品供应商到最终消费者，食品流在不断地分散和聚合，而冷链物流和信息流始终贯穿其中，从而有效地保障整个奥运食品冷链的安全运作。

二、场馆物流：团队化管理保障运行

赛事筹备和赛事运行，场馆主任为最高负责人。北京奥运会、残奥会共

有竞赛场馆、训练场馆、非竞赛场馆100多个。竞赛场馆分为带训练场馆的和不带训练场馆的两类。训练场馆也分为独立训练场馆和附属训练场馆两类。非竞赛场馆共15个，包括物流中心、数字大厦、国际广播中心、奥运村等。

北京奥运会的物流运作采用分区管理，以场馆为基本责任单位，由场馆主任对整个场馆的运行负首要责任。场馆物流团队设物流经理一名，副经理一名、主管若干名。场馆物流团队受北京奥组委物流部和场馆主任双重领导。北京奥组委授权委托物流部负责人与各场馆主任签订《场馆物资保全责任书》，以确保场馆物资安全和物流运作的顺利进行。

三、花卉物流：专家团队全程跟踪服务

奥运花卉配送的过程对北京奥运花卉配送中心来讲是具有挑战性的工作。该中心依靠科技支撑，全力打造奥运花卉品牌。为此，该中心专门组建了专家团队，聘请了一批全国著名花卉专家和插花花艺设计大师担当顾问。

采用了国内最先进的冷藏设备和冷藏技术，以保证奥运花卉品质。购置了一流的专业物流设备，有花卉冷藏专用车辆近20辆，同时配备了专业花卉运送、装卸技术人员60名，按照确定的奥运会颁奖用花方案制成高质量的花束，并准确、及时、安全地送到各个奥运场馆，运送地点远至山东青岛赛场。

据了解，2008年奥运会期间，颁奖花束近3000束。每天凌晨，奥运花卉培育基地会根据当天颁奖用花量，将现摘的新鲜花材运抵奥运花卉配送中心。该中心的加工车间里将聚集数十名专业插花高手，他们按照设计图样剪裁每枝花茎长度，要精确到毫米，每个花朵的直径、每束花搭配的绿叶数量都要基本一致。花束扎好后，立即送往冷藏室保鲜。

制作好的奥运颁奖花束将由奥运配送中心的专用保鲜车运送到奥运比赛场馆，保鲜车内的温度控制在10℃～15℃。运输过程中，每束花会独立装进一个保鲜盒，盒子不能太窄，以免花儿们碰壁、挤压，花束们相互也不接触。该中心为此配备了30辆密封的运输车。

四、展会物流：祥龙物流承接展会服务

作为入选奥运服务"绿色车队"的第一家物流企业，北京祥龙物流有限公司（简称祥龙物流）承担奥运会期间北京市民生活物资的运输工作。祥龙物流还担负着奥运会、残奥会开闭幕式设备的转场运输任务。

祥龙物流专门成立了奥运运输指挥领导小组，以加强信息沟通，确保各项工作落实到位，同时抽调各分公司有经验的调度人员组成了奥运调度中心，负责奥运期间整个公司的运输指挥统一调度工作，统筹公司运输资源，随时做好运输生产指挥工作。另外，该公司还成立了车辆抢修组、技术安全组、政审宣传组、后勤保障组等，制定了详细的运输方案和应急预案，规范了奥运运输指挥成员、司机、业务人员岗位责任制度、管理制度和岗位职责及作业流程，确保各个环节万无一失。

据祥龙物流公司相关负责人介绍，运输服务主要有四个特点：需求不确定性，因开幕

式演出节目调整频繁,需运输物资品类、数量也随之变化,他们拟订的运输计划也随之反复修改、调整 20 余次;运输时间紧,历届奥运会转场工作所需时间均在 90 多个小时左右,而 2008 年的转场时间只有 56 小时;天气情况未知,转场运输期间正值雨季,有可能出现降雨、大风、雷电等天气,对运输装卸影响较大;需协调部门多,运输工作涉及奥组委开闭幕式工作部、安保部、物流部、交通部、各有关场馆运行团队以及交管、路政等部门,还涉及多个企业。

五、仓储物流:启用可视化仓库管理系统

北京空港物流基地凭借完备的服务体系被确定为 2008 年奥运物流中心的地址。该中心于 2006 年 4 月 25 日正式开工,2007 年 3 月 8 日正式启用运作。该项目总占地 15 公顷,总建筑面积 10.2 万 m^2,主体建筑为四栋双层物流仓库(各 2.5 万 m^2),还包括配套物业管理楼等设施。北京奥运物流中心由全球最大的工业物流地产公司美国普洛斯公司投资建设,以有效保障奥运物流仓储设施及其管理达到国际一流水平。

为突出"科技奥运"理念,北京奥运物流中心的管理与监控采用"数字化"和"可视化"技术,以保障奥运物流安全、高效、平稳地运作。据悉,物流中心依靠先进的可视化智能监控技术对物流活动进行监控管理,实现了对客体的实时跟踪和控制,确保物流渠道顺畅、安全。奥运物流可视化智能监控信息平台系统结构分为三个部分,即可视化仓库管理系统、可视化在途货物监控系统和查询监控系统。可视化仓库管理,是指为了满足赛事物流的需求而对计划存储、流通的有关物品进行相应的可视化监控管理的过程,主要包括对存储的物品进行接收、发放、存储、保管等一系列的管理活动。

六、邮政速递:北京邮政公司专业护航

奥运会期间,北京市邮政公司在 31 处竞赛场馆、12 处非竞赛场馆、120 家奥运签约酒店、众多主题公园和文化广场为各界用户提供了优质、高效的邮政服务。共安全投出邮件53.9 万件。为运动员提供行李和随身运动器械的物流配送,共出车 3434 次,运送行李和器械 56 469 件。

2008 年北京奥运会期间,北京速递组建专网负责进京奥运速递邮件的分拣、运输和投递工作,同时还承担每日两个频次的国际进口包裹的运输和投递工作。为圆满完成奥运服务任务,北京速递采取以下五项措施,确保奥运会期间速递邮件安全和投递服务的质量:成立奥运服务临时机构,由专人专门负责奥运生产运行组织、管理、档案保管等各项工作,以确保奥运服务工作的质量、时限和服务水平;加强教育培训工作,利用每日班前会的时间,对相关人员进行服务和业务方面的教育培训;明确奥运邮件处理流程,对奥运中心支局邮件、120 家奥运签约饭店邮件及进口国际包裹邮件按照不同的安检要求,分别制定有针对性的业务处理流程,并召开全体奥运服务人员动员会,再次强调各项业务流程,使业务操作规范化、制度化;实施"净区"制度,确保奥运邮件万无一失,在航站分拣封发作业现场划定"净区",专门处理奥运邮件,做到专区专用;树立良好的职业形象,要求

全体奥运服务人员统一着装,佩戴专门的奥运服务证件。

七、应急物流:借鉴国外应急物流,多次演练

2008 年北京奥运会作为当今世界上规模最大、竞赛项目最全的综合体育盛会,组织活动涉及物流、交通、安全、卫生等各个领域,其间各种可能突发事件的复杂性超过北京以前所组织的任何一次国际赛事。当时,奥组委借鉴别国的相关经验,及时引进了最新的应急管理理念和应用技术,成功应对了这一难题。同时,要求各有关奥运物流服务企业制定物流应急预案,并多次演练,争取将应急成本降到最低。

(资料来源:http://www.360doc.com/content/16/0622/14/8224881_569788940.shtml)

思考:

1. 简述你对会展物流的理解。
2. 会展物流与一般物流相比有何特点?
3. 2008 年奥运会物流对 2022 年冬奥会物流有何启示?

第一节　会展物流概述

全球经济一体化使中国经济与世界经济日益融合,随着中国经济的高速增长,20 世纪 90 年代以来,特别是中国加入世贸组织(WTO)后,中国的会展业每年以 20% 左右的速度增长。我国展览项目已跃居亚洲第一、世界第二,仅次于美国,使我国进入了"会展大国"的行列。会展作为一种全球性的营销媒介,已成为见证一个国家社会经济发展与文明进步的窗口,有助于举办城市提升形象和地位以及企业展示实力和品牌,因此越来越受到我国政府和企业界的重视。

一、会展物流的概念

关于会展物流的概念,目前还没有统一的定论。比较流行的定义是:会展物流是为满足参展商展品展照的特殊需求,将展品等特殊商品及时准确地从参展商所在国(地)转移到参展目的地,展览结束后再将展品从展览地运回的过程,包括展览前后的仓储、包装、国内运输、进出口报关和清关、国际运输、展览中的装卸与搬运(图 4-1)以及在此过程中所需要的信息流动。另一种有代表性的观点认为:会展物流是指展销产品从参展商经由会展中转流向购买者的物理运动过程,它是展销活动供需双方以外的第三方组织者所提供的一种具有后勤保障功能的服务,由会展组织者在综合会展现场多个供需对应体的信息、要求后,统一指挥、统一安排、统一协调的会展物资流通体系。

尽管对会展物流的诠释不同,但会展物流的本质是会展相关物品的空间流动与管理。会展物流涵盖了在供应地与会展地之间,对会展材料设备与会展物品的高效率、低成本流动和暂存而进行的一整套规划、实施和控制的过程。会展物流的主体是会展组织者,客体

图 4-1　展览物资的装卸、搬运

是参展商和购买者。我们认为会展物流是指为会议、展览、展销、体育及其他各类活动提供的物流服务。

小贴士

　　会展业是现代化程度高且综合性强的都市服务型产业,已成为一些城市的支柱产业和带动地区经济发展的新经济增长点。1992 年西班牙塞维利亚举办世博会,投资 100 亿美元兴建交通、通信等基础设施,新机场客流接待能力从 100 万人上升到 400 万人,旅游业成为世博会以后该地获益最大的行业。之后该城市又对世博园区进行了二次开发,兴建了塞维利亚科技园区,到 2004 年这个园区的产值占了整个城市地区生产总值的 12%。德国汉诺威办过两次世博会,拥有世界最大的展览馆,会展业的发展带动了制造业、贸易、金融业等诸多行业的发展。1970 年日本大阪世博会,对日本整个国家的经济振兴都发挥了巨大的作用。2008 年北京奥运会、2010 年上海世博会召开后,我国在国际会展业的地位获得了极大提升,我国已成为亚洲乃至世界重要的会展大国。

　　据统计,我国举办各类展会直接收入超过 100 亿元,间接带动其他行业收入高达数千亿元。因为会展业基本关联国民经济中的所有行业,其能在短时间内汇聚大量人流、物流、信息流和资金流,从而形成巨大的连锁经济效应。2020 年在疫情常态化背景下,中国举办展览 5661 场,会展业直接产值 4600 亿人民币,占全国第三产业总值的 0.83%。为交通、物流、餐饮、通信、广告等相关支撑行业创造了间接经济效应。

　　(资料来源:https://www.sohu.com/a/499881662_121000480,http://blog.eastmoney.com/icbcgd1/blog_215316745.html)

二、会展物流的特点

　　会展物流作为现代物流的一个重要分支,具有一般物流的特征。例如,科学化、标准化、电子信息化、自动智能化、综合化和全球化等。但与一般生产物流不同,会展物流不涉及原材料采购与产品生产,仅指参展产品的运输。因此,会展物流与传统物流体系相比,运输线路复杂、时间要求紧迫,在特定的时间内要为众多参展企业提供物流服务,经过短暂的会展期后又有返回物流。因而,它具有过程控制的复杂性、物流体系优化的双重性、组织管理的专业性及物流信息的实时性。

1. 过程控制的复杂性

会展期间的物流组织与管理工作是一项极其复杂的系统工程,在明确了会展主题、功能与层次等方面的定位后,需立即依据项目策划书中对会展场馆内部的布局和风格设计,购置或租借用于室内外装潢的材料和用于搭台摆台的设备。同时,还要尽快与参展企业取得联系,核定其参展产品的申报单;然后,协助进行这些产品的运输,并安排好仓储。这些工作在实际操作时显得非常繁杂而琐碎,每一环节的衔接都要按照既定的程序逐项开展。

2. 物流体系优化的双重性

实现会展物流的合理化,需在物流体系的规划与运行过程中不断作出科学决策,随时根据需要对其进行优化调整;但在实际运作中,常会出现物流体系优化用户最优(局部最优)和系统最优的矛盾,前者在物流过程的每一阶段从自身利益出发去寻找最小阻抗的路径,经过不断的组织调整达到局部均衡状态。当太多的局部均衡存在时,物流体系就会远离系统最优,使整体效益受到不良影响。我们的目标应该是对用户最优和系统最优进行整合,找到两者的最佳平衡点,使之转化为全局最优。

3. 组织管理的专业性

会展行业具有展览时间特定、参展企业众多、展览地点分散、展品量小样杂等特点,这就需要由专业的物流公司帮助参展企业实现展品的合理运输,以达到在指定的时间内用最低的成本将展品安全运达展览地的目的。对于在国外举行的展览会议,由于涉及出口报关、国际运输、国际保险、展品的再处理等环节,更需要有实力的专业物流公司承担会展物流的重任。

综上所述,会展业本身的特点决定了会展物流的各项组织管理工作必须具有较高的专业化水平才能突出个性、保证质量。为了做好这项工作,必须以具备物流管理专业技能的人才、通畅的物流渠道、有效的展品配送手段和功能齐全的展品转运与仓储中心作为支撑。因此,专业化程度相对较高是会展活动物流体系的一个非常显著的特点。

4. 物流信息的实时性

信息化是我国会展产业与国际接轨的一个重要衡量标准。信息传递与共享是保障会展物流管理高效协调运行的重要基础。在会展物流的组织与管理过程中,会展主办方、参展商与物流服务商信息的实时沟通为会展活动提供高效的物流服务支持,是会展物流服务商的重要目标之一。会展组织管理者应会同各参展商与物流服务商,不断对各种相关信息进行实时监控,并根据反馈信息及时调整会展物流过程中的具体行动措施。

三、会展物流与一般产品物流的区别

会展物流与一般产品物流的区别主要是在供应链的环节和组成上,同时,逆向物流的重点也不同,由于交易活动的不同,物流对象的归属权变化不同,其过程的可重复性也不同。

1. 供应链环节不同

一般的产品物流是使物品在物流系统中进行不间断的流动,往往包含原材料采购、生产制造、运输、包装、流通加工、配送等环节,最终到达目的地。而会展物流则是参展物品与其他辅助用品从参展商处至会展场馆,然后再返回至参展商或直接流向展品购买者处的物流运动过程,因此会展物流的重点在于参展物品的运输,而不涉及原材料的采购和产品的生产,一些现代物流所具有的分拣、配送等服务功能在会展物流中体现较少。因此与传统物流供应链比较,会展物流供应链较短。

2. 供应链组成不同

一般的产品物流是在供应链中不断地向前传递的,从供应商、制造商、批发商、零售商最终到达消费者手中,供应链一旦形成就比较稳定。而在会展物流中,供应链关系仅存在于参展商与会展组织者和展馆之间,伴随着会展物流活动的结束,供应链的关系也基本解除。

3. 逆向物流的重点不同

一般的产品物流,其逆向物流以产品的退回和废旧物品的回收为主要内容。相对于其正向物流而言,回流物品的数量较少。而在会展物流中,会展结束后,除了个别展品销售给参观者外,大多数展品将原样返回至参展商处。在这个返回的过程中,其消耗的费用、时间并不低于一开始展品从参展商处运至展馆进行展出的过程。

4. 物流对象归属权变化不同

一般的产品物流是伴随商流的产生而产生的。所谓商流,是一种买卖或者说是一种交易活动过程,通过商流活动发生商品所有权的转移。也就是说,一般的产品物流伴随着产品所有权的变化。而在会展物流中,作为物流对象的展品可能由展馆方暂为接收,但其所有权和使用权不发生变化,仍然归参展商所有。

5. 过程的可重复性不同

在一般的产品物流中,一旦形成比较稳定的供应链,物流活动就在这个供应链上形成连续不断、周而复始的活动过程,其特点体现在连续性和重复性上。而在会展物流中,对于一次特定的会展而言,物流活动是独特的,不具有重复性。实践中再好的物流方案也仅能使用一次,以往的经验对未来只能是定性的、仅供参考的,因而组织方案始终要有创造性。

四、会展物流的发展历程

(一) 古代集市物流

1. 中国古代集市的发展

作为早期展览会雏形的集市在我国有着悠久的历史,大约形成于公元前 11 世纪的商周时期。早在西周时,就出现了物流业的雏形 ——古代国家仓储制度。中国古代人民已经开始意识到仓储能够起到调节供需的重要作用,但是在中国封建社会重农抑商大环境的影响下,仓储主要起着社会救济和社会保障的功能。《礼记·中庸》中记载"书同文,车同轨",即对道路制定统一的标准,从而降低了运输成本,方便了物资在各地的周转和运输。

唐宋以后,集市得到了蓬勃发展。集市在我国不同的时期和地区有许多种形式和名称,如集、市等。市是指商业区,供买卖交易,是集中进行交易的场所。与之相对,坊是指住宅区,有围墙,有坊门。唐朝长安城实行整齐划一的坊市制。长安城共 108 个坊;市有两个,即东市和西市。东市有"二百二十行,四面立邸,四方珍奇,皆所积集"(《长安志》卷8)。集的时间、地点固定,参加者为农民和手工业者。

除了城乡各有特色的集市外,还有一种城乡并存的定期集市——庙会(在宗庙中聚会)。它源于宗教活动,是指在寺庙附近聚会,进行祭神、商品交易和文化活动,是中华传统的节日。在我国,庙会的历史悠久,在唐朝已流行,宋朝继之,明清盛行。

集市与庙会物品的丰富必然带动物流产生,只不过我国古代集市物流是短途物流,一般都是集市卖主自己负责物流运输。我国古代物流一般以大规模的货物运输为主,且多为不易腐烂、易于长途运输的货物,多以政治交流为主,单纯的民间集市贸易占少数。

2. 欧洲古代集市的发展

欧洲古代集市的产生时间比中国稍晚,但它在发展过程中表现出明显的规模性和规范性;集市已具备了展览会的一些基本特征,如在固定地点定期举行等;然而,集市只是松散的展览形式,规模一般较小,并具有浓厚的农业社会特征,还处于展览的初级阶段。欧洲古代的集市物流与中国相似,比较松散,一般由个人独立完成,没有相关的组织,同时,物流活动只是销售的辅助手段。

与中国集市相比,欧洲的集市虽然产生稍晚,但发展相对较为成熟。一方面,欧洲集市在规模上相对集中,举办周期较长,且功能相当齐全,包括零售、批发甚至国际贸易、文化娱乐等;另一方面,各国政府先后制定了有关集市管理的法规,对集市的时间和地点进行确定,使得集市的开办更加规范。随着会展的发展,物流也有了较大的进展。会展业的发展促进了当地物流业的萌芽。

(二) 近代会展物流活动

1. 欧洲近代会展物流活动

18 世纪 60 年代工业革命引起了展览业的变革,使货物交易变成样品交易。在工业革命前只能进行手工生产,而手工产品非标准化、产量小的特性束缚了当时的交易方式。工业革命后,工业化技术的发展及交通手段的改善使得订单交易方式变得可行。

另外,欧洲贸易自由化使展贸会失去了特权,交易在会后也能进行。欧洲各国政府在政策上大力支持,如 1798 年法国政府组织了"工业产品大众展",1851 年英国伦敦举办了"万国工业大展览会"。1851 年万国工业大博览会(the Great Exhibition of the Industries of All Nations),简称大展览会(Great Exhibition),在英国首都伦敦的海德公园举行,成了全世界第一场世界博览会。它的展期是 1851 年 5 月 1 日至 10 月 11 日,主要内容是世界文化与工业科技,其定名中的"Great"有伟大的、很棒的、壮观的意思。借此博览会,英国在当时展现了工业革命后英国技冠群雄、傲视全球的辉煌成果。

1840 年,社会经济发展处于落后状态的中国在西方的炮舰下被迫打开门户,中国人开始尝试着与外部世界接触。当时,参加世界博览会就是中国早期参与国际性活动的重要形式,也是近代中国会展活动的发端。1851 年,中国商人徐荣村和一些在中国经商的外国人将丝绸、茶叶、中药材等一些中国传统商品出口运往英国,以私人身份参加了首届世博会。1876 年,中国政府第一次自派代表,以国家身份参加了费城世界博览会。工业革命促进展览业的发展,必然带动物流的发展。但是这个阶段仍然没有出现会展物流,出现的只是现代物流的雏形。

2. 中国近代会展物流的发展

在近代,中国的社会经济发展明显落后于西方,反映在展览业上就是集市作为主导展览形式一直持续到 19 世纪末。中国的近代展览活动包括 20 世纪初举办的几次展览会和博览会,以及抗战时期的展览会。1905 年,清朝政府在北京设立了劝工陈列所,北洋军阀农商部下属的劝业委员会也于 1915 年设立了商品陈列所,两者的目的都是为了鼓励生产和展示国产商品。这些陈列所不仅有展示的功能,同时也兼具了相关的储存功能。

1935 年 11 月至次年 3 月,中国艺术国际展览会在伦敦举行,这是中国第一次出国办展。本次展览会共展出展品 3000 余件,观众达 42 万人次,在英国甚至整个欧洲引起了巨大轰动。在这次展会上,国际物流的作用得到了重要的发挥。在博览会方面,中国近代史上曾举办过武汉劝业会(1909 年)、南洋劝业会(1910 年)、西湖博览会(1929 年)等几次具有一定规模的博览会,目的大都是为了促进工商业的发展。

另外,抗战时期国共两党政府分别举办了一些展览活动,规模较大的如迁川工厂出品展览(1942 年)、四川省物产竞赛展览会(1943 年)、重庆工矿产品展览会(1944 年)等。上述这些展览会对近代中国的经济发展起到了一定的推动作用,但是由于当时中国政治环境的动荡,直接导致了经济的缓慢发展,对物流活动的发展也起到了一定的抑制作用。

(三) 现代会展物流

现代贸易展览会和博览会的发展过程大致可分成两个阶段:第一阶段是两次世界大战期间综合性贸易展览会的发展;第二阶段是"二战"后专业展览会的出现与成长。第一次世界大战使许多国家陷入经济困境,同时也破坏了此前的国际自由贸易环境,各国不得不寻求新的途径来促进本国经济的发展,综合性贸易展览会和博览会应运而生;并且,新型的专业物流机构有了长足发展,各国都在利用本国的物流相关服务机构进行展览会的服务,但是由于这段时期各国举办了过多的展览活动,展出水平和实际效益普遍下降,物流成本急剧增加,展览业出现了混乱的局面。

"二战"后,世界各国都着力进行经济建设和发展科技教育,劳动分工越来越细,产品更新速度明显加快,综合性的传统贸易展览会已难以全面深入地反映工业水平和市场状况。在这种背景下,现代贸易展览会和博览会开始朝专业化方向发展,相应地,专业物流开始出现,这是当代特种物流的雏形,正是由于专业展会的出现,促进了特种物流的发展。

目前世界会展业正朝着国际化、专业化、高科技化等方向发展,前景一片光明,随着会展业的发展,会展物流服务的重要性也得到了进一步体现,随着会展活动对社会经济特殊作用的进一步体现,会展业和会展物流业必将受到越来越多国家和地区的重视。

 小贴士

杭州国际博览中心

杭州国际博览中心坐落于钱塘江南岸、钱江三桥以东的杭州市萧山区钱江世纪城,隶属于杭州奥体博览中心萧山建设投资有限公司,委托北辰会展集团管理运营。

作为第六代会展场馆代表,杭州国际博览中心占地面积19.7公顷,建筑面积85万平方米,主体建筑由地上5层和地下2层组成,集会议、展览、酒店、商业、写字楼五个业态于一体,是杭州市目前面积最大的会展综合体;场馆所设展览中心面积9万平方米,共10个展厅分布于三层,可提供4500个国际标准展位,满足特种展览、大型集会、体育休闲等不同规模及不同类型的展会需求。

会议中心总面积约1.9万平方米,分布于五层,拥有超过61个会议场地、14个VIP贵宾室及1个商务中心,拥有规格多样的会议场地和高效细致的会议服务体系;配套酒店共19层,272间时尚雅致的豪华客房,酒店所属会议室同样能满足各类商务需求。其中无柱多功能厅1万平方米,最多可同时容纳8300人,大会议厅3000平方米,配备16路同声传译,满足国际会议需求。会议室硬件设施齐备,能满足各种国内国际会议、商务洽谈和学术报告的举行,可为不同类型的会议提供一站式的场地服务。

截至目前,杭博已成功接待 G20 杭州峰会、丝路国际联盟大会、中国国际茶叶博览会、中非民营经济合作高峰论坛、第 14 届 FINA 世界游泳锦标赛、世界环境日全球主场活动、首届实验医学大会等众多国内外知名赛事和高端会展活动。截至 2021 年年底,杭博接待会议活动已超过 7000 场,展览超过 230 场,展览规模面积超过 2600 万平方米,开馆至今共计 46 个国家及地区到访,会展战略性合作意向已排到 2026 年。

作为杭州国际博览中心的"姊妹篇",杭博二期现已开建,将打造集会议会务、产业办公、高星级酒店和大型展会等功能于一体的都市型会展产业综合体。建成后,杭博一、二期展览总面积将达 15 万平方米,会展场馆规模将跻身全国大型会展综合体前列。

除全力运营外,杭州国际博览中心凭借专业硬件与不俗实力陆续加入 ICCA、UIA、IAEE、UFI、AIPC 等重量级国际协会和组织,并逐步取得质量管理、食品安全管理、危害分析与关键控制点管理体系、环境管理系列和职业健康安全管理体系五大国际体系标准认证,成为国内唯一一个通过五大认证的专业场馆。

杭州国际博览中心作为国内"第六代会展场馆"引领者和实践者,将逐步形成一个可持续的"会展＋"生态圈,助推区域会展产业发展,带动区块经济升级,为杭州成为具有国际影响力的国际会议举办城市、会展之都、赛事之城,搭建好精彩纷呈的舞台。

（资料来源：https://www.hiechangzhou.com/index.php/expo/index.html）

第二节　会展物流系统

随着会展经济的蓬勃发展,物流效率逐渐成为会展企业核心竞争力优势的重要因素之一。在成功的会展活动中,场外物流配送应该对场内的洽谈结果作出及时反应。会展管理者能否与参展企业进行良好合作,使之通过消耗最低的运营成本完成商品物资的时空转移,从而发挥出最佳的运营效率,将直接影响到整个会展的实际效果,且由于众多著名的会展活动具有明显的周期性,呈现出每年或几年一届的周期性的特征,这种影响将是深远而长久的。因此,构建现代化的会展物流体系显得尤为必要。

一、会展物流运作流程

会展物流因其特性更注重科学的服务管理和物流操作流程。一次成功的会展,需要整个会展服务供应链中各节点,包括会展举办方、参展商、物流服务商、展馆方、展位设计服务商等密切配合,相互合作,协调一致。优秀的会展物流服务商不但能够为参展商设计合理的实施方案,而且可以代替参展商完成参展样品的提货、运输、仓储、装卸、包装、搬运、布展,人员组织、调度、管理,设备的供给、保养、回收、保险等一系列服务。会展物流运作流程主要包括以下环节,见图 4-2。

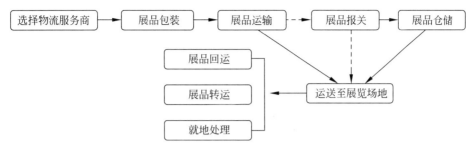

图 4-2 会展物流运作流程

1. 选择物流服务商

在现实会展活动运输过程中,对于参展商而言,首要的事情是选择合适的物流服务商。一般由展览主办方指定会展物流服务商为参展商服务,或参展商自选物流服务商进行展品运输。

在实际操作中,参展商使用会展主办方指定的物流服务商效果最好。因为在通常情况下,由会展主办方指定的物流服务商大多是一些有会展物流经验、综合实力较强、知名度较高,能够全权代理展会的国内、国际展品物流服务的大型物流企业,与这样的物流供应商合作,服务质量、安全性有一定的保障,可省去参展商的许多后顾之忧。如果自己联系物流服务商,最好找正规企业。否则,将会展物流业务交予缺少经验的物流公司难免会有一些意外状况发生,从而造成不必要的损失。

承担会展物流业务的物流服务商根据参展商的要求设计物流服务方案,包括了解展品的运输、保管、布展及回收等内容,如果是国际性会议还需要涉及国际保险、报关等服务。在这一阶段中,物流服务商需要与参展商充分沟通,以保证方案符合参展商的需要。

选择会展物流服务商的标准

会展物流服务商是主要负责展品在会展举办地区或城市的集货和存储,按指定的时间将展品运送到会展场地,并负责会展场地内的装卸、搬运、保管等物流活动的服务商。

会展物流服务商可以提高物流效率和参展商的满意度;但其不利之处在于增加了会展物流服务商与参展商及其展品运输代理商之间的沟通成本,相互之间的衔接与信息传递要求较高,风险加大。选择物流服务商主要有以下标准:

(1)物流企业的规模与品牌;

(2)物流企业的资质;

(3)物流企业的专业化程度;

（4）服务网络数量及分布；

（5）物流企业的增值服务；

（6）物流企业的运输质量；

（7）物流服务的时效性与安全性；

（8）物流企业的服务质量；

（9）物流企业的信息化程度；

（10）物流服务的性价比。

2. 展品包装

根据物流服务商设计的物流服务方案，参展商与物流服务商根据参展产品类型与特性不同，选择合适的包装材料，对展品进行包装，以防止展品在运输途中受损，保障展品顺利参展。

3. 展品运输

根据展品安全性、运输时间、到达目的地及时性，采用合适的运输手段将展品成功运输到展览场地。常用的运输手段有公路运输、铁路运输、海运、航空运输、集装箱运输、国际联合运输。

4. 展品报关

若是出国参展，则需要进行展品报关。会展物流服务商为参展商提供具体展品报关服务。在这一阶段中，物流服务商需要与参展商充分沟通，以保证其服务符合参展商的需要。

5. 展品仓储

展品报关完毕之后直接到达展览场地，但若距展会正式开始还有一段时间，则需要对展品进行仓储。在展品仓储过程中需对展品进行管理，标记好展品到货展区、收货地址、联系方式等。

6. 运送至展览场地

展会正式开始前，将展品运送到展览场地进行展示交易。运送到展览场地则是进入展览场地的"最后一米"，不可掉以轻心，要根据展品特性选择合适的装卸搬运工具进行运送服务。

二、传统会展物流系统模式

在会展物流管理的最初阶段，工作主要集中在物流各功能要素的整合上。20世纪50年代以前，企业通常只把物流的功能局限于便利的支持工作方面，因此，物流被认为是一系列分散的、非协调的活动，物流管理也以分散管理为基础。传统会展物流系统模式在物流管理水平较低的情况下被广泛采用，虽然它弊端众多，但是限于会展组织者的理念与水平或者会展的规模与性质,当前我国所举办的各类会展中依然大量地使用此种模式。

该模式的缺点如下:

首先,成本较高,服务水平较低。各参展商的展品物流各自为政,参展商各自寻找自己的物流服务商,由后者完成展品从参展商处至展览场馆的运输、储存、保管、装卸等作业以及展览结束后的回运等工作。因为单一的参展商展品物流量较少,难以争取到较好的价格,单位物流成本较高,参展商也难以获得全面有效的服务。

其次,信息交流不畅。各物流公司必须与会展组织者事先沟通,告知对方何种展品何时到达展览场馆,展览组织者再与场馆方协商确定展品进馆时间;进馆之后,参展商才能开始展台的搭建、布置、装饰等工作。因为各参展商都有自己的物流供应商,信息的流动发生在众多的物流供应商、展览组织者、场馆方之间,线路过于繁杂,沟通过程中经常会出现信息流通受阻现象,协调困难,导致展品在场馆外滞留或者留给参展商布置展台的时间过短等现象。

三、现代会展物流系统模式

随着物流供应链理念的不断发展,物流信息技术的不断进步,传统的会展物流模式的缺点逐渐显现出来,需要一种现代的会展物流模式来取代传统的会展物流模式。目前,我国会展物流运作模式是由第三方物流公司作为整个会展活动的唯一的物流服务提供方,兼容物流过程中必然涉及的各个领域的业务服务,使物流过程的社会分工转为统一企业集团内部的分工,大大增强了协调性,有利于实现会展物流系统的整体优化。其具体流程如表 4-1 所示。

表 4-1 现代会展物流参展运作流程

1. 会展主办方指定本次展览唯一的物流供应商,并将此物流供应商的信息告知各参展商
2. 各参展商与物流供应商沟通,确定参展商展品的种类、数量,启运时间,需要办理的手续,展位布置时间等信息
3. 物流供应商收集到所有参展商的物流信息后,应根据各参展商的不同要求,兼顾安全、快捷、经济等要求,与各参展商共同制定最佳的物流方案
4. 物流供应商与场馆方协作,将参展商的展品运输至展览场馆,参展商组织展位布置
5. 参展过程中,如有顾客购买展品,物流供应商应与顾客充分沟通,将展品运至顾客指定地点;如果是国外顾客,还需办理好出关手续
6. 参展结束时,物流供应商应及时与各参展商及场馆方协作,安排好展品的撤馆和返回等相关工作

四、会展第三方物流

(一) 会展第三方物流的发展

据统计,我国每年举办各类展会直接收入超过 100 亿元,间接带动其他行业收入高达数千亿元,会展经济的火爆可见一斑。会展业得到前所未有的关注与追捧,除了行业本身利润率较高,最重要的是能够带动相关产业发展,包括餐饮、交通、旅游、房地产等。

对地方政府而言,会展业还可提升城市知名度,有利于招商引资。所以,我国会展业虽然起步晚,但因有着旺盛的需求与活跃的经济支持,举办展览会规模和可供展览面积不断增长,现已居全球首位。会展业的飞速发展,也给会展物流领域带来巨大增长空间。事实上,没有会展物流的支持,会展业很难获得更大发展,会展物流是会展业发展壮大的重要保障。

不过,我国会展物流发展不尽如人意,与国外同行存在较大差距。这些问题的存在,严重阻碍着我国会展物流业进一步发展。未来在会展经济持续升温下,也要注重发展会展物流,以免造成会展经济出现短板。

小贴士

我国会展物流尚存的问题

一是中国会展业管理水平较低,缺乏整体规划。各地区在发展会展业及会展物流时,容易走入地方保护、政企不分、缺少跨地区交流的歧路。

二是缺乏有实力的物流供应商,有效供给不足。虽然目前中国的物流企业发展较快,但开展会展物流业务的专业公司较少,几乎没有专业的从事会展业务的物流供应商,行内若干有名气的物流企业也仅是将会展业务作为自己服务的内容之一。

三是专业水平较低,服务质量欠佳。目前,一些展会在解决当地短途快速运输方面还存在缺口,有的甚至依靠搬家公司来帮忙。物流公司在提供会展物流服务的过程中,常常会出现这样那样的服务质量问题。首先是当展品到达参展地的机场、码头、火车站之后,参展商感到将展品搬运到展馆的短途运输方面,多数展览会提供的服务不好,货损货差时有发生,时间上也难以保证;其次是受制于国内落后的信息化水平,对货物信息的跟踪难以实现,展品发出以后,遇到事故难以及时采取相应补救措施。

四是服务理念落后、缺乏专业人才。会展物流不是单纯的运输、仓储,还包括宣传管理、人员调度等内容,这就要求物流企业向客户提供更多的服务内容,所做的工作需要更加细致、全面。现阶段,国内大多数的物流企业还未完成向现代服务型的物流供应商转变,为客户提供的仅是一些最基本的运输、仓储业务,远远不能满足现代会展业的要求。

(二) 会展第三方物流组织模式

1. 分散组织模式

这种模式是参展商各自寻找自己的物流服务商来完成展品从参展商处至展览场馆的运输、储存、保管、装卸等作业,以及展览结束后展品回运等工作。在分散物流模式下,各

参展商首先将展品信息通知会展组织者,会展组织者再与展馆方协商展品的进馆时间,会展组织者将展品的进馆时间通知参展商,各参展商委托各自的物流服务商开展相关物流活动,将展品运输至展馆。

在这种模式下,信息流会发生在会展组织者、展馆方以及众多的参展商和他们的物流服务商之间,信息链较长、分支较多,信息沟通和活动协调较为困难,容易出现失误。同时,由于每个参展商都有自己的物流服务商,对于每个物流服务商而言,展品物流量少,难以形成规模效应,单位物流成本高。

2. 集中物流模式

这种模式是指由本次会展主办方指定本次会展的唯一的物流服务商,由该物流服务商完成本次展览的全部物流活动。如图 4-3 所示,在集中物流模式下,首先,各参展商将展品信息通知会展组织者,会展组织者、物流服务商、展馆方初步商定各部分展品的进馆时间,会展组织者将展品的进馆时间和物流服务的信息通知参展商,参展商和物流服务商协同完成相应的展品物流活动。

图 4-3　集中组织模式

在这种模式下,信息链相对较少、较短,方便进行沟通,协同解决问题。这种物流服务模式,由于整个会展的所有物流活动集中在一个物流服务商手中,物流量大,并且易于沟通协调解决问题,有利于实现会展物流服务体系的整体优化,达到规模效应,降低物流成本。但是作为被指定为唯一物流服务商的企业,需要有较大规模和较强实力,有足够的物流服务网络和较高服务水平,能够为参展商提供物流服务。

3. 方案集成商模式

随着会展规模的扩大和展品的增多,作为会展物流服务的唯一提供商,很难以自身一家企业实力完全提供会展所需要的所有物流服务。在这种情况下,由一家综合实力最强的物流企业作为会展物流服务的总承包商,提供会展物流服务的总体方案并确定各部分物流服务的具体实施方案,而将所有或者部分会展物流服务的内容分配或者外包给其他物流企业的模式,就成为最佳选择(如图 4-4 所示)。

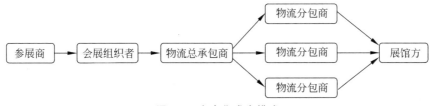

图 4-4　方案集成商模式

这种情况下的会展物流总承包商,甚至可以没有物流具体业务,但是对会展物流服务这种错综复杂的物流服务活动,必须能够进行总体的准确把握,能制定、核准物流服务的总体和具体方案并能组织实施。这种高端的物流活动,要求该企业必须具备物流策划、设计和实施的顶级水平,并有丰富的实战经验和对诸多物流企业的组织协调能力才能够胜任。

因此,会展物流的总承包商一般必须为第四方物流企业。这种模式,可以集中多家物流企业的实力,并根据各企业特点和长处由总承包商分配其物流服务内容,既在总承包商的统一协调组织下,达到物流服务体系的最佳配合和体系的优化,又能集各家物流企业之长,是目前会展物流服务模式的最佳选择。

(三) 会展第三方物流的优势

1. 信息优势

会展第三方物流,尤其是非资产型第三方物流,它的运作主要靠信息,只有具备信息的优势,第三方物流才可以比会展货主在了解市场、了解物流平台的情况、了解灵活运用物流资源、了解价格、了解制度和政策方面更有优势。同时,会展第三方物流的信息优势还来自由它组织和运作的物流系统,这是会展物流服务需求者所不可能具备的。

当然,对于会展货主来讲,如果有长期的、稳定的物流渠道,也完全可以形成自己的信息优势,而不依靠第三方物流。会展第三方物流的信息优势主要是针对客户的变换的需求,客户不会就每一项临时的物流需求来建立自己的有效信息优势。

2. 专业优势

会展第三方物流的核心竞争能力,除了信息之外,就是物流领域的专业化运作。专业化运作是降低成本、提高物流水平的运作方式,这一点在工业化时期已经在各个领域得到了证明。对会展企业而言,核心竞争能力是及时安全地将展品运往会展目的地,以便参展企业及时开展商业营销活动。能够把会展物流作为自己核心竞争能力的,是会展物流服务需求者一个很重要的优势。

3. 规模优势

会展第三方物流的规模优势来自它可以组织若干个会展客户的共同物流,这对于不能形成规模优势的单独的客户而言,将业务外包给第三方物流,可以通过多个客户所形成的规模来降低成本。有了规模,就可以有效地实施供应链、配送等先进的物流活动,进一步保障物流服务水平的提高。

4. 服务优势

会展第三方物流和客户之间的关系不是竞争关系,而是合作关系,是共同利益的关系。这样一种双赢的关系,是服务伙伴建立的重要前提,也是形成服务优势的重要条件。

另一方面,会展第三方物流整个企业的构建和组织,都是基于会展物流服务这一要求。会展第三方物流的服务优势还来自信息优势、专业优势,应该说服务优势实际上是其他优势的综合表现。

会展第三方物流是由展品供方和需方以外的物流企业提供物流服务的业务模式,是在物流渠道中,由专业物流企业以合同的形式在一定期限内提供用户所需的全部或部分物流服务。会展第三方物流企业的利润不是来自运费、仓储费等直接费用收入,而是来源于现代物流管理科学的推广所产生的新价值。这是会展第三方物流发展的根本原因。

第三节　会展物流进出口管理

一、参展物品的进出口

国际化会展的物流包含参展物品从一个国家参展商处被转运到另一个国家的会展活动举办方处,然后在会展结束后从举办国回到参展商处的整个过程。其间必然要经过参展商所在国和会展活动举办方所在国的海关。显然,进出口管理水平以及报关、清关等海关的处理能力必然影响到整个会展物流系统的效率。因此,参展物品进出口管理是现代国际会展物流管理的一个重要环节。

从 1998 年 1 月 1 日起,我国在展览品暂准进出口方面使用通用的国际海关单证《暂准进口单证册》取代海关报关单。《暂准进口单证册》又称为《ATA 单证册》,包括出口、进口、复出口、复进口以及过境报关 5 个单页,可用此册办结两国海关之间报关手续。按规定,进出境展览品包括:在展览会中展示或示范用的货物、物品;为示范展示的机器或器具所需用的物品;展览者设置临时展台的建筑材料及装饰材料;供展览品做示范宣传用的电影片、幻灯片、录像带、录音带、说明书、广告等。而为举办技术交流会、商品展示会或类似活动而进境的货物,则按展览品进行监管。

展览品属海关同意的暂时进口货物,进口时免领许可证、免交进口关税和其他税费。进口展览品自进境起到复运出境止,出口展览品自出境起到复运进境向海关核销止都应在海关监督管理之下。而外国来华和我国出国举办展览会,根据不同性质都要经过有关主管部门的批准,一般由具有主办单位、承办单位资格的法人负责举办。一般情况下,出国(境)举办展览会由中国国际贸易促进委员会及其各地的分会、全国性进出口商会、中国外商投资企业协会负责举办。

为了应对展品为临时进口,展览结束后还要办理出关的问题,世界海关组织为暂准进口货物而专门创设了国际通用的《ATA 单证册》,就是参展企业可以在各成员国授权的各国担保商会开立 ATA 单证,表明运输的产品是参展样品,还会在展览结束后运输回发运国。申请展品的临时进口,展后直接返回发运地,暂准进口货物可以通过 ATA 单证在各国海关享受免税进口和免于填写国内报关文件,避免烦琐关税的缴纳和退回,可以大大缩短产品在海关作为进口产品对待而耽误的时间。

如果展商在展览期间为展品找到合适的买家,只要更改临时进口方式、补缴关税即可,此种方式为目前国际较为通用且异常灵活的方法之一。

参展企业在制作通关清册的时候,在报产品价值的问题上有很多学问,各国都不一样。通常在相对落后的国家要把产品价值报得低于产品实际价值,避免高额的海关征税。但在发达国家,要有技巧地围绕实际价格报税,不能一味低报,防止被起诉倾销。

二、参展物品的进出口流程

通常参展物品的进出口要经过 14 个步骤,如表 4-2 所示。

表 4-2   参展物品的进出口流程

步骤	内　　容
1	参展商将自己的展品及其相关基本信息的清单交给代理人
2	受托人持清单一式两份,准备报关托运、租船、订舱
3	制定运输单据、出口展品报关单等一式三份
4	报关
5	商检及保险
6	装运并发出装运通知
7	运输提单制作、审核及交纳
8	运输服务商组织人员持提单运输
9	参展商或者其代理及时通知会展活动举办者及当地代理
10	展览会闭幕后,根据原则,大部分的展品及其附属品都要全部复运出境或者运到第三国继续展览
11	对于转为正式进口的展览品,海关根据有关规定办理进口手续,要求其缴纳各项税费和其他费用
12	对于复运出境的展览品,组织者或其代理人向海关交验参展物品核销清单一份
13	代理人持核销单及出境许可证自己运返,或者由专业运输机构托运
14	展品最后运抵参展商所在国,或者到第三国继续展览

三、展品货运代理

由于参展商不擅长物流,展品无论是在国内参展还是到国外参展,都必须将展品物流工作委托给专业的货运代理(货代)去办理。

"货运代理"一词来源于英文 freight forwarder 和 forwarding agent。世界上不同国家和地区对货运代理有不同的称呼和不同的理解。国际货运代理协会联合会(FIATA)的解释是:国际货运代理是根据客户的指示,并为客户的利益揽取货物运输的人,其本身并不是承运人。国际货运代理可以依据这些条件，从事与货运合同有关的活动，如储货（也含寄存）、报关、验收、收款等。

《中华人民共和国国际货物运输代理业管理规定》第2条中对货运代理的解释是："接受进出口货物收货人、发货人的委托，以委托人的名义或者以自己的名义，为委托人办理国际货物运输及相关业务并收取服务报酬的行业。"展品货运代理，就是接受参展商或会展承办单位的委托，以委托人的名义或以自己的名义，为委托人办理展品运输及相关业务并收取服务报酬的企业或行业。

 **小贴士**

展品货运代理主要联系参展商、会展承办单位和展品承运人，将展品从生产地运输到展览场所。展品货运代理有时代表参展商选择运输路线、运输方式、承运人，向承运人订舱，缮制贸易、运输单据，安排展品的短途运输、仓储、称重、检尺，办理展品的保险、报检和通关手续，向承运人、仓储保管人及相关当局支付有关费用；有时代表参展商或会展承办单位接收、检查运输单据，办理展品的报检、报关手续，提取展品、安排仓储和短途运输，支付运费和其他相关费用，协助收货人向责任方索赔；有时代表承运人揽货、配载、装箱、拼箱、拆箱，签发运输单据。

展品货运代理作为一种中介性质的运输者，既代表参展商、会展承办单位的利益，又协助承运人进行承运工作，其本质就是"展品运输的中介"。

(一) 展品货运代理的重要性

展品货运代理对保证展品及时准确地运送到展览场馆有非常重要的作用，不仅为参展商和会展承办单位提供了便利，还为他们降低了参展成本。

1. 组织协调

展品货运代理是"运输的设计师"，是"门到门"运输的组织者和协调者。凭借其拥有的运输及其他专业知识，组织展品运输活动，设计展品运输路线，选择运输方式和承运人，协调参展商、会展承办单位、保险人、银行、港口、海关、检验检疫等部门之间的关系，可以减少许多不必要的麻烦，提高工作效率。

2. 开拓、控制

展品货运代理不仅组织和协调运输，而且影响新运输方式的创造、新运输路线的开发、新运输费率的制定以及新产品的市场开拓。展品货运代理在世界各贸易中心建立有客户网和自己的分支机构，能对货物运输的全过程进行及时准确的跟踪和控制，保证货物安全、及时抵运目的地。

3. 咨询顾问

展品货运代理是参展商和会展承办单位的顾问,通晓各项贸易环节,精通各种运输业务,熟悉有关法律、法规,了解世界各地的有关情况;可以就展品的包装、储存、装卸和保管,展品的运输方式、运输路线和运输费用,展品的保险、进出口单证等提供咨询服务。

4. 降低成本

展品货运代理可向参展商建议选择货物的最佳运输路线。最佳仓储保管人、装卸作业人员和保险人,可在几种运输方式和众多的承运人之间就关键的运价问题进行选择,选择最有竞争力的组合进行运输,从而降低展品运输关系人的业务成本。

5. 提供专业服务

展品货运代理的各种服务都是专业化的。通常,其在复杂的进出口业务,海、陆、空运输,结算、集运、仓储、集装箱运输、危险品运输保险等方面都具备专业的知识。特别是能够了解经常变化的海关手续、运费与运费回扣、港口与机场的业务程序、海空集装箱运输的组织以及出口货物的包装与装卸等。

6. 资金融通

展品货运代理与展品运输关系人、仓储保管人、装卸作业人及银行、海关当局相互了解,关系密切,长期合作,彼此信任。展品货运代理可以代替收发货人支付有关费用、税金;提前与承运人、仓储保管人、装卸作业人员结算有关费用;凭借自己的实力和信誉向承运人、仓储保管人、装卸作业人及银行、海关当局提供费用、税金担保或风险担保,可以帮助委托人融通资金,减少资金占压,提高资金使用效率。

(二) 展品货运代理的服务对象

从展品货运代理的基本性质看,展品货代主要是接受参展商的委托,从事有关展品运输、转运、仓储、装卸等事宜。它一方面与参展商订立运输合同,另一方面与运输部门签订合同。目前,相当部分的展品货运代理掌握各种运输工具和储存货物的库场,在经营其业务时可以办理包括海、陆、空在内的货物运输。展品货运代理所从事的业务主要有以下几方面。

1. 为参展商服务

展品货运代理代替参展商承担在不同货物运输方式中的所有手续,包括:

(1) 选择最快、最省的运输方式,安排合适的货物包装,选择货物的运输路线;

(2) 为展商建议仓储与分拨;

(3) 选择可靠、效率高的承运人,并负责缔结运输合同;

（4）安排货物的计重和计量；

（5）货物的拼装；

（6）装运前或在目的地分拨货物之前把货物存仓；

（7）办理货物的保险；

（8）安排货物到港口的运输，办理海关和有关单证的手续，并把货物交给承运人；

（9）代表参展商支付运费、关税税收，以及办理有关货物运输的任何外汇交易；

（10）从承运人处取得各种签署的提单，并交给参展商，以及与国外的代理联系，监督货物的运输过程，并使参展商知道展品的去向。

2. 为海关服务

当作为海关代理办理有关展品进出口的海关手续时，展品货运代理不仅代表参展商，而且代表海关当局。事实上，在许多国家，它得到了这些当局的许可，办理海关手续并对海关负责，申报货物确切的金额、数量、品名，以使政府在这些方面不受损失。

3. 为承运人服务

展品货运代理向承运人及时订舱，议定对发货人、承运人都公平合理的费用，安排适当时间交货，以及以发货人的名义解决和承运人的运费账目等问题。

4. 为航空公司服务

展品货运代理在空运业上充当航空公司的代理。在国际航空运输协会以空运货物为目的而制定的规则上，它被指定为国际航空协会的代理。在这种关系上，它利用航空公司的货运手段为货主服务，并由航空公司支付佣金。同时，作为一个货运代理，它通过提供适于空运程度的服务方式，继续为发货人或收货人服务。

5. 为班轮公司服务

展品货运代理与班轮公司的关系随业务的不同而不同。最近几年来，通过货代提供的拼箱服务，即拼箱货的集运服务，已建立了其与班轮公司及其他承运人（如铁路）之间的较密切的联系。

6. 提供拼箱服务

随着国际贸易中集装箱运输量的增长，开始引进集运和拼箱的服务，在提供这种服务的过程中，货代担负起了委托人的责任。

7. 提供多式联运服务

在展品货代的作用上，集装箱化的一个更深远的影响是它介入了多式联运。这使它充当了主要承运人，并通过多种运输方式进行"门到门"的货物运输。它可以以当事人的身份，与其他承运人或其他服务提供者分别谈判并签约。

但是，这些分拨合同不会影响多式联运合同的执行，也就是说，不会影响发货人的义务和在多式联运过程中它对货损及灭失所承担的责任。在货代作为多式联运经营人时，通常需要提供包括所有运输和分拨过程的一个全面的一揽子服务，并对它的客户承担一个更高水平的责任。

(三) 展品货运代理的职责

1. 展品货运代理从事传统业务的职责

展品货运代理从事传统业务的职责是指展品货运代理作为代理人或当事人的责任。展品货运代理作为纯粹的代理人，是指展品货运代理以代理人的身份为参展商的展品办理运输等相关业务，并收取一定的代理手续费。展品货运代理作为当事人，是指在其为参展商和会展承办单位提供所需服务的过程中，作为以自己的名义承担责任的独立合同人。

2. 展品货运代理从事第三方物流的责任

第三方物流的概念来源于管理学中的"外包"(out sourcing)，是指企业利用外部资源为本企业的生产经营服务。随着信息技术的发展和经济全球化，跨地区、跨国的生产企业开始将大量常规业务外包出去，只保留核心的业务，这样可以降低经营和管理成本。

参展商一般也将展品的物流作业外包给从事会展物流的第三方物流公司。在会展物流中，展品货运代理实际上提供的就是典型的第三方物流服务，只是会展物流服务对展品货运代理提出了更高的要求，可满足不同展品的运输、时间的要求等。所以，展品货运代理是整个会展物流体系的主体。

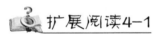 扩展阅读4-1

展品货运代理的具体职责

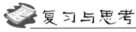 复习与思考

1. 什么是会展物流？它与一般产品物流有哪些异同？
2. 简述我国会展物流的发展历程。
3. 简述会展第三方物流的优势。

第 五 章

应 急 物 流

1. 熟悉应急物流的概念、分类和特征;
2. 掌握应急物流系统的建立原则;
3. 了解应急物流的探索与实践。

引导案例

多措并举、多方发力,保障应急物资畅行

一、顺丰航空:8 天超 2000 万个包裹

8 天,2415 万个包裹!2020 年 1 月 27 日至 2 月 3 日,顺丰航空已运输救援物资超过 816t,全网超 2415 万个包裹。

自 1 月 24 日起,顺丰航空临时增开"深圳—武汉""杭州—武汉""北京—武汉"三个流向的货运航班,着力保障包括防护服、护目镜、体温计、医用口罩、手套、抗病毒药品等在内的防疫物资的运输,其间将飞机运力由载量较小的 B757-200 替换为 B767-300,航线运能随即提升 1 倍。

"成田—武汉""仁川—北京"等多条国际航线也在这期间开通。1 月 29 日凌晨,顺丰航空一架 B747-400 型全货机搭载约 300 万个防护口罩由韩国仁川飞抵北京,全力支持国内新冠病毒疫情防治物资的运输与补给。

同时,顺丰速运国际利用全球供应链资源全力支持医疗防疫物资运输。从 1 月 22 日至 2 月 2 日,顺丰速运国际承运来自海外的各类医疗防疫物资累计达 52t,这些物资来自日本、新加坡、韩国、马来西亚、泰国、印度尼西亚、美国、越南等国家及地区。

二、苏宁物流：累计运送 360t 物资

2 月 3 日上午 10 时，苏宁物流驰援武汉物资车队抵达十堰民政局，第一时间将消毒水交付给西苑医院。

该车 2 月 1 日连夜从南京出发，途经武汉、荆州、襄阳、十堰，满载消毒剂、防护服、口罩、医用手套、医疗垃圾桶等重达 12t 的前线急缺物资，分别送至武汉中医院、江陵县人民医院、襄阳市中西医结合医院、十堰市民政局。

苏宁物流自 1 月 25 日为武汉地区开通救助物资免费"绿色通道"以来，已累计向湖北地区运送抗疫物资 360t。救助物资主要来源于长三角、广东、山东等地，包含消毒液、护目镜、医用手套、抗疫药品、医用口罩、医用酒精等医院紧缺物资，以及床垫、医用座椅等援助火神山医院建设物资。

为确保应急物资运输通畅，河南省商务厅为焦作市配发的首批 10 张河南省新冠肺炎疫情防控应急物资运输车辆通行证(B 证)于 2020 年 2 月 8 日到位。B 证适用于省内应对疫情各类应急物资、生活物资、重点生产物资的运输。焦作市负责承运粮食、食用油、蔬菜、肉类等 10 大类 70 余种商品物资的车辆持 B 证在省内可免费优先通行。

2020 年 5 月 5 日，河南省交通运输厅颁布新规定，从 5 月 6 日 0 时起，对运输疫情防控所需救治消毒药品、医疗救护设备器械等紧急物资的车辆，办理《紧急运输通行证》，继续执行不停车、不检查、不收费、优先通行的"三不一优先"政策。同时，停止执行疫情防控 A、B 证等应急通行证制度。

(资料来源：http://www.chinawuliu.com.cn/lhhzq/202002/10/492044.Shtml)

思考：

1. 应急物流有哪些特征？
2. 根据应急物流的起因分类，案例中的应急物流属于哪一类？

第一节　应急物流概述

地质灾害、气象灾害、公共卫生事件等"天灾"，恐怖主义、地区性军事冲突等"人祸"时有发生，尽管当今世界科技高度发达，可以预测、预防某些突发事件，但由于预报时间与应急物流需求产生时间相隔太短，灾区所需要的物资、医疗人员、救灾人员、资金等难以实现其时间效应和空间效应。

据统计，2003 年的 SARS 给中国带来了 176 亿美元的损失，其中物流活动造成的成本损失约 30 亿美元。

2008 年春节前后，中国南方低温雨雪冰冻灾害对社会所造成的直接经济损失高达 1516.5 亿元。

2020 年农历春节前后，新冠肺炎疫情给中国甚至世界带来了严峻的挑战。为了战胜

新冠肺炎疫情,党和政府领导组织各部门展开规模浩大的"战疫"应急物流。

虽然突发性灾难事件不可避免,但是日本等发达国家应对自然灾害的成功经验证明,完善的应急管理体系可以大幅降低灾害及后续由灾害引起的一系列多米诺骨牌效应所带来的损失。应急救援是一项复杂的系统工程,如何决策救援流程? 如何筹措调配救援资源? 以什么方式配送应急物资? 道路阻塞怎么办? 应急决策不仅考验政府的决策机制和决策能力,决策所对应的应急物流也更加考验政府的救援机制和救援能力。

纵观近年来的灾后应急物流,普遍存在物资分布分散造成的筹措低效、道路阻塞造成的运输过程缓慢、信息不畅造成的投送困难等问题,严重影响救援的质量和效率。但是各级政府和社会各界专业人士已经开始认识到应急物流的重要作用,2006 年底,经国资委、民政部批准,全国第一个从事应急物流的专业组织——中国物流与采购联合会应急物流专业委员会成立。近年来,中国物流与采购联合会为应急物流理论的发展及研究作出不少贡献。

由中国物流与采购联合会应急物流专业委员会牵头制定发布的《应急物流科研指南》《中国应急物流现状研究》等 5 个与应急物流相关的课题已纳入 2007 年度的研究规划,国内对应急物流的发展研究也如火如荼,建立和完善应急物流体系以积极应对重大灾害、重大突发事件所带来的影响,已经成为社会的普遍共识。

一、应急物流的概念

关于应急物流的概念很多,如中华人民共和国国家标准《物流术语》(GB/T 18354—2006)中的定义:针对可能出现的突发事件已做好预案,并在事件发生时能够迅速付诸实施的物流活动。

狭义来讲,应急物流是指为应对严重自然灾害、突发性公共卫生事件、公共安全事件及军事冲突等突发事件而对物资、人员、资金的需求进行紧急保障的一种特殊物流活动。

国务院发布的《国家突发公共事件总体应急预案》中规定,突发公共事件是指"突然发生,造成或者可能造成严重社会危害,需要采取应急处置措施予以应对的自然灾害、事故灾难、公共卫生事件和社会安全事件"。

广义上讲,应急物流是为满足紧迫的生产需求、服务需求、信息需求等物流需求产生的一种物流活动。应急物流在许多情况下是通过物流效率追求其物流效益,在某些情况下,甚至会变为纯消费行为,只考虑物流效率的实现。

应急物流作为应急管理体系的重要组成部分,同时也是救灾工作的重要组成部分,是决定救灾工作成败的关键因素。从微观层面来看,企业在做决策时所掌握的信息不完备及其决策者素质的局限性等使其无法保证所有决策毫无纰漏,因此企业需要制定紧急预案,以有效防范和应对不可抗力造成的紧急状况,有序安排救急工作,降低应急物流成本。从宏观层面上看,我国属于自然灾害高发国家,可用于临时应急的基础设施建设现状、国家处理突发事件的经验等方面均存在需要改进的地方,因此有必要对应急物流的内涵、模式、机制、实现途径等进行研究,提升紧急救援快速响应能力。

二、应急物流的分类

应急物流最初是依靠军事物流,后来渐渐发展为物流体系的一大分支,在历年来的灾害中,往往都是部队冲锋在前,而后地方组织配合并参与后续的救援和秩序维护工作。和普通物流一样,应急物流也包括流体、载体、流向、流量、流速等基本要素,但是应急物流与普通物流存在显著差别:应急物流专注于社会效益;一般通过物流效率实现物流效益;普通物流专注于经济效益,既强调物流效率又强调物流效益。两者的区别如表 5-1 所示。

表 5-1　应急物流与普通物流的区别

比较项目	应 急 物 流	普 通 物 流
系统目标	时间效益最大化 灾害损失最小化	经济效益最大化 物流成本最小化
配送模式	军民协同	自营配送 供应商直接配送 第三方物流
流向	目标地事先无法确定	根据用户需求、流向确定
流量	特定物品数量激增	物流数量稳定
流程	由于设施损坏,常使流程改变	流程基本按规定安排
流速	根据受灾区周围路况, 完成物流的时间延长或缩短	完成物流的时间稳定
载体	固定与机动设施与场所; 可靠性高、故障率低、适应性强	固定设施与场所; 适用性、先进性、 最小成本性、安全性
流体	救生衣、救生舟等救灾类; 衣被、帐篷、食物等生活类; 医药器械、药剂等医药类	除违禁品外所有物品
员工素质	抗风险性、高技术性、超极限性,一般为 军人、消防员等身体素质较高的人	具备基本的业务知识、职业道德等素质的健 康成年人

1. 按照应急物流的起因分为自然灾害、技术灾害、人为灾害

（1）自然灾害

指给人类生存带来危害或损害生活环境的自然现象,一般包括气象灾害和地质灾害,如飓风、泥石流等。自然灾害产生的应急物流需求每年给社会造成的额外物流成本目前无法估计。

（2）技术灾害

指由技术直接或间接对人类生活和社会造成巨大影响和损失的人为事故,如不完备的技术、操作员的失误等。如1984年苏联切尔诺贝利核电站的第四反应堆突然失火,造成严重的核泄漏。

（3）人为灾害

指人类不合理活动导致的灾害,如决策所需的信息不完备以及决策者的素质限制等原因造成的决策失误。

2. 按照应急物流的层次分为微观、中观、宏观

（1）微观应急物流

也称企业应急物流,是指在整个应急物资运输过程中,其中一个局部、一个环节的由企业承担的具体物流活动。微观应急物流研究具体性和局部性的物流活动,如厂商召回有质量问题的产品发生的物流。为了保护消费者权益,厂商必须建立处理紧急退货、召回等事件的应急物流系统,其应急物流成本会吞噬产品的销售利润。

（2）中观应急物流

是城市、城际间应急物流系统中不同部门间的内部协同,可以为城市居民提供所需救灾物资并保障居民人身安全和基本生活需求,涉及应急物资的生产、筹措、储备及运输配送等物流环节,追求社会效益,往往具有跨地区的特点。如应急物资如何及时准确、快速安全地送到灾区等。

（3）宏观应急物流

是从物资调度和应急响应速度出发,全面系统地规划和管理物流活动,健全国家应急物资保障体系和国家储备体系。通过整合、筹措全国各省市的现有资源,迅速救援受灾地区,达到有效控制突发事件的目的,是全社会性的、全局性的物流。

 小贴士

应急物流是疫情防控总体的战的"生命线"

有人把物流比作经济生活的动脉,它承载着整个经济生活的血液循环。实体经济离不开物流,虚拟经济也需要物流做基础。新冠病毒感染疫情,事件突发,卡在年关,打了大家一个措手不及。有人说,物资紧缺带来的恐慌似乎大过病毒带来的。

疫情发生后,医疗物资需求呈现出爆发式增长,又恰逢春节期间,大多数企业停工停产,工人回乡。同时,因疫情而采取的封路、封村等措施又再度给物资运输增加了难度,而这时就需要应急物流的大力保障。

有专家表示,应急物资保障是应对突发事件的重要支撑。在疫情防控工作中,医用

口罩、防护服、护目镜、医用酒精和消毒剂等重点物资的生产、采购、调配和供应至关重要。同时,维持疫区生产生活的日常物资供应也刻不容缓,应急物流发挥了疫情防控总体战"生命线"和保持生产生活平稳有序运行"先行官"的重要作用。

据交通运输部统计,仅2020年2月21日一日,全国就通过铁路、公路、水运、民航、邮政快递等运输方式向湖北地区运送防疫物资和生活物资2.0万吨,运送电煤、燃油等生产物资4.5万吨。1月27日至2月21日,累计向湖北地区运送防疫物资和生活物资41.99万吨,运送电煤、燃油等生产物资97.1万吨。武汉水域累计保障载运重点物资船舶303艘次,保障运输电煤82.8万余吨、燃油14.3万余吨、粮食5.1万余吨。

除了传统物流,智慧物流的优势也逐渐凸显。"为了运送紧急医疗物资,我们安排了多架无人机进行作业。"顺丰相关负责人举例称,2月12日,3架无人机执行顺丰速运湖北区将军路分部至金银潭医院的防疫物资运输投送,其中一架顺丰无人机的整个运送过程仅需7分钟。

此外,京东推出了"5G无人车"的配送模式,通过5G、高精度定位网络获得厘米级的定位能力,可让无人车直接将快递送到客户门口;苏宁在部分地区推出机器人协助配送计划,快递员送货至小区门口,后续机器人可接棒送货上门;菜鸟也启动了搭载智能柜的无人车,车一到人们便可自行取货,安全且便捷。

为应对新冠病毒感染疫情,一些重点物流企业和创新型企业积极采用大数据、人工智能、5G等新技术。以无人机自动分拣为代表的智能物流设备在提高物流效率和减少人员交叉感染方面显示出其优势。这不仅对提高突发公共卫生事件和重大自然灾害场景下的应急保障能力具有重要意义,而且对促进物流业整体质量提升和效率提升具有深远影响。

（资料来源：http://www.chinawuliu.com.cn/xsyj/202004/21/499964.shtml）

三、应急物流的特征

应急物流是在突发灾害情况下对救灾物资需求进行紧急组织配送的一种特殊物流活动,是物流的一个特例。应急物流除了具有日常物流所具有的流体、载体、流向、流量、流程、流速六大要素外,还具有以下特点:

1. 突发性/不可预知性

地震、泥石流等自然灾害往往突然爆发,洪水、台风等自然灾害虽然有一定预警时间,但是事件的地点和时间通常无法准确预知,也无法在事件发生后的较短时间内精确计算事件的影响范围和持续时间,所以灾害损失规模不可准确预见。

可用于救灾物资准备的时间往往很短,而且,灾害现场往往作业条件恶劣、环境复杂、秩序混乱,所以应急物流工作能否顺利实施无法预见。突发事件爆发瞬间释放的巨大破坏能量会引起一系列多米诺骨牌效应,导致更大的危机和更多损失。

2. 不确定性/随机性

应急物流是突发事件引起的物流需求,突发事件的不确定性导致应急物流包括需求在内的具体内容具有随机性,在一定程度上会影响物资储备种类和数量。由于灾害发生时间的突然性、灾害种类的随机性、灾害规模的不可预见性,使得救灾物资需求品类存在很大的随机性。而且,伴随着次生灾害的发生、灾区情况的变化,救灾物资种类和数量需求也会随机变化,使得应急物流的各环节也充满不确定性因素。

3. 弱经济性和紧迫性

救灾就是救生命、救生产、救经济,救灾应急物流是救灾工作的重要组成部分,其侧重点在于"急",即急需,体现紧迫性,追求时间效益最优,以物流速度作为衡量标准,具有很强的社会公益性。如 2020 年 2 月 17 日至疫情防控工作结束,全国收费公路免收车辆通行费。

在重大险情或事故中,人民群众的生命财产安全是第一考量,低成本高效益不再是物流的重点目标,物流的经济性被弱化甚至不予考虑,甚至在某种情况下,应急物流是纯消费性的行为,如抗战应急物流、抗险救灾应急物流等。

4. 峰值性

为防止突发事件的负面影响蔓延,需要立刻做出正确有效的应急反应和配套的应急物流决策。可缓解灾情的物资需求、运输应急物资的工具使用频次在短时间内极速增加,表现出峰值性。

5. 需求相关信息的非常规性

应急物流是随着灾害发生而发生的保障工作,时间紧迫、任务繁重、环境恶劣复杂,不确定性因素多,按照平时物流的常规流程和方法不能保证应急物流工作顺利开展。因此,需打破常规思维,采取非常规手段,精减中间环节,采取超常规的保障办法,如开通非常规通道或发放非常规通行证,以确保应急物资在最短时间内或规定时间内运送至灾区,整个物流活动表现出非常规性。

6. 事后选择性

应急物流的突发性以及随机性,决定了救灾应急物资的供给不同于一般企业内部的物流链,不可能根据客户的需求进行服务。应急物流的本质是在短时间内进行社会物资调剂的应急工作。

根据以上特点,应急物流可以总结为,如何在有限的时间内,在运输成本尽可能低的情况下,高效运用不同运输方式将各种应急物资从不同供应地配送到一个或多个受突发事件影响区域。应急物流类似于日本的 JIT 生产方式,即如何在恰当的时间将恰当的物资运送至受影响区域。

四、应急物流系统

应急物流立足于物流,却又不完全等同于物流,它与物流是整体与个体的关系。应急物流包括以下几方面内容:准确掌握灾区救灾物资品种、数量需求;筹措救灾物资并将救灾物资由供应地配送到受灾点;在救灾中,为特种救灾设备等救灾物资的使用提供服务;救灾物资物流信息的收集、传递、评估、反馈;救灾中或灾害后,组织无继续留用价值救灾物资的处理和回收。

如图 5-1 所示为应急物流系统示意图。

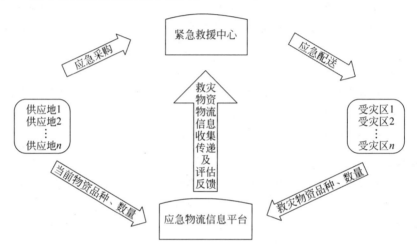

图 5-1   应急物流系统示意图

(一) 应急物流系统的特点

1. 流量大且集中

灾区在较短的时间内需要大量的物资,因此在整个救灾应急物流过程中有两个需求高峰期:一是救灾期间,对物流时间性要求较为强烈;二是灾后重建阶段,对物流量要求较大。

2. 快速响应的系统应急能力

一般物流系统具有长期性,其物流通道也相应具有经常性、稳定性等。而应急物流的随机性、时效性以及突发的特性,决定了物流系统的相关反应能力都拥有临时性及一次性的特点,因此应急物流系统不同于一般性的物流企业。

3. 系统的开放性和可扩展性

自然灾害具有随机性和不确定性的特点,应急物流系统应该具有开放性和可扩展性,面对各种可能发生的特殊情况,都能迅速且有序地做出应对。

(二) 应急物流系统的设计原则

1．应急物流系统的事前防范与事后应急相结合

在灾难预防和灾后的紧急处理相结合的基础上,需要一个高效率的救灾应急物资信息系统和应急调运方案选择系统。在发生突发事件之前,应当建设完备的救灾物资和相应运输工具的大型数据库,全面掌握灾前物资的具体情况,这对于灾后救援行动具有非常重要的现实意义。

2．时间效率重于经济效益

"人的生命高于一切。"救灾是挽救人民财产和生命安全的社会行为。由于灾后基础设施运行受限、道路被堵,救援资源运输难度较大,时间限制的急迫性决定了在救灾应急物流系统的构建中,时间效率高于经济效益。

3．市场机制与行政机制、法律机制并存

应急物流的控制主体一般为政府,受到突发事件危害的主体一般是社会公众或个人。政府设计应急物资的采购机制、运送机制;市场比较各种运载工具的运输能力、运输路径,选择出运送方案。在救灾物流系统的设计中以行政机制为主,市场机制为辅,并以相关法律法规作为救援行动的保障。这样不仅能减轻政府负担,而且能充分利用市场,发挥其现代物流技术的市场功能,提高救灾物资的保障力度。

应急物流行业标准起草单位成立

我国物流企业类型繁多,数量庞大,行业分布广泛,由于重大事件的突发性,国家应急管理部门很难在短期内筛选出符合应急物流服务能力要求的企业参与应急物流工作。为解决此类情况的出现,中国物流与采购联合会应急物流专业委员会牵头制定了《企业应急物流服务能力评估规范》行业标准。

《企业应急物流服务能力评估规范》(计划编号:303-2019-014)行业标准已于2019年被发改委正式批准立项,项目列入《2019年推荐性物流行业标准项目计划》(发改办经贸〔2019〕852号)。

(资料来源:https://m.sohu.com/a/455099023_608787?_trans_=010004_pcwzy)

第二节　应急物流发展现状

对于应急物流,国外一般将其融于应急管理中,而且发达国家经过多年探索和发展,形成了运行良好的应急管理体制,建立了比较完善的应急救援系统,并且逐渐向标准化方

向发展,使得包括应急物流在内的整个应急管理工作更加科学、规范和高效。

应急物流可以在突发事件发生后配合部队抢险救灾及协助完成重大军事行动等紧急任务,因此与普通物流相比,应急物流的管理为技术密集型,可保障的范围更加宽广。

一、国外应急物流发展现状

(一) 美国

美国是世界上较早涉足应急物流领域的国家,而且经过多年的发展研究建立了健全的紧急状态法律体系,如 1950 年制定并多次修订的《灾害救助和紧急援助法》(Disaster Relief and Emergency Assistance Act),1976 年颁布的《国家紧急状态法》(National Emergencies Act)等,对于接受的救援物资标准和实施程序也有明确的法律规定。应急物流已经初具完善的组织结构体系,形成了以"行政首长领导,中央协调,地方负责"为特征的应急管理模式。在重大事件发生后,若州政府无法处理该事故,经联邦应急事件管理局鉴定后,美国政府就会立即宣布进入联邦紧急反应计划阶段,并启动应急计划,所有防救灾事务由联邦应急管理署(FEMA)实行集权化和专业化管理。

FEMA 主要负责灾区救援力量、救援物资的征集、分配,制定装备物资使用政策、规则。FEMA 设有物流管理的专门单位,平时主要负责救灾物资的储备及管理、预测各类救灾物资需求、规划救灾物资配送路线,以及救灾物流中心设置等工作。

灾害发生前,美国重视灾害的事先预防,利用高新技术进行模拟演练,除了国家层面的应急规划,针对人口密度不同的城市也有不同的预案以及救灾方式。如美国的纽约、华盛顿等城市根据地域环境、城市发展格局,由各地危机管理办公室牵头,警察局、消防局等机构配合,因地制宜地制定危机规划和应急预案,通过模拟演习检验,评估市政府面对危机的决策能力、资源整合能力以及行动能力,以此不断提高应急预案的科学合理程度。

充足的应急物资是成功应对危机的必要条件。通过了解当地和周围城市各级政府和各机构的应急物资的品种数量和分布信息,科学评估并制定应急物资的储备,防止物资储备过度造成浪费。如纽约市的城市应急物资管理体系可以迅速搜集反馈应急物资的信息,保证迅速满足危机处理的物资需求。此外,美国重视市民的应急意识,提供多种渠道培训普通公民的应急能力。

灾害发生时,美国首先会根据应急预案做出第一反应,然后利用 GIS、GPS、数据库技术等各种网络技术分析灾害类型、等级,提高所需各类物资的预测准确度,根据物资紧急程度进行分类打包,精准规划应急物流所需配送中心的位置和数量,而且会结合实际情况实时更新应急预案,使各灾区物资、医护人员得以匹配,以保证救助配送网络的畅通,节约资源,有效提高救灾效率。此外,美国通过立法的形式对在灾情中被征用资源的人、企业及社会团体做出补偿,法律规定了补偿的范围、方式及标准。

在国际救灾方面,美国设有对外灾害援助办公室(OFDA),负责处理各种紧急事务。目前,OFDA在世界范围内设有7个存储基本救灾物资的应急仓库,这些仓库位置便利,紧靠机场、海港,一旦某个地区发生重大自然灾害,OFDA就会根据就近原则调拨救援物资送至灾区。例如,海地地震发生后,海地机场遭到严重破坏,塔台通信因断电而瘫痪。美国军队在第一时间赶到海地机场,清除跑道障碍,架起无线电通信设备恢复塔台通信,使其他国家的求援人员利用运输机顺利降落,成为海地地震应急物流的开路先锋。

 小贴士

海地毁灭式地震

2010年1月13日(当地时间1月12日),海地发生了7.3级地震,这是当地自1770年以来遭遇的最强地震。有媒体甚至称,海地地震是2010年世界上最严重的自然灾害。此外,一系列强烈余震——次数超过10次,震级超过5级——也进一步提高了破坏性。

此次地震震源距离太子港约15km,深度为8km,地震使海地首都太子港遭到毁灭性破坏,医院、港口、机场、道路等基础设施破坏严重。地震造成22.25万人罹难,19.6万人受伤,其造成的伤亡人数远远高于其他同等级别的地震。

海地位于北美板块和加勒比板块交界的地方,处于地震活动末期的恩里基洛-芭蕉花园断层带上,属于地震非常活跃地带。历史上曾多次经历过破坏性地震,如1751年、1770年、1842年等都发生过毁灭性的地震。

海地是拉丁美洲最穷的国家,也是世界上最不发达的国家之一。回望历史,人口密度大,城市建筑物几乎无抗震设防能力,房子建设缺乏规划、随意搭建,很多房子建在地基不牢的斜坡上,是本次地震人员伤亡和损失巨大的主要原因。

(资料来源:https://www.cea.gov.cn/cea/xwzx/fzjzyw/5508853/index.html)

(二)德国

德国的灾害预防和救治工作主要分为民防和国防两部分,在应急物流管理中实行分权化和多元化管理,最高协调部门是公民保护与灾害救治办公室,隶属于联邦内政部的一个部门。内政部下的联邦技术救援署组织了一支快速反应空运服务队,在国际应急救援中,该服务队可以帮助办理一系列登机前后的手续,且随时待命,以加快应急救援速度。

对于救灾物流,德国的民间组织发挥着很大的作用。如德国联邦技术救援署是一个主要由志愿者组成的机构,是德国有名的民防专业救援队,被誉为"蓝色天使"。

另外,德国还有一家公益性的国际人道主义组织,即德国健康促进会,对于德国应急救援的物资筹措和运输有着举足轻重的影响。灾难来临时,利用民间的网络通信资源,他们收集灾难的性质、影响范围等信息,根据需求迅速组织救灾物品通过捐赠平台管理系统

运输到指定救助地点。这种既具备基础性知识又经过专业化训练的队伍为德国境内的救灾应急物流工作提供了坚实保障。

(三) 日本

日本由于其特殊的地理位置以及地质条件,是遭受地震、台风等自然灾害侵袭的频发国。因此日本对于应急物流的研究较早,在 1947 年的《灾害救助法》中,就已经对食品、饮用水和其他生活必需品等应急物资的储存运输有较多的规定。日本的应急物流不同于德国、美国,其应急管理模式为"行政首脑指挥,综合机构协调联络,中央会议制定对策,地方政府具体实施"。在救灾的应急物流管理上,日本的主要做法有:

(1) 制定灾害运输可替代方案,因海运和空运受震灾影响小,因此事前规划陆、海、空运输路径。

(2) 编订救灾物流作业流程手册,明确救灾物资的运输存储、所需机械设备以及其他分工合作等事项。

(3) 对救灾物资进行分阶段管理,将救灾物资的配送工作分为三个阶段。政府行政单位负责救援物资的筹措及存储,由物流公司根据灾区需求进行配送。因为日本第三方物流的比例超过 70%,因此日本的应急物流在配送环节可以充分利用社会物流。

日本不仅重视灾前规划,还非常重视提高公众的防灾意识,把 9 月 1 日定为国民"防灾日",要求全民参与国民防灾演练。通过实战训练,可以检验、提高各级政府的通信联络能力和各部门间的运转协调能力。

日本的应急信息系统涵盖了道路交通、气象等各领域,可以确保灾情信息及数据的畅通送达,促进应急物流的运转。日本将应急物资按照不同类型分别储存于不同仓库,而对社会捐赠的非必需物资或灾后剩余物资,则送到储存仓库保管。对于在应对灾情时政府所征用的社会资源,在灾后根据征用物资也会有相应的补偿机制。和美国相同,日本的应急物流管理也融于应急救援管理中,只是日本的应急物流配送更加专业化、体系化。

(四) 荷兰

荷兰的应急物流管理主要由政府进行控制和协调,在具体的灾害发生时,荷兰政府会专门成立相应的组织委员会,结合当地政府,专门就此灾害进行具体的指挥和调度。

荷兰的应急物流运作体系亮点在于应急预案的细节,每一个具体的灾害都对应着详细的实施方案,包括灾害发生的时刻、地点、当时的气候条件及道路畅通情况,据此分析灾害区的可接近程度和所需物资及物资的紧急程度,确定灾区所需的仓库位置和个数,制订配送计划,选择合适的交通工具,培训救灾人员,统筹安排各个救灾组织进行最快的灾后反应,以最大程度降低灾害所带来的损失。

二、国内应急物流发展现状

(一) 组织环节

我国应急工作的保障机制以行政命令为主要手段,政府统一组织指挥应急物流活动,以确保救灾物资迅速准确到位。

(二) 采购环节

不同于普通物资的采购,考虑到物资筹措的及时性,在时间紧迫的情况下,采购部门没有过多时间比较、筛选产品,使得产品实用价值低、质量难以保证。而且由于应急物流信息不对称,采购部门无法准确掌握受灾区所需物资信息,难以制定出科学合理的采购方案,无法完全契合突发事件的需求。

另外,社会捐助管理无序也会引发"物资聚集"现象,严重时会占用道路、仓库和人力等资源,甚至出现供应过多、浪费严重等问题;灾后物资饱和甚至过剩会增加应急物资回收工作的压力。

(三) 储备环节

我国的应急物资储备已经基本形成"中央—省—市—县"四级应急物资储备网络。其中,中央级应急物资储备库容量大、保障程度较高,各地方政府则根据各个地区常发生的灾害选择相应的应急物资。但是储备库内物资品种单一,管理技术较发达国家落后;多依靠实物储备,虽然能够快速响应应急需求,但是储备成本高,而且需要定期更新储备物资。我国应急物流布局不合理,目前我国急救物资储备库基本集中在中东部,难以快速应对西部的重大灾害。我国基层应急物资储备不足,随着社会工业化进展,城乡发展失衡,农民越来越依赖外部资源,一旦受灾,外部力量若不能及时救援,当地居民会处于危险境地。

(四) 运输环节

在将应急物资运往灾区的过程中,运输时间越短,后续的救援行动越有利。但是应急物流是我国的新兴行业,面临的任务危险系数往往较高,其操作运行及实施都需专业人士负责。在我国,一般遇到紧急突发事件时就会动用部队,虽然军人的身体素质可以应对恶劣的环境,但是远远达不到专业性要求;我国应急物流缺少专业的设施设备支撑,抗灾时部队所使用的军事设备多半大材小用,无法满足灾后激增的物资需求量;长期以来,国内大部分地区多以铁路和公路作为应急物资输送的主要形式,因为水路速度较慢,和空中运输一样只能用于临近港口的灾区;而且由于各地区环境差异导致各地的道路设施及物流运载的工具差别相当大,严重影响了应急物流的运输效率。这些导致运输组织衔接不畅,应急物资无法在第一时间抵达救灾现场,造成投送效率低下。

(五) 配送环节

我国应急物资都是由政府筹集,并安排政府工作人员或者救灾部队分发给灾区群众。除了影响较小的灾害或传染病等突发事件由政府安排专门人员将物资配送至灾民家中外,应急物资一般配送至赈灾点或灾民安置点。但是我国应急物流配送体系不完善,配送方式不灵活,无法达到高效率、高覆盖率的要求。

(六) 信息环节

目前我国应急物流对于信息技术的应用程度较低,难以满足应对紧急状态的要求,尤其是灾后的通信、联络问题,受灾地区几乎与外部失联。我国有多个信息系统,例如国家地震预报系统、国家城市资源信息系统,利用这些系统可以获取部分灾害及受灾区的相关信息,但是缺乏统一的应急物流信息共享平台。受灾当地的应急指挥中心无法准确掌握突发事件的详细信息及数据,而且对于周边的应急物资及运输工具的基本情况缺乏了解,造成分析判断不准确,致使无法及时完成救援工作。

三、我国应急物流系统构建存在的问题

各国国情不同,对于应急物流系统的建设各有侧重点,如立体化、信息化的运输配送系统,健全的应急物流组织指挥机构,系统的法律法规等。我国对于应急物流的研究起步较晚,在应对重大自然灾害、突发性事件等方面存在以下问题。

(一) 指挥体系和运行机制不完善

应急物流是通过国家权力介入,为应对自然灾害或突发事件等组织的应急活动,是守护人民的责任所赋予的。在我国,应急物流的启动与管理往往涉及军队与地方的共同响应,但是我国军、地物流服务保障自成体系,无法协调统一。此外,我国尚未建立中央各部门之间、中央与地方之间以及各级政府与地方物流企业之间"横向支撑、纵向衔接"联动共振的组织机制,造成应急物流多方指挥,救灾任务交叉重复,制约应急物流的效率。

应急物流的急迫性使得参与应急物流的人员多为临时抽调,彼此间缺乏协调和默契,整体工作效率不高;另外,应急物资从紧急采购到灾后回收等环节由不同职能部门承担,政出多门、缺乏统一调度使应急物流反应缓慢。

(二) 管理机制不健全

借鉴国外应急物流管理经验,应急物流管理机制大致分为预防与应急准备机制、监测

预警机制、信息传递机制、应急指挥协调机制、社会动员机制、应急保障机制等。但是我国当前应急物流管理机制实操性不强、结构主体单一，致使突发事件预警准确率较低，信息传递过程阻塞，应急决策缺乏有效性。在进行紧急救援时，救援军事设备的申请程序烦琐，以致运载工具没有发挥出应急功效。

(三) 法规制度有待明确

我国先后出台了各种突发事件的相关条例，如《突发公共卫生事件应急条例》《中华人民共和国突发事件应对法》等，对应急物流管理制度体系的形成具有一定的意义。我国尚未建立应急物流领域的法律制度，对于应急物流启动的程序及方法、地方政府与军队的联系、装备器材、物资供应等，没有较完善的法规制度。一旦出现重大突发事件，临时性下发的"通知""意见"等条例权威性不够，执行力度也大打折扣。对于应急条件下交通铁路的维护和抢修、临时场（站）建设、相关设备的征用等，目前国内尚没有法制文件进行规范，导致应急物流交通运输保障"无法可依"。

(四) 信息化程度偏低

针对突发事件，一些发达国家已经建立统一的信息系统来搜集及处理各类数据和信息。如2003年的SARS疫情，美国境内病例保持在两位数，但当时美国是全球人流、物流最频繁的国家，国内专业人士认为发达的信息化水平是美国控制疫情的重要武器。灾难中，信息凝固、信息孤岛极易引发民众的恐慌，也会影响政府机构对于物资的调度安排及整体救援行动的评价风险，信息的畅通是应急物流运作的关键。建立和完善高标准的应急物流信息管理平台具有决定性意义。

目前我国已建立的应急管理信息平台中没有突出应急物流业务，导致应急物流的各类信息无法及时、动态呈现，信息共享不畅；决策层无法准确掌握紧急情况下灾区应急物资的品种及数量需求、周边应急仓库的物资和运力分布情况，难以统筹考虑、科学决策。我国应急物流工具设备的信息化水平相对落后，虽然在新冠疫情防控中部分物流企业推出无接触式配送模式，但是应用面狭窄，距离信息化、数字化、自动化等要求差距较大，远不能满足防疫需求。与发达国家相比，我国应急物流管理信息化程度偏低、网络布局不均，信息系统不够完善。

四、我国应急物流管理模式

建立应急物流管理模式的目的在于当突发事件发生时，应急物流高效运转，应急物资能快速到达受灾区，满足应急需求。

(一) 完善法律机制

我国的应急物流相关法律法规较为分散,需要积极制定一套完备的应急物流法律制度体系。将应急物流管理加入国家应急管理的内容中,使应急物流管理有法可依,确保应急物流管理朝着科学、高效的方向发展,推动应急物流的正规建设,同时规范应急物流实际操作。在构建应急物流政策法规体系前,首先要理清现有应急物流法律脉络,统一应急物流有关标准,修订相互矛盾的法律规范,及时撤销不符合发展趋势的应急物流条例,同时拔高应急物流顶层设计标准。

对于救灾物资的筹集、采购、运输、配送等的管理,社会捐赠物资的管理,公民参与救灾的权利义务和事后的补偿惩治原则,以及应急物流交通运输等内容制定专门的法律规范,建立功能齐全的应急物流法律制度,以保障应急物流管理的正常运行。

(二) 应急基金储备和应急物资储备机制

国家每年都从中央财政专项资金中预留部分资金用于支持应急物流体系,但是消防、医疗物资及设备、重建修复物流设施等的开支巨大,这无疑是杯水车薪。中央财政可以加强引导社会民营资本,使其助力应急物流资本良性循环,并动员社会力量建立应急基金储备;通过精细化管理控制应急物流预算,灾前与信誉好的厂家达成协议采购,与相关部门控制物价,避免应急资金严重超出预算,无法满足实际应急需求。

在大数据等技术环境下,根据各地实情科学预测可能发生的灾情的频率、强度和影响范围,以此储备各类救灾物资,并建立规模适中、布局合理的应急救援物资库。对于库中的应急物资进行分类管理,同时注意应急物资的结构是否合理,注重应急物资的质量检验,按时检查更新应急物资,确保物资的即用性。一旦发生自然灾害,则由政府委托专业的物流公司迅速从应急救援物资库按需拣选救灾物资送往灾区;对于社会捐赠的救灾物资先汇集至应急救援物资库,提取有用应急物资统一配送至灾区,剩余物资暂时放在应急救援物资库中保管。

(三) 建立应急预案机制

应急保障部门应根据本地区的人文地理环境和常发生灾害的特点和规律,同有关部门制定本行政区域内的可操作性强的应急物流预案,以减少人员伤亡。应急预案包括:应急物资的储备种类、数量;不同种类应急物资的包装和存储运输的管理;应急队伍的建设和组织结构;应急网点选址和配送路径选择;灾时医疗队伍和其他人力资源的分配等内容。按照预案进行应急演练,对演练的全过程实时监控,评估参与演练的人员及整体方案的效果,评估内容包括应急知识及专业知识的掌握、救援技能及专业技能的熟练程度和实战应对能力等方面,并根据评估结果优化人员结构,调整应急预案。

(四) 健全统一指挥机构

若要充分发挥应急物流的效益及最小化灾害造成的损失,关键在于事发后政府牵头协调好"政、军、警、商、民"的力量,形成统一协调的突发性事件应急救援机构。以快速有效处理突发事件为出发点,构建以政府为主导,军地联合一体化,慈善机构、企业等其他民间力量协助的多层次国家综合应急物流指挥机构。该机构可由专职人员与兼职人员两部分构成,专职人员负责日常的灾情预测及灾时的灾情收集、处理、传递;兼职人员可以是灾时的志愿者、临时抽调的工作人员等,负责应急物资供给、分发等。

政府负责统一指挥应急物流工作,按照灾前制定的应急预案及相关法规,结合实际灾情编制科学合理的资源配置方案,提出解决应急事件的指示;军方和受灾区政府明确职责和合理分工,成立专业队伍各司其职,搜集、处理、发布灾情数据以安定民心,根据指示统一组织并调配应急物资、应急装备、人力、运力,疏通道路以运输物资,整合资源;物资供应商、慈善机构等辅助完成应急物资的生产、筹集、采购、运输等任务。通过构建统一的指挥机构,避免各方各自为战,确保应急物流高效、科学、快速、畅通。

(五) 全民动员准备机制

面对突发事件,仅仅依靠政府的力量无法快速完成灾后物资筹集、运输、配送任务,人民的力量不可忽视。灾前注意培养居民的防灾意识并教授灾害中的求生技巧,以便延长受灾者在灾区的生存时间,等待救援。

灾时,行政部门通过电视、短信、官方网站公告或者应急物流信息管理平台等传媒通信方式告知灾区外的民众受灾时间、地点,灾害类型及影响范围,赈灾的困难与进展,民众可参与的环节及可承担的职位。鼓励企业、慈善机构为应急物资的筹集及运输作出贡献,调动民众参与、监督应急物资的发放。全民参与应急物流甚至赈灾行动,将会为救灾工作提供大量人力、物力。

(六) 建设应急物流信息平台

信息在应急物流管理中发挥着主导作用,运用互联网、物联网、北斗卫星定位等高新技术从大量、繁杂的数据中提取有价值的信息,建立应急物资储备数据库,将其运用至应急物流管理平台,实现信息共享联动。通过此平台即时掌握物资库存数据、车辆设备数量及其分布,实时监控救援物资在途和交接情况,动态管理应急物资,根据实际情况优化运输路线;借助无人机、智能快递柜等无接触配送技术快速准确将物资配送至灾区;全程可视可控,提升应急响应的效率,减少不必要的等待,降低物流成本。

此外该平台也是对外公布权威消息的重要渠道,实事求是的工作态度可以让公众直面灾害的冲击,也有利于缓解社会的紧张氛围。

招商局"灾急送"持续发挥公益应急物流平台优势

2021年河南郑州"720特大暴雨"防汛救灾工作中,招商局慈善基金会与中国外运紧急启动招商局"灾急送"公益应急物流平台应急响应,为壹基金等联合救灾伙伴的救援物资提供紧急运输服务,全力支援郑州抗灾。

平台启用后,"灾急送"运作指挥中心积极部署,迅速协调中国外运旗下外运物流西北公司、湖南公司、天津公司启动"灾急送"西安、长沙、天津3个备灾仓运作,组织运输和仓储资源。"灾急送"应急物流志愿者快速集结,投入到救灾物资整备和发运工作中,确保救灾物资按时按量分装到位、专车专送驰援灾区。其中,西安和长沙"灾急送"备灾仓累计调运壹基金救灾温暖箱、卫生包、睡袋共计6000件及救灾帐篷204顶,天津备灾仓累计调运壹基金家庭救灾箱(日用品)1万套。

为确保救灾物资在第一时间送达灾区群众手中,备灾仓工作团队提前对运输司机进行安全培训,随车配备救生衣、医药品等物资,在运输过程中还实施全程在途跟踪监控。当前,招商局"灾急送"仍在持续发挥公益应急物流平台的优势,为社会各界驰援灾区贡献了高效、安全的公益物流服务。

（资料来源：https://m.sohu.com/a/480369069_531786?_trans_=010004_pcwzy）

第三节　应急物流应用探索与实践

一、基于区块链的应急物流

2003年"非典"后我国便有了应急物流的概念,经过十几年的发展,应急物流在应对2020年"新冠疫情"时出现诸多问题,因此,必须要正视突发事件应急物流中所存在的问题,运用先进理念和技术,才能够不断进行应急物流建设的完善,不断优化应急物流保障。在技术革新和产业变革中一直得到广泛应用的区块链技术不仅是一种技术,同时也是一种新的架构理念,将区块链运用在应急物流中,可以提高应急物流建设的智能化水平,完善其科学有效的保障性功能,确保应急物资能够得到高效的使用,为高效应对突发事件提供保障。

(一) 突发性事件下应急物流与区块链的耦合机理

应急物流具有物流的突发性或非正常性、物流需求的随机性、物流需求的事后选择性、峰值性、物流时间约束的紧迫性和应急物流的社会公益性等特点。以此次新冠肺炎疫情为例,我国针对重大突发公共卫生事件所建立的网络直报系统并没有能够及时发挥其应有的作用,因为应急物流缺乏统一的系统指挥、信息不对称使应急物流整体行动过于被动。应对突发事件对应急物流的主要需求为快速高效、捐受需求契合、应急物资精准溯源、物流过程信息透明、物流需求实时响应等。

从特点上来讲,区块链技术具有去中心化、分布式数据存储、智能合约、防伪防篡改、信息共享和点对点的传输等基本特征。这些特征作用于应急物流系统的各个方面,最终提高了应急物流系统工作的绩效与决策的准确率。主要有以下几个方面:

1. 准确机制

一般情况下,在应急救援工作以政府为主导的体制中,各主体服从政府统筹安排,虽然可以保证指令统一,提高救援效率,但是一旦领导者出现错误,信息在上下游之间被错误传递,就会出现大面积瘫痪甚至断裂,降低应急物流运行效率。区块链的去中心化在面对突发情况时能够淡化领导者地位,有效提高数据准确性和及时性。

去中心化使得任意系统中节点的权利与义务均是相等的,即该系统中的各主体地位平等,都可以成为信息的提供者和决策者,以此来保证信息交互传播的通畅性、资源传递的及时性及各部门的信息对称性,有效地降低应急物流的时间成本,提高决策的科学性和正确率,有效地减少人员伤亡、财产损失等社会危害。

2. 共享机制

区块链的共享机制是指区块链中除了一些隐私信息的数据,是对所有参与者都公开的。突发性事件往往会中断通信形成很多"信息孤岛",无论是受灾群众还是灾害范围外的公民,因为无法了解和掌握事件的态势和全貌会产生巨大的心理压力,进而不利于应急救援行动的展开;对于政府部门,信息不对称使应急物流甚至应急救援的各个环节衔接不畅,会浪费宝贵的救援时间,对突发事件的治理产生阻碍。

信息数据的共享可以缓解应急物流系统中出现的运输问题,尤其是运输环节不通畅的问题,如果在应急物流系统中运用开放与共识技术,使政府相关部门之间、政府和民众之间的信息对等公开,治理的全过程开放透明,不仅可以解决运输不通畅的问题,对于突发事件的治理工作也具有十分重要的意义。

3. 安全机制

数据的公开和共享固然重要,但如何保证数据没有失真或造假更为重要。突发事件发生时,社会捐赠及政府发放过程不透明,在监督机制不完善的情况下,上级无法获取透明、真实的数据,容易出现瞒报、误报甚至贪污现象。应急过程无序、追溯可行性低致使责任认定困难,最终影响应急物流效益和政府公信力。时间戳、分布式账本等技术可以永久保存区块链中所有信息,具有不可更改性,可以保障数据的安全性、真实性和可靠性,支持数据溯源。

(二) 突发性事件下基于区块链应用的应急物流

仓储平台包括了涉及应急物资储备的各个相关组织和部门，与医药公司、工厂、医院相连，负责记录应急物资的库存及储存位置，应急物资的基本信息，如生产批号、名称、原料、保质期等，物资入库或出库时系统会自动登记物资信息、物资去向，可以实时、动态监测库存。

运输配送平台由物流企业、运输企业组成，在重大卫生安全事件或者自然灾害发生时，物流企业会对需要运输配送的物资进行全面的信息记录，包括物资的来源、名称、数量等各项基本信息，同时根据发货地与收货地自动进行匹配连接，生成配送方案，并且会根据道路信息，随时对运送路径统筹优化。

指挥平台是政府的相关部门，包括应急管理部门、卫生安全部门、监查部门等，根据所赋予的权限对物资的信息随时进行查看，确保各物资储备合理；对应急物流进行制度约束、法律规范，并且对人员、设备、车辆等资源按照需求及时合理地进行调度安排。

信息平台则是与其他系统沟通的平台，用户通过该平台获取不同身份权限，从而获取不同信息相应对接不同社会组织和人员，比如捐赠人可以实时追踪自己捐赠物资的运送进度、运动轨迹及分配目标靶向。对紧急物资有需求的单位可以通过所被赋予的权限，了解仓储平台的信息，并且直接对接医药公司或者医院自动生成交易合约，储存的物资也进行实时的更新。

除此之外，区块链可以由许多体系构成，利用区块链技术可以将应急物流体系与其他体系联系起来，比如各法律体系、制度体系、供应链体系等，参加的主体越多，区块链的运行就会越稳定，应急物流体系也会更加完备。

(三) 基于区块链的应急物流的优势

1. 时间戳技术提高信息透明度

区块链技术要达到的目的之一就是信息的高度透明。区块链由"区块"和"链"组成，每一个区块都是一段信息的打包，这些区块按照发生的时间顺序连接到一起，就可以形成一条完整的区块链。时间戳技术保证了数据的完整性，信息的全面性。当应急物流的区块链联系着物流企业的系统、政府部门的系统、工厂的系统、医院的系统、仓库的系统的时候，每个系统的操作数据都会被压缩，按先后顺序印上时间戳形成区块链。

公布物资捐赠及运输的起点、中间点、接收点，实现捐赠各个环节可查询、可监督、可追溯。任何一项公益物资的分配，都会在平台上进行详细的记录，且所有记录数据一经验证上传后便不能被人为恶意修改，保证了相关数据的真实性、确定性和有效性。捐赠人可以通过该技术查到物资承运企业、分拣仓库、配送目的地等整个流程。在信息高度透明的情况下，相关部门也会更加谨慎、合理地分配物资。图 5-2 为区块链下的应急物流。

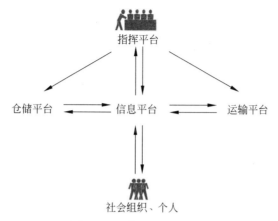

图 5-2　区块链下应急物流

2. 智能合约自动实时响应突发事件

面对重大突发事件,生活物资、医用物资等紧急需求要求应急物流系统能够及时有效调动物流力量,高效筹集调配各类应急资源。而智能合约可以根据突发事件类型、强度和范围及时启动相应的应急物流预案,并通过获取实时信息自动评估物资需求,对已采取的应急物流方案进行动态调整,然后据此组织应急物资的生产、筹措、募捐以及救援人员的调度。整个应急物流过程产生的数据信息透明、永久储存,物流状态可追踪可控。智能合约还可以自动触发签收、打款等行为,拓展了应急物流的智能应用场景,提高了应急物流的执行效率,有助于全面提升物流供应链的弹性、韧性及机动性。

3. 分布式结构高效匹配物资供给与需求

传统应急物流的指挥系统过度中心化,上下游需求变化和物资动态等信息的传递需要越过多层,容易出现"数据烟囱""牛鞭效应"等问题;若在抗灾过程中出现系统故障或者通信中断会造成"信息孤岛"等现象,不仅使供需双方缺乏衔接,割裂物流各环节的运行,作业效率低,严重时还会使资源调配延迟甚至失效,影响战疫物资保障的效率。

利用区块链分布式记账技术可实现应急物流各方点对点沟通,消除烦琐的信息传递层级;上下游之间互通物流信息,确保信息流动畅通和及时准确共享,消除信息扭曲、需求数据变异放大等现象,精准对接受灾区的需求;实时多点记账跟踪物资流转分发状态,以统筹安排人、车、物、场、路等有限资源力量,实现应急物资的合理调度、高效运输和按需发放。区块链高效匹配供需,可以为灾区人民提供高效及更有针对性的物资援助,对于过剩物资或不需要的社会捐赠及时调回或出售,可以有效降低库存成本、损耗成本、运输成本,真正实现物资保障全链条一体化组织运行。

我国已将区块链技术运用于应急物资调配和发放等环节。武汉大学基于区块链技术研发出"珞樱善联"信息平台,支付宝基于区块链推出"防疫物资信息服务平台",这些平台都可以实现疫情防控物资和应急保障物资的供需信息高效匹配。

4. 实现应急物资精准溯源

为有效处理突发事件,医疗物资、生活物资的质量安全必须高要求、严把关。但是由于传统物流缺乏有效的溯源机制,责任方或利益相关方可篡改或删除记录,事后调查、举证和追责都需付出额外成本,会造成药品、食品丑闻难以落实责任主体等。在 2020 年的新冠疫情期间,最高人民检察院就已先后通报多起假冒伪劣防疫物资用品在市场流通的案件。

依托区块链技术将应急物资从原材料采购、生产加工、中转运输、配送终点的时间与地点及承担相应环节的企业、社会团体甚至个人等所有信息实时完整翔实地记录在区块链上,精细到一物一码,形成完整责任链条。链上数据随时可获取但不可篡改,有效降低信任成本;急需物资可被精准定位、全程溯源和迅速调配,问题物资可被及时召回、快速处理和精准追责,可实现应急物资的源头治理、实时控制,充分保障物资的高质量要求,契合应急物流物资的防伪需求。

区块链的应急溯源可以实时追踪记录应急物资的状态,也构建了应急物流的"可信供应链",提供了职责明确界定、责任可落实追究的可靠依据,有助于参与应急物流的政府部门、各机构、各团体自觉守信并实现自证。

国际上已在应急物资调配、发放等环节运用区块链技术以完善突发事件下的应急物流,实现效果、效率和效益的同时改善。目前,杭州复杂美公司上线公益慈善区块链平台,华为将区块链技术用于慈善捐赠的公示和溯源,京东依托区块链技术建立"区块链追溯平台",均可实现数据上链、需求发布、过程存证、信息追溯,节省了大量的人力、物力和时间。

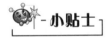
小贴士

区块链技术未来应用

区块链是分布式数据存储、点对点传输、共识机制、加密算法等计算机技术的新型应用模式,它本质上是一个去中介化的数据库,同时作为比特币的底层技术,是一串使用密码学方法相关联产生的数据块,每一个数据块中包含了一次比特币网络交易的信息,用于验证其信息的有效性(防伪)和生成下一个区块。

1. 证券交易

区块链技术可使证券交易流程变得更加公开、透明和富有效率。通过开放、共享、分布式的网络系统构造参与证券交易的节点,使得原本高度依赖中介的传统交易模式变为分散、自治、安全、高效的点对点网络交易模式,这种革命性的交易模式不仅能大幅度减少证券交易成本和提高市场运转的效率,而且还能减少暗箱操作与内幕交易等违规行为,有利于证券发行者和监管部门维护市场秩序。

2. 电子商务

对于电子商务,区块链能够改革的主要领域包括物流、平台操作、身份认证以及数据保护和客户支持。每个电子商务企业主要的组成就是交易转账平台。区块链的不可篡改、透明及其支付机制的特性,可以提高电子交易平台的效率。

3. 物联网

当区块链应用于物联网时,区块链技术可以被应用于追踪过往的历史,也可以协调设备与设备、设备与人之间的数据交互和实际交易,赋予物联网设备独立的身份。由于区块链网络对数据进行处理和存储,并为系统内的物联网设备提供设备级别的控制和管理,会极大地降低物联网使用的成本,明显提高物联网系统的效率。

区块链技术能保证物联网的数据安全和用户隐私得到保护。中心化服务存储的物联网数据在存储、处理和传输环节有多种泄密可能,著名公司和政府部门的数据泄露事件层出不穷,让用户无法真正信任运营服务提供商的承诺,物联网的数据安全和隐私保护问题越来越受到关注。区块链技术为物联网提供了公开、透明、可追溯、不可篡改的数据保护措施,并通过特有的加密和分享机制保证了物联网数据使用的安全、便捷。

4. 智能合约

智能合约可以帮助你换汇,买房子、股份或任何有价值的东西。它公开透明,同时又避免了中间商的存在。通过在区块链支付数字货币可以实现租赁公寓。租客收到数字合约里的发票,房主则在指定日期内向租客发送数字钥匙。如果钥匙未按时发送,区块链将退款给租客。如果在租赁日期前租客收到数字钥匙,智能合约将在规定日期,同时分别发放费用和钥匙给房主和租客。

5. 社交通信

区块链技术的核心是去中心化,分布式数据库可以帮助社交媒体的用户更好地管理信息的隐私,普通用户获得了更多的权利,区块链支持下的社交平台可以拥有更可靠的内容排名和社交系统,免受广告商垃圾内容的困扰。原创内容生产者也能从自己的创作中获利,而不是被平台剥夺权益。

6. 身份验证

所有个体都拥有一个公钥地址,以及包含自己特征的私钥,根据密码学原理,通过私钥可以完成对公钥地址所对应个体的认证。至于如何提取便于使用、无法造假的唯一特征,需要单独研究并达成共识。当需要授权时,比如委托他人办理或同意他人查看个人信息时,除了客观的认证,还需要主观认证,通过确认当事人的头脑是否清晰以及是否明确表示同意来最终确定是否授权。每次授权都先要生成一个唯一授权码,再针对该授权码进行认证,认证后立即过期,该操作唯一有效。

(资料来源:https://m.sohu.com/a/480754093_120911203?_trans_=010004_pcwzy)

二、虚拟应急物流

我国是世界上受突发事件影响最严重的国家之一,突发事件造成的巨大破坏力考验着我国应急物流建设的系统性和管理水平。应急物流信息平台的高效运转是决定突发事件响应速度、控制波及范围的关键因素,但是长期维持实体的应急物流信息平台及储备管理实体物资,不仅面临着高昂的成本,也使应急物流缺少柔性,资源利用率低。

从应急物流的组织结构、运行模式、信息建设方面着手,建立一个以信息数据分析作为支撑的虚拟应急物流平台系统,兼具资源虚拟化整合与实体化协同运行,可以快速、精确、稳定地满足应急物流多频度、小批量的物资保障任务,最大程度降低无灾时的应急物流信息平台的运营成本。

(一) 虚拟应急物流的内涵

1. 虚拟应急物流的概念

全球资源有限且分布不均,仅仅依靠某一个地区或国家的力量无法完全应对突发灾害对社会经济生活的冲击,需要跨地域、跨管理域获取应急资源,降低不确定灾害带来的破坏。如何在突发事件伊始就立即获取和调度外域资源?虚拟应急物流可以策略性应对该问题。

虚拟应急物流是基于信息网络技术建立数据库,在不同组织结构环境下对分散的国内外力量和资源进行虚拟化整合,获取对资源的控制,减少和避免环境变化带来的冲击;建立各方联动协同机制,实现资源共享与配置优化,优化应急物流运行结构和运输配送路线,制定紧急物流方案,迅速、高效、有序地满足突发事件引起的对应急物资、救援人员设备等的需求,形成更有力的保障能力,提高应急物流的水平。

虚拟应急物流的概念主要来源于应急物流和虚拟物流,属于应急物流范畴。虚拟应急物流以应急物流的目标、要求等为前提,糅合虚拟物流整合协同的理念、模式及方法,但它不是二者简单的加和,与应急物流相比,虚拟资源的模拟调配使应急物流在实际运行时效率更高、柔性更好;与虚拟物流相比,其体系成员严格的契约协议可以保证应急物流活动的顺畅进行,最终实现"1+1>2"的效果。

2. 虚拟应急物流的研究内容

虚拟应急物流以应急物流和虚拟物流为基础,运用信息网络技术,实现各方应急资源协同运行,以保障应急物流需求。

虚拟应急物流完备的预案能够提高其应对突发事件的响应速度和救援效率。虽然近几年来我国预案管理规范化、制度化和法制化进程加快,形成了"一案三制"的模式,但是具体细节仍需注意。如何构建配套的虚拟应急信息平台,如何编制实操性更强的虚拟应急预案的内容及相应的评估方法,如何匹配应急预案的使用场景和基础制度,应急体制机制与应急预案的协同运行也是当前需要解决的重要问题。

3. 虚拟应急物流的作用

虚拟应急物流是传统应急物流和虚拟物流的共生体,是一种全新的应急物流运行模式。虚拟应急物流以应急需求、物流各环节及各方力量协同运行为出发点,其组成结构包括国家应急管理部门和诸多信誉良好的物资供应商、物流企业,通过信息网络技术将其组织成应急救援网络,平时各自经营互不影响,灾害发生时虚拟应急物流各成员快速组成具有强大保障力的虚拟应急联盟,并根据协议由统筹决策层管理和调配各地域、各企业的实体资源,抗灾结束时各成员的紧密协作关系随即解体。它突破了传统实体的有形界限,具有很强的动态性和柔性。

(二) 虚拟应急物流的基础条件

1. 虚拟应急预案

虚拟应急物流协同预案与传统应急预案的用途一致,都是针对不同类型灾害环境,为确保物流活动的顺利、有序、高效展开而制订的计划或方案。区别在于应用对象换为虚拟应急物流,预案编制、运行、评估、修订的参与者是虚拟应急物流组织中的成员。

虚拟应急预案运用模拟仿真、大数据集成、网络通信等现代化高新技术,内容涵盖从预背景、突发事件发生之前的虚拟应急准备、计划、演练,应急响应与救援行动程序,直至结束后的各应急物资装备的善后处置、灾区重建及恢复等,以实现预案在编制、演习、评估、改进等方面的信息化、智能化与柔性化。

虚拟应急预案根据灾害类型分为自然灾害类、事故灾难类、公共卫生类和社会安全类,虚拟应急预案的不同适用范围对应着不同的法律法规,虚拟应急成员的选择、虚拟演练、资源整合调配、善后处置恢复等流程的要求和侧重也各有特点。根据突发事件的波及范围和强度造成的紧急程度,将虚拟应急预案分为特急、相当紧急、较紧急、一般紧急、紧急 5 个等级。当某特定突发事件超出对应预案范围时,则启用其他相关协同预案,形成多预案并联联动。

2. 法律体系

虚拟应急物流活动涉及的范围广、对象多,信息技术的应用需要深入研究,离不开相关标准和法律法规的约束及引导支持。2009 年美国对应急预案的目标、救援程序和方法、应急组织结构及其责任等都提出了具体建议和要求,日本将扩充灾害应急规划项目并对各种应急措施作了更详细的规定。

目前我国形成了以《突发事件应对法》为核心,各领域应急法律法规共同配合的公共应急法制体系,但是只有目标,对于实现目标的具体措施和应急救援中各种行为的相关硬性约束较少提及。根据虚拟应急物流的特性,我国需要建立健全与国际接轨的物流法律法规。

3. 虚拟应急物流联盟

虚拟应急物流联盟是针对灾害发生后,根据灾害类型在虚拟应急物流组织内部临时遴选组成的基本工作单元,只为快速完成应对当时发生的灾害产生的应急物流保障任务,任务完成后,联盟立即解散。它具有动态性和时效性,是以应急物流任务为导向的间歇式联盟。成员由各自独立转向相互合作,以契约为联结,信息共享、风险共担,可以提供生产、储备、配送应急物资等服务,积极响应应急管理部的安排参与应急物流活动,高效、快速、低成本实现虚拟应急物流的战略目标。

应急物流联盟成员的选择是一个重要的决策过程,联盟成员的能力与应急需求的匹配程序,以及成员之间的协同效应都会对虚拟应急物流的效率产生巨大影响。对于个人而言,必须具备基本的专业素养和工作态度、较强的抗压能力和迅速相容能力,以确保联盟的稳定性和高效工作能力。对于生产企业和物流企业,必须具有完成应急救援任务中诸如仓储管理、装卸搬运、中转运输等特殊需求的装备和核心能力。

同时应根据突发事件的严重程度和影响范围,以任务需求确定虚拟应急物流联盟成员的数量,以免数量过多造成资源浪费、救援成本高昂;或者成员数量较少出现资源不足造成救援不及时、进一步加剧受灾程度的现象。联盟成员间通过以往灾害期间的合作交流达成的协同效应会使虚拟应急物流联盟达到"1+1>2"的目的,更加体现虚拟应急物流的意义。

(三) 虚拟应急物流的目标

虚拟应急物流的目标是运用虚拟物流的方法构建优化应急物流的运转体系,其具有如下特点:

1. 虚拟与实体共存

在应急准备阶段,应急信息平台将整个虚拟应急物流的成员及资源连成网络,在组织形态和运作方式上虚拟化整合各成员散乱的地域资源,并以虚拟的形式存在,利用现代网络技术实时掌握、监管网络中各个节点的状态以便随时作出调整,这种虚拟结构可以快速组建网络,网络之间的信息实时交互可以确保应急计划实行的及时性和准确性。但是各成员的功能和资源仍以实体的形式保存,即以虚拟化的思想与技术对实体资源进行整合。

2. 市场与计划共存

传统应急物流以政府为主导,整个应急救灾过程主要依靠国家的强制权力。而虚拟应急物流面向市场,更加具有开放性。在灾前准备、救灾过程及灾后重建灾区等阶段,虚拟应急物流便从市场吸收企业,通过网络将空间上分散的实体企业联系起来,包括储备中心、配送中心、总装企业和集散中心等参与应急物流的计划性运转,使政府由主导者转向参与者。但是突发事件环境下,虚拟应急物流的高效部署、运行需要有精密的计划和预案,实体间按计划重构、协调合作,达到满足突发性事件下特定物资需求剧增的目的,也可实现应急物流的经济性目标。

3. 松散与敏捷共存

虚拟应急物流组织在平时以一种松耦合的结构存在,成员各谋其事互不影响,当灾害发生时通过契约迅速集结成一支抗灾队伍,信息共享,风险共担,充分发挥各自的核心优势,实现对保障需求或保障任务的快速响应。

4. 复杂与高效共存

虚拟应急物流的成员跨地域、跨层级造成了组织管理的复杂,成员间职能重叠、利益分配不均衡、不同企业文化的冲突等都会影响联盟的稳定性。但良好的协同管理机制使各个应急实体按照应急物资需求有序进行生产、运输和配送应急物资等活动,快速响应需求和精确供给,保证资源的最大化利用。

5. 刚性与柔性共存

虚拟应急物流组织中的成员共同分担救援任务、共同承担预定效果的责任,因此成员的基本素养和核心能力、成员间的协议及应急预案是确保虚拟应急物流良好运转的刚性条件。由于突发事件的发生具有不确定性,而应急预案无法涵盖应急救援中的所有突发状况,因此在具体实施时参与者可以动态适应性地调整工作流程以确保快速完成应急保障任务,具有较强的行动柔性。

扩展阅读5-1

挖潜既有资源,增强国家应急物流保障能力

复习与思考

1. 应急物流分为哪些类型?
2. 简述应急物流的特点。
3. 如何发展国内应急物流?
4. 虚拟应急物流的作用是什么?

军 事 物 流

1. 掌握军事物流的概念、特征及基本职能；
2. 熟悉军地物流一体化的概念；
3. 了解军事供应链管理的发展历程及趋势。

引导案例

现代军事物流经典案例赏析——海湾战争美军物流特点

1991 年爆发的海湾战争在现代局部战争中具有十分鲜明的代表性。这次战争中,美军充分运用自己掌握的先进技术,在短短 42 天内迅速达成战争目的,而且地面战争只持续了不到 100 小时。从现代军事物流的角度来看,海湾战争中美军共调集了 55.4 万军队,为了保障部队的衣、食、住、行、战,美军在 5 个月左右的时间里从本土和欧洲各军事基地向海湾地区运送了各类物资 770 余万吨,相当于把一个中等城市从美国中西部搬到了中东沙漠。

海湾战区距离美国本土十分遥远,海上距离 1.7 万 km,空中距离 1.1 万 km,需要动用大量的运输力量才能及时完成大规模的物流任务。海湾战争期间,美军平均日运送物资 4200t,物流时效之高前所未有。

此外,由于海湾战争使用了大量高技术武器装备,复杂的武器系统使各类配套物资的品种大量增加。据统计,仅美军国防后勤局提供的物资就达 226 万项。大量的物资品种给物流过程增加了难度,使物流环节更加复杂。纵观海湾战争,美军不仅打赢了一场现代高技术局部战争,而且成功地导演了一场高难度的跨国军事物流。海湾战争的美军物流堪称现代军事物流经典案例,具有很高的研究价值。概括海湾战争美军物流的特点,主要有四个方面:

一、雄厚的军事海空运力量

美军为了维护其全球战略利益,历来十分重视军事海空运力量的发展。比如:在军事海运船只的建设方面,美军明确要求海运船只单艘航速快、单船吨位大、有综合补给能力、自卫能力强、有直升机平台;在军用运输机的建设方面,要求载重量大、可靠性强,能够在建议跑道起降,等等。

截至海湾战争爆发前,美军共有军事海运船只1900余艘,总吨位达到4600万吨;共有13个运输机飞行联队,包括110架C-5"银河"式运输机,234架C-141"星"式运输机和460架C-130"大力神"式运输机,运载总量可达37 700多吨。美军不仅海空运力量雄厚,而且战备水平很高。军事海运船只和空运飞机的完好率均保持在90%以上,在航率和出动率达到80%以上。同时,美军还建有与军事海空运力量相配套的设施、设备,如码头和机场、吊装和搬运工具等,能够做到一声令下立即行动。

二、多层次配置的军事物流网

早在第二次世界大战期间,美军就在海外占据了大量的军事基地,用于储存军用物资。战后这些军事基地经过大幅度扩建、增加和调整,逐步形成了一个与美军战略方向相一致,以本土基地为核心,以海外中间基地为桥梁,战区基地为前沿,点线结合、多层次配置的军事物流网。

在这次战争中,美国东西海岸的本土基地是美军作战物资的主要供应源;在关岛、菲律宾、迪戈加西亚、德国的拉姆施泰因等地的海外军事基地基本上担负这次战争的物流中转任务;在沙特、阿联酋、巴林、土耳其、塞浦路斯等海湾邻近国家的前进基地则构成了直接支援战区作战行动的前沿物资补给点。这个点线结合的军事物流网对美军取得海湾战争胜利起到了重要的战略支撑作用。正是由于具备了完善的军事物流网,美军才能够储存大量的军用物资,并将这些物资由美国本土或欧洲各地源源不断地运往遥远的海湾前线,及时满足了美军的作战需求。

三、先进的军事物流装备和信息平台

美军在海湾战争中几乎投入了除核、生、化武器之外的所有高技术武器装备,为了保证这些高技术武器装备在战争中充分发挥作用,美军也投入了大量现代化的军事物流装备。

这些物流装备包括:载重量可达120t的C-5运输机,担任快速运输任务的C-141运输机,对跑道条件要求较低的C-130运输机;UH-60多用途直升机、CH-47运输直升机和CH-53运输直升机为近前输送提供了方便;KC-10A和KC-135空中加油机发挥了空中油料库的作用。在地面运输过程中,美军广泛使用了M988系列高速机动多用途轮式车辆、M939系列中型运输车和M977系列重型运输车。

特别值得一提的是美军的海运装备。美军的海运装备中有13艘海上预置船,12艘浮动基地船,8艘快速海运船。其中海上预置船排水量4万~4.8万吨,长205~250m,航速在 17 节以上。每个海上预置船中队(3～4 艘)可运载 1.7 万人的海军陆战远征旅 30 个战斗日所需的全部物资。12 艘浮动基地船包括：2 艘油轮，4 艘集装箱船，2 艘普通货船，2 艘滚装货船，2 艘医院船。

这些船只通常停泊在印度洋迪戈加西亚岛基地，船上满载着陆军和空军所需的装备和物资。8 艘快速海运船是现代化大型运输船，因其最高航速可达 33 节，故称为快速海运船。据美国《陆军时报》报道，快速海运船是美海军最大的船种之一，长达 288m，满载排水量 5.5 万吨，有五层货运甲板，比它大的只有航空母舰。8 艘快速海运船能装载 1 个装甲师或机械化师的主要装备和物资。

这些海运装备既是得力的运输工具，也是一座座海上浮动仓库，集储存和运输为一体。船上各类装备物资成建制地配套储存，避免了因缺少某种装备物资影响整体战斗力的发挥。由于这些海运装备有的是提前预置好的，如 13 艘海上预置船和 12 艘浮动基地船；有的采用了滚装技术，如 8 艘海运船，尽管有五层货运甲板，但各种坦克和车辆可以经过通道和滑轨方便地上下，装卸起来十分方便。

这样就简化了物流的中间环节，加快了物流过程。据美国《海上力量》杂志报道，美国总统布什 1990 年 8 月 7 日正式下达出兵命令，8 月 15 日美军的海上预置船就在沙特港口卸下了第一批装备物资。速度之快可见一斑！每艘快速海运船尽管排水量达到 5.5 万吨，但从接到命令到备航完毕，平均时间也都不超过 7 天。

为了使美军的物流活动能够准确高效地实施，美军还使用了先进的物流信息平台。如军事海运局使用了"联合部署系统"(JDS)协助调节物流的海上运输过程。该系统可以通过计算机和卫星通信网与其他指挥系统相连，从而把战场所需求的物资按预定的时间运到指定的地点。军事空运司令部使用了全球决策支持系统(GDSS)指挥和协调"沙漠盾牌"行动中的空中运输，该系统跟踪和指挥了约 10 500 架次的运输机，运送了大约 41.5 万兵力和 39.5 万吨军用物资。先进的军事物流装备和信息平台大大提高了美军物流的时效，为美军在战争初期快速赢得战场主动起到了关键性作用。

四、完善的动员机制

美军认为，动员和组织民间力量支援军队是提高军事物流效果的重要因素。为保证战时能够充分发挥民间力量协同完成军事物流任务，美军不断加强军民一体化的物流体系建设，逐步形成了较为完善的动员机制。他们的主要做法是：

1. 健全动员机构

这些动员机构包括"紧急动员与准备委员会"，该机构是在白宫国家安全委员会之下专设的，领导 12 个部际工作小组，负责制定国家的动员政策、动员程序，制定并监督国家紧急动员计划的执行，协调各部门之间的行动；另一个动员机构是"联邦紧急管理署"，该署是国家紧急动员、民防、救灾抢险的办事机构，在 10 个行政区设有办事处，主要负责协调国家各部门动员计划和各州的动员准备工作，监督各方动员工作的落实。此外，在政府各部门还设有动员局(外),具体安排本部门的动员准备工作,并同有关单位互派联络员进行协作,保持密切联系。

2. 制订周密的动员准备计划

为了使动员准备工作有条不紊地进行,国家一级有动员准备的总体方案。方案包括战略物资储备等长远规划和战时部分工厂收归国有、征集交通运输工具等紧急动员方案,并有与总体方案相配套的具体动员计划。针对这些动员计划,各部门、各地区还有具体落实计划。

3. 建立了一套系统而完备的战争动员法规

这套法规既有《国家安全法》《战争权限法》《国家紧急状态法》等具有母体性质的基本军事法,也有《国防生产法》《国家安全物资法》《国防设施法》《商船法》等一系列具体的相关法规。

健全的动员机构、周密的动员计划、完善的动员法规,有力地促进了平时各项动员准备工作的进行,保证了战时能够快速实施高效的动员。在这次海湾战争中,美军动员和征用了商船106艘,占美军出动运输船总数的58%,向海湾地区运送物资468万吨;有20多家航空公司近200架大型民用运输机参加了"沙漠盾牌"空运行动,飞行1900架次,占美军出动运输机总架次的20%以上;征用了7个州的铁路和2660节火车车厢以及6700辆运货卡车,担任美军装备物资在本土范围内的运输任务。

美军装备物资在本土范围内的运输任务基本上是由这些民间运输力量完成的。令人关注的是,美军动员和征用的106艘商船中有40艘外籍商船,可见美军的动员准备工作不只局限于国内,而是扩大到了国外。由于充分动员和利用了民间及盟国的物流资源,因此在短时间内大大提高了美军的物流效能,使其成为夺取战争胜利的"倍增器"。

(资料来源:邓伟,倪明仿.现代军事物流经典案例赏析——海湾战争美军物流特点回顾与总结[J].物流科技,2004(4):67-69)

思考:

1. 军事物流和企业物流有何异同?
2. 海湾战争中美军事物流对现代军事物流有何启示?
3. 信息系统在海湾战争中发挥了哪些作用?

第一节 军事物流概述

一、军事物流与军队物流

(一)军事物流

物流概念的产生与发展和军事息息相关,可以说军事物流活动由来已久。但由于世界各国军队后勤保障体制和保障模式的不同,对军事物流概念的认知还存在较大差异,而且随着科技发展和军事变革,各国军队对军事物流的认知也会发生变化。

例如,美军对军事物流的定义是指通过人员、装备和物资的流动来满足地区作战指挥官的任务需求。但随着美军信息系统的全资产可视化能力的提高,精确化后勤理论应运而生,于是美军把军事物流重新定义为:为部队用户提供适时、适地、适量的精确化物资配送服务。

20 世纪 90 年代以前,我军只有物资保障的概念,而没有军事物流的概念。随着我国物流理论研究的逐步深入和物流服务产业的蓬勃发展,国内学者逐渐开始关注物流理论在军事领域的应用问题。

1994 年原后勤指挥学院的王宗喜教授在其专著《军事物流概论》中首次提出了军事物流概念:军事物资经由采购、运输、储存、包装、维护保养、配送等环节,最终抵达部队用户而被消耗,从而实现其空间转移的全过程。

2001 年《物流术语》(GB/T 18354—2001)首次纳入了军事物流的定义:用于满足军队平时与战时需要的物流活动。

2006 年《物流术语》(GB/T 18354—2006)又把军事物流的定义修改为:用于满足平时、战时军事行动物资需求的物流活动。

2007 年中央军委颁发的《全面建设现代后勤纲要》首次把"构建军民结合的军事物流体系"看作全面建设现代后勤的重要组成部分,并提出:按照跨层次支援、跨区域保障、跨军种使用的建设思路,依托国家物流体系和社会保障资源,逐步建成集采购、仓储、运输、配送于一体的现代军事物流体系,实现军地衔接、平战结合的供应商直达配送。客观上,《全面建设现代后勤纲要》的颁布和实施对以后军事物流理论研究和实践探索的不断创新起到了极大的推波助澜作用。

基于相关国家标准和我军物流保障实践,本书给出的军事物流的定义为:为保障部队平时和战时正常运作而进行开展的物流活动,其主要内容一般包括经军用物资的采购、运输、包装、军用物资维修(保养)、军用物资配送等环节后,直至最终送达军队并被消耗的整个活动过程。

(二) 军队物流

军队物流通常指由军队部门负责并开展的一切形式的物流活动。而军事物流作为军事后勤的关键内容,使国民经济直接转化为支持国防建设、增强军事实力及参与军事行动的具体行为。

军队物流和军事物流是两个既有联系又有差异的概念,联系是指二者开展物流活动的目的均是为满足部队的军需需要,而差异则表现为军事物流相较于军队物流的内涵显得更为丰富,这是由于物流活动的目标是军事物流关注的唯一对象,而对物流活动的执行主体并没有严格的限制;而军队物流则不但对物流活动的目标作出了明确的规定,而且对物流活动的执行主体也作出了明确的限制即只能是军队。所以,军队物流是军事物流的主要部分,军事物流包含军队物流。

小贴士

按照军事物流的保障规模,军事物流可以划分为大型军事物流、中型军事物流和小型军事物流(表 6-1)。军事物流的保障规模通常用物资周转量表示。物资周转量是指一定时期内由各种运输工具实际完成的物资运送重量与运送距离乘积的总和(t·km)。

表 6-1 军事物流保障规模划分标准

军事物流保障规模类型	大　型	中　型	小　型
一定时期内物资运送的平均重量	2000t 以上	1000～2000t	11 000t 以下
一定时期内物资运送的平均距离	500km 以上	300～500km	300km 以下

显然,物资的运送重量越大,运送距离越远,军事物流的保障规模就越大;反之,则军事物流的保障规模就越小。目前,军事物流保障规模的划分尚无统一的规范标准。

二、军事物流的特征

1. 军事物流活动具有军事性

军事物流产生于战争而又服务于战争,最终目的是为军队建设和作战提供可靠的物资保障服务,属于军事活动的范畴。这是军事物流区别于地方物流的显著特征,是军事物流活动的根本属性。

军事物流活动的军事性是指,一方面军队多样化军事行动的作战样式、作战规模、持续时间、作战方法等都直接影响和规定着军事物流活动的保障方式、资源配置、力量运用等;另一方面军事物流活动的保障规模、保障范围、保障手段等又制约和限制着军事作战谋略的运用、作战发展的进程、作战企图的实现等。

军事物流活动从属于军事作战行动,离开军事目的军事物流活动就会失去存在的价值和意义;军事物流活动是维持和再生军队战斗力的基础,不仅要保障军队平时的工作和训练,而且要保障军队战时的生存和作战。军事物流尽管有时会承担部分抢险救灾、反恐维稳等社会职能,但首要任务是要满足平战时军事行动的物资需求,必然具有军事性特征。

军事物流活动的军事性,还表现在与地方物流的差别上。首先,军事物流活动受制于"统分结合,通专两线"的物资保障体制而具有明显的计划性和指令性,因此军事物流的资源配置、力量运用、供应保障均以实现最大的军事效益为核心目标,而不同于地方物流所

追求的经济效益最大化；其次，战时军事物流的流体、流量、流向和运行环境往往具有极大的不确定性，因此军事物流必须保有强有力的战备物资储备，而很难实现地方物流所崇尚的精益物流理念(just in time)；最后，军用物资具有高度的保密性、专属性和一定的危险性，因此军事物流的物资采购、储存保管、包装集装、运输配送和信息处理等环节必须确保信息安全、物资安全，比地方物流具有更大的超过经济损失的安全风险。

2. 军事物流内涵具有经济性

从本质上讲，军事物流是以满足部队物资消费为目的的经济活动，涉及具有社会经济特性的从军用物资采购、生产、分配直到消费的全过程，是国民经济在军事系统的延伸。由于军用物资消费的特殊性，军事物流又不同于一般性的社会经济活动，属于军事经济范畴。军事物流内涵的经济性，主要体现在军事物流赖以存在的基础和源泉是经济，平战时有限的保障资源和部队日益增长的物资需求之间的冲突也是军事物流面临的根本性矛盾。

军用物资的购置主要是通过计划订购、市场采购的方式来实现国家经济实力向军队物资保障实力的转化而创造军事经费的物化价值；军用物资的储存主要是通过定点预置、机动前置的方式来尽可能地消除军用物资生产和消费的时间间隔而创造军用物资的时间价值；军用物资的运输与配送主要是通过经济合理的运输方式来完成军用物资的空间位移从而实现军用物资的使用价值。以上军事物流核心活动环节都具有明显的经济属性，都存在着用有限的保障资源来实现和创造最大军事效益的军事经济学问题。

军事物流内涵的经济性，还表现在与军事活动、政治活动的差异上。军事活动主要指进行作战规划、作战指挥和具体实施战略、战役、战术军事行动的活动；政治活动主要指为部队提供精神条件并进行政治建设的活动；军事物流活动则是为部队提供物质条件的活动。三者的共同目的是实现军队"能打仗，打胜仗"，但军事物流作为后勤活动的重要组成部分，居于基础地位并具有明显的经济属性。

3. 军事物流地位具有中介性

国民经济对于战争起着极其重要的作用，但国民经济本身并不直接作用于战争。军事物流主要是通过物化的渠道将国民经济实力、科学技术实力转化为军事实力的，在经济和军事、科技和战斗力的关系上起着中间的转化作用，其地位具有明显的中介性。

国民经济、科学技术转化为军事实力，主要有两个渠道：一是物化的渠道，就是通过经济手段来获取融合了先进科学技术的武器装备和物资器材，并补充供给部队，从而变成直接的战斗力；二是智化的渠道，就是通过军事教育来获取科学技术知识，增强军事人员的综合素质，从而提高指挥人员的决策能力和战斗、保障人员的技术水平，进而变为直接的战斗力。无论哪个渠道，军事物流在其中都发挥着应有的作用。

所不同的是，智化渠道中军事物流发挥着间接作用，即军事物流虽不直接参与军事教育的组织实施,但军事教育也离不开军事物流的物资保障;而物化渠道中军事物流则发挥着直接作用,因为物化过程主要包括军用物资研制、生产、采购、储存、供应、使用、管理、维修等环节,其中在军事系统范围内展开的绝大多数工作内容属于军事物流的职能范围。由此可知,在国民经济、科学技术向军事实力转化的过程当中,军事物流起着十分关键的物化作用和中介纽带作用。

4. 军事物流空间具有后置性

军事物流虽然从物资保障的范围上已经超越军事后勤领域,但是从物资保障的职能上来讲仍然属于后方勤务工作。因此,军事物流相对于前方作战而言,是位于战略、战役、战术后方并为前方作战提供物资保障服务的活动,在位置空间布局上具有显著的后置性特征。美军野战条令中规定:"后勤地带是作战地带后面的地域。它包括运输线、补给线和后送设施,以及为作战地带内部队提供保障的机构和设施所需要的地域。"

战争的实践表明,战时军用物资的流向主要是从国家后方到军队后勤、最后到作战部队,即军用物资保持从后向前的单向流动,军事物流力量处于居后的位置而始终面向前方。战争所需军用物资从后向前的流动,实现了后方和前方的物质联系,决定了军事物流空间的后置性,从而使军事物流由后向前的创造时间和空间价值的保障特性得以充分发挥。

5. 军事物流时间具有先行性

军事物流活动在空间上是后置的,但是在时间上却是先行的。军事物流活动之所以要在时间上先行,是因为现代战争条件下的物资保障准备是一项涉及面广、工作量大、复杂程度高的系统工程。如果军事物流活动在时间上不先行,就不可能在战争的进行中与其他军事活动协调同步,就会迟滞其他军事活动的进程,从而导致整个军事系统的混乱或失败。

军事物流在时间上的先行性有狭义和广义之分。狭义的先行,是指某一战役、战斗的物资保障准备;广义的先行,是指国际性大规模战争的物资保障准备。无论是狭义还是广义的时间先行,军事物流先行的时间常常与作战进程的时间有数倍、数十倍的比值。当然,这个比值的大小与物资的保障能力和作战的激烈程度密切相关。

三、军事物流的基本职能

军事物流是按部队用户的要求,将军事物资从供给地向需要地转移的过程,根据实际需要,将运输、储存、装卸、搬运、包装、维修保养、配送、信息处理等基本功能实施有机结合。一般来讲,军事物流的功能要素主要包括如下一些内容:

1. 军事物资采购

军事物资采购是指列入军事物资采购范围,纳入军队预算管理和采购计划,以特定的采购程序和方式,由军事物资采购部门通过市场采购军事物资的行为或活动。

2. 军事物资运输

军事物资运输是指用军事运输设备和军事运输工具,将军事物资从一地点向另一地点运送的军事物流活动,包括集货、分配、搬运、中转、装入、卸下、分散等一系列操作。军事物资运输是军事物流的核心环节,没有军事物资运输就没有军事物流。

3. 军事物资储存

军事物资储存是指保护、管理、储藏军事物资。与现代物流相同,运输和储存是军事物流的两大支柱。

4. 军事物资装卸搬运

军事物资的装卸是指军事物资在指定地点以人力或机械装入运输设备或从运输设备卸下的军事物流作业。军事物资装卸搬运就是指在同一地域范围内进行的,以改变军事物资的存放状态和空间位置为主要目的的活动。装卸搬运是伴随运输和储存而产生的一种必要的物流活动,它是运输、储存、包装、维修保养等物流活动进行衔接的中间环节。

5. 军事物资包装

军事物资包装是指为在军事物流过程中保护军事物资、方便储运,按一定技术方法而采用的容器、材料及辅助物等的总体名称,也指为了达到上述目的而采用容器、材料和辅助物的过程中施加一定技术方法等的操作活动。

6. 军事物资维修保养

军事物资维修保养是指军事物流部门根据部队用户需要对某些军事物资(主要是武器、装备)在战时或训练时毁损而进行维修实现再生作战性能的目的,或者平时对武器、器材、装备等进行油封、除尘、除湿等保养作业的总称。

7. 军事物资配送

军事物资配送是指根据部队用户要求,对军事物资进行拣选、加工、包装、分割、组配等作业,并按时送达指定地点的军事物流活动。

8. 军事物流信息处理

军事物流信息处理是对反映军事物流各种活动的相关信息的处理。军事物流信息系统是军事物流活动的神经系统。

小贴士

美军 RFID 技术的应用实例

RFID(radio frequency identification,射频识别)技术是从 20 世纪 80 年代走向成熟

的一项自动识别技术。RFID 技术利用无线射频方式进行非接触式双向通信交换数据以达到自动识别目的,具有防水、防磁、耐高温、使用寿命长、读取距离大、标签上数据可以加密、存储数据容量更大、存储信息更改自如、可识别高速运动物体并可同时识别多个标签等优点,操作快捷方便,特别适合于实现军事物流系统的自动化管理。

目前外军对 RFID 技术应用最具代表性的是美军。美国国防部对 RFID 技术的应用源于现代战争的需要:1991 年海湾战争中,美国向中东运送了约 4 万个集装箱,但由于标识不清,其中 2 万多个集装箱不得不重新打开、登记、封装并再次投入运输系统。战争结束后,还有 8000 多个打开的集装箱未能加以利用。后来美军估计,如果当时采用了RFID 技术来追踪后勤物资的去向并获得集装箱的内容清单,将可能为国防部节省大约20 亿美元的支出。海湾战争后,美军为解决物资在请领、运输、分发等环节中存在的严重现实问题,给作战部队提供快速、准确的后勤保障,提出了全资产可视性计划,要实现后勤保障中资产的高度透明化。而 RFID 技术的应用使美军实现后勤物资透明化成为可能,为自动获取在储、在途、在用资产可视性信息提供了方便灵活的解决方案。

RFID 技术已经被美军广泛应用于军事物流保障领域,如特定物品寻找系统、单兵电子病历卡、生理状态监测器和服装发放装置等,极大地改革了传统物流跟踪方式,并在欧洲回撤、索马里维和、阿富汗战争和伊拉克战争等实战活动中取得了理想的效果。

伊拉克战争中,美军通过给每个运往海湾的集装箱上加装 SAVI 科技的射频卫星芯片,准确地追踪了国防部发往海湾的 4 万个集装箱,从而实现对"人员流""装备流"和"物资流"的全程跟踪,并指挥和控制其接收、分发和调换,使物资的供应和管理具有较高的透明度,大大提高了军事物流保障的有效性。RFID 技术的应用,使美军后勤补给能力变得前所未有的强大,可以轻松掌握所有后勤补给的实时信息,实现对后勤物资从工厂到士兵的全程追踪,也使美军实现了由"储备式后勤"到"配送式后勤"的转变。与海湾战争相比,伊拉克战争中的海运量减少了 87%,空运量减少了 88.6%,战略支援装备动员量减少了89%,战役物资储备量减少了 75%。这种新的运作模式,为美国国防部节省了几十亿美元的开支。

(资料来源:http://www.iotworld.com.cn/html/RFIDArticle/9354f88e6687ddf4.shtml)

四、军事物流的地位与作用

"三军未动,粮草先行。"任何军事行动都离不开强有力的军事物流的支持保障。现代战争的高强度和突发性特点,更加凸显了现代军事物流的战略地位,高明的军事家总是从统揽全局的高度审视军事物流的发展。军事物流的地位与作用可概括如下:

(一) 国防建设和军事斗争的支持保障作用

建设强大的国防是每一个国家都必须十分重视的战略任务,而国防建设的每一个步骤、每一个环节、每一项工程都需要耗费大量的人力、物力及财力。其中,物资的消耗与补充乃是关乎国防建设成败的极为重要的因素。一个国家要想保持其军事斗争中的主动地位,要想在与敌方的军事较量中夺取胜利,没有充足的物资支援和保障,那是不堪设想的。而准确及时的物资保障靠什么去完成? 只有强大的军事物流才能担当此任。

战争突起,狼烟滚滚,古战场上惊心动魄的战斗场面,无不活跃着军事物流的身影;炮声隆隆,火光四射,现代战争的硝烟迷雾中也同样掩不住军事物流的英姿。不必说20世纪末爆发的海湾战争和科索沃危机,也不必说美军进军阿富汗的军事行动,单就伊拉克战争而言,无论是战前准备阶段的美军跨国物流,还是战中双方此消彼长的军事物流,都充分展示了物流的巨大威力。如果把战争比作一架轰轰作响的宏大机器,那么,军事物流则是它的油路和电路,源源不断地向机器输送着不竭的动力;倘若将战争比作一个巨人的肢体,那么,军事物流无疑便是那畅游不息的大动脉。断了油路和电路的机器,自然会戛然而止;断了通畅无阻的大动脉,巨人也同样面临灭亡。可见,无论是古代战争,还是现代战争,交战双方欲夺取主动权,进而赢得战争的胜利,都应当重视军事物流的建设和发展,都应当充分发挥其大动脉的支援保障作用。

(二) 国民经济的吸纳转化作用

不可否认,强大的国民经济实力是搞好国防建设和军队建设的基础,而且,从一定意义上讲,现代战争交战双方国家是经济实力的较量和比拼。然而,国民经济毕竟不等同于军事战斗力,经济实力也不可能直接等价于军事实力。二者之间必须架起一座坚固的桥梁,才能将国家的经济实力转化为军事实力。而这座桥梁,便是军事物流。

军事物流运用国家拨来的军费,通过采购功能购置各种武器装备、油料、器材以及各种军需品。这些物资一部分通过储存功能储备起来,以备战时或紧急状态下使用;另一部分则直接通过运输功能,送抵各部队使用,从而完成全流程的转化任务。

军事物流依靠畅通的信息通道,及时了解到部队对军事物资的需求信息,编制各种经费申请计划,吸纳国民经济预算。与此同时,通过采购、储存、包装、运输、配送等功能,将国民经济转化为军事实力。正是这种吸转功能,将国家的经济化作滚滚物流,充实到各个部队中,形成克敌制胜的战斗力。

(三) 军队现代化建设的提升作用

军队现代化是一个相对的概念,其内涵和外延都随着时间的变化而不断增加新的内容。但不断提升现代化建设的水平,却是军队建设中一直讨论的主题。依靠科技进步,改进军队的武器装备;依靠科技进步,改善军队的工作条件;依靠科技进步,提高军队的战斗力。现代科技的发展,有力地促进了军队的现代化建设,这是不争的事实。

但是,倘若没有强有力的军事物流作保障,科技兴军只能沦为毫无生命力的空壳。莫说是现代化建设的工程项目,每项都需要与之相适应的物流供应做后盾,即便是科技创新成果的研发与应用,也时刻离不开物流的支援与保障。而且,随着高新技术的推广应用,军队现代化建设的速度加快,对物资保障"数、质、时、空"的要求愈来愈严格,对军事物流整体功能也提出了越来越苛刻的挑战。传统的落后的物流模式,根本无法适应军队现代化建设的新要求。

再从质量建军方面来看,其实质是追求军队建设的质量,而不是扩大数量。质量建军、走精兵之路,是我军现代化建设的必由之路。质量不仅体现在人员素质上,而且体现在武器装备的总体水平上。打赢现代条件下的高技术局部战争,不仅需要高素质的人才队伍,而且要拥有性能优良的武器装备,要有能保证部队实施快速机动的运输装备,要有能够随时探知各类信息的通信装备等。

所有这些军事装备的供应,就是靠现代化物流系统来完成的。从这个意义上来分析,物流系统的现代化程度越高,越有利于质量建军,越有利于快速实现科技兴军的目标。把军事物流比作质量建军和科技兴军的推动器,是十分恰当的结论。图 6-1 所示为我军陆战之王——99A 坦克方阵,具备很强的信息化作战战力,是中国陆上作战主力。图 6-2 所示为战略重器——东风 41B,是中国第三代洲际弹道导弹,采用机动发射和多弹头分导技术,可覆盖全球战略目标。

图 6-1　我军陆战之王——99A 坦克方阵

图 6-2　战略重器——东风 41B

(四) 交战双方的战略鼓舞和威慑作用

建立起强大的军事物流系统,可以有效地组织物资供应,可以保障任何条件下军队的机动和作战,这是毫无疑义的共识。继续深入探讨,还会发现:交战双方越来越重视对方的后勤目标,越来越强调打击对方的后勤系统。不论是海湾战争,还是科索沃战争,美军都以高强度的轰炸来破坏对方的物资补给线,企图一举夺取战略上的主动权,而对方也无不以保卫后勤目标作为重点。这种对军事物流系统的破坏与反破坏,像一条红色的线条串联着整个作战行动,贯穿于战争的始终。

何止战中如此,其实战前双方军事物流的较量早已开始。战前准备的重点内容之一便是军事物流建设,其中,物资储备是重中之重。系统筹划军事物资储备,不仅要满足战争物资需要,而且要考虑战略威慑作用从而加大储备量。试想,如果己方后方仓库空空如也,不仅自己的官兵会士气低落,而且对方会军心大振;反之,如果后方仓库各类物资堆积成山,不仅会对自己的官兵有莫大的鼓舞作用,而且会直接震慑对方。

这种壮我军威、震慑敌胆的功能作用,将一直延续到战火燃起的时刻,因此一些颇有见地的军事家总是十分重视军事物流的平时建设,尤其重视战略物资的储备和管理,示敌以强大的后方物资实力,迫使其望而生畏。有人甚至称军事物流为一柄利剑,不仅可用于刺伤敌人,而且可以鼓我斗志、激我豪情。将军事物流置于战略地位,从战略全局谋划军事物流的建设与发展,尽量做到不战而致敌于败局,可谓明智之举。

第二节　军地一体化物流

一、军地一体化物流的概念

按照接收单位性质的不同,可以将物流分为地方物流和军事物流。地方物流一般泛指因满足民用需要或以民用为目的而产生的物流活动。军事物流作为军事后勤的重要组成部分,它在将国民经济转化为军事实力、保障军事行动和国防建设需要中,发挥极其重要的作用。

而所谓军地一体化物流是指国家站在全局的高度,在军事物流与地方物流联合发展的基础上,打破原有的分割局面,依据平战结合、军民兼容的原则,在总量和总体上将军事物流与民用物流中具有通用性、共享性、可转化性的物流资源进行有选择的整合和优化,建立起的高度统一、相互融合的物流服务体系。

军地一体化物流是我国国防建设的一条重要方针,是国防建设与经济建设协调发展的具体体现,并不是简单地把二者进行拼接组合,而是立足追求最大的整体效益,对二者进行统一筹划和整体建设,建立军地一体化物流体系,把战场暗藏于市场当中,将军事物流隐蔽在地方物流里面,实现军地物流的有机结合。但军地一体化也不是无限制的整合,而是选择两个系统中通用、相互弥补或增强的物流部分进行整合,而其余因各自系统独特性而不适于或不利于整合的部分,仍然应当保持其相对的独立性。

二、军地一体化物流的特征

军地一体化物流是军事物流体系与地方物流体系融合为一个范围更大、功能更强的有机系统的状态或过程。它是一种制度与规范的创新,是一种思想与观念的革命。它将有效打破军地物流体系的二元结构,消除军地物流体系之间的人为分割,达到军地结合、兵民结合,寓军于民、以民促军,军地一体、协调发展的目的。军地一体化物流充分体现了当今世界经济和军事协调发展的思想,客观地反映了现代物流"优化整合"的核心理念,能够最大限度地满足现代战争对装备、物资保障的要求。理想的军地一体化物流状态,应该表现为以下特征:

1. 物流基础要素一体化

物流基础要素具体包括设施、设备、人员、信息、技术等要素。物流基础要素的一体化,是指军地双方的物流要素达到空间上相互组合、功能上相互补充,为实现军地物流规范化运营、进行统一管理和运作奠定基础。

2. 物流技术标准一体化

物流技术标准一体化是军地物流一体化的关键。长期以来军地物流在一些方面形成的物流技术体制的二元结构,造成军地物流技术标准不兼容,制约了军地物流一体化的发展和建设。实现军地物流技术标准的相对统一,从根本上解决军地物流无缝连接的技术障碍,达到各种物流要素在平时的协调运转,战时的快速转换。具体而言,物流技术标准一体化主要包括物流基础设施、设备、信息及作业等技术标准的一体化。

3. 物流运营规范化

军地物流运营规范化是指军地双方依据相同的规则进行具体的运营组织和管理。它主要有三个方面特征:一致的运营规律、相同的运作规范和法定的平战转换程序。

4. 权威的管控机构

军地一体化物流建设需要强有力的管控机构进行管理。管控机构在平时负责协调双方物流系统的运营,紧急状态下实施快速物流动员,加快平转战速度。具体来说,权威的管控机构包括人员构成军地一体,组织结构层次合理,职责权限严密分明。

5. 完善的法律法规体系

完善的法律法规体系是军地一体化物流建设的重要保障。完善的一体化法律法规体系包括两个层次:一是关于军地一体化物流根本性大政方针的法律规定,属于母法范畴;二是具体指导军地一体化物流建设的法规,属于子法范畴。

三、军地一体化物流体系建设

1. 军地一体化物流体系建设是提高军事后勤保障能力的需要

军事后勤保障能力绝不仅限于军队自身的后勤保障能力,而是取决于军队和国家的整体实力。当战争发生时,国家将由平时体制转入战时体制,成立最高统帅部,经济体制也随之转入战时轨道,并根据战争的类型、规模和发展阶段进行战争动员。

军地一体化物流体系将有利于商业物流快速转化为战时物流,适应战争需要,提升作战实力。在平时军队通过军地一体化物流进行保障,不仅可以降低物流社会成本和军队保障成本,还有利于社会资源有效利用和提高物流效率。

2. 军地一体化物流体系建设是提升国家整体实力的需要

美国退役海军少将亨利·E.艾克尔斯(Henry E. Eccles)曾经在《国防后勤学》(1959)一书中指出后勤是连接军事与经济的桥梁。在新的历史时期,后勤的桥梁需要更大的通过能力,更强的"转化"作用,不仅要考虑将国家经济实力转化为军队战斗力,还要将军队的后勤保障能力转化为国家经济实力。

军地一体化物流体系建设就是以体系为纽带,使军队和地方建立了一个长效、融合、稳定的关系,增加了桥梁作用,使军地的物流紧密衔接,提升国家的经济竞争力和国防实力。

3. 军地一体化物流体系建设是建设现代物流的需要

军事物流和地方物流作为现代物流的分支,是构成现代物流体系的重要组成部分。一方面,现代物流的发展呈现出系统化、社会化趋势,客观上要求军地物流的发展要走系统化、社会化之路;另一方面,军地物流在内容、理论、技术等方面都具有很强的兼容性,军事物流根植于社会物流这一大环境之中,在根本利益、基本技术等方面与地方物流具有很强的一致性,可以从地方物流直接吸收先进的方法、理论成果,借鉴地方物流的成功经验,结合军队的实际情况,灵活地应用,创造出较高的军事物流效用。发展军地物流一体化,可使军地物流之间互相渗透、相互支援,共同促进现代物流的繁荣和发展。

4. 军地一体化物流体系建设是降低物流费用的需要

物流费用是物资流通过程中所发生的费用,主要包括运输费用、仓储费用、搬运费用、信息费用以及管理费用等各项费用。物流费用在一国 GDP 所占的比重越高,说明物流发展越落后,效率越低。据世界银行估算,目前发达国家的物流费用通常只占 GDP 的 10%左右。2021 年,我国社会物流总费用占 GDP 的比率为 14.6%,我军的实际物流费用占采购额的比重可能更高。军事物资从生产企业转移到军队用户,通常要经过地方物流和军事物流两大系统。

要降低军事物流费用,就必须双管齐下,抓好军地物流一体化建设,加强与地方物流在技术、理论、科研、规划等方面的合作,最大限度地减少无效劳动,提高物流效率,降低物流费用。

第三节　军事供应链管理

一、供应链管理的概念

正如生态链一样,供应链原本是一个系统,是人类生产活动和整个经济活动的一个客观存在。如今,供应链由直接或间接履行顾客需求的各方组成,包括供应商、制造商、零售商、物流服务提供商以及顾客。在全球化竞争条件下,任何企业和部门都不可能孤立地存在,必须与上游的供应商和下游的客户形成合作共赢的关系,否则就很难在现代的市场竞争中生存下来。为了有效地管理由上下游企业、部门、客户所构成的虚拟且松散的供应链条,供应链管理思想便应运而生,也为军事供应链管理奠定了理论基础。

供应链管理的概念最早由美国学者凯斯·奥利沃(Keith Oliver)和迈克·波特(Michael E. Porter)在 1982 年《观察》杂志上所发表的文章"供应链管理:物流的更新战略"中首次提出,文中认为"供应链管理是一种集成的管理思想和方法,是对供应链上的信息流、物资流、资金流进行计划、组织、协调与控制的全过程"。其后,各国学者、管理者、学术团体从不同角度对这一概念做了进一步诠释。

英国著名物流专家马丁·克里斯多弗(Martin Christopher)教授在《物流与供应链管理》一书中对供应链做了如下定义:供应链是指涉及将产品或服务提供给最终消费者的过程和活动的上游及下游企业组织所构成的网络。

美国供应链协会认为:供应链是目前国际上广泛使用的一个术语,涉及从供应商的供应商到顾客的最终产品生产与交付的一切努力。供应链管理包括贯穿于整个渠道来管理供应与需求、原材料与零部件采购、制造与装配、仓储与存货跟踪、订单录入与管理、分销以及向顾客交货等。

《物流术语》(GB/T 18354—2006)对供应链的定义是:生产及流通过程中,涉及将产品或服务提供给最终用户所形成的网链结构。对供应链管理的定义是:对供应链涉及的全部活动进行计划、组织、协调与控制。

二、军事供应链管理基础

2001 年美国国防部正式在车队后勤系统推行供应链管理,把地方企业供应链管理的成熟做法引入美军物资供应管理中,并取得了较好的效果。军事供应链管理是军事物流建设与发展到一定阶段的产物,充分了解军事供应链及其结构模型,是开展和实施军事供应链管理的基础性问题,也是开启我军现代军事物流管理模式的重大问题。

(一) 军事供应链管理的概念

陆军军事交通学院旬烨认为军事供应链的定义是围绕军用物资保障供应活动,由军用物资生产商、军用物资供应商、第三方物流企业、军队各级物资供应部门和最终部队用户所形成的网链结构。

军事供应链概念涵盖了以下两个要点:

(1) 军事供应链是围绕军用物资保障供应活动展开的。按照"统分结合,通专两线"的保障体制,军队通专物资的计划管理、计划调拨分别由通用物资管理部门和专用物资管理部门组织实施,军队通专物资的保障供应则分别由联勤保障部队和军兵种后勤保障部队组织实施。

(2)军事供应链反应是军用物资从采购生产直至配送到部队用户而被使用消耗的全过程。因此,军事供应链大致上可以分为以军用物资采购生产为中心的上游部分、以军用物资储存保管和维护保养为中心的中间部分和以军用物资配送保障为中心的下游部分,其整个网链不仅涉及军队各级物资计划管理和供应保障部门,而且还涉及军用物资制造商、供应商以及地方物流企业。

(二)军事供应链管理的发展历程

依据美军推行军事供应链管理的历史经验,军事供应链管理的发展历程主要经过了静态军事供应链管理和动态军事供应链管理两个阶段。

1. 静态军事供应链管理阶段

冷战开始至海湾战争期间,美军主要采取"静态供应链"保障模式(static supply chain),即通过战前预置和海外军事基地,事先将物资储存到潜在军事冲突地区,战时实现快速兵力投送和物资输送的军事目的。这种供应链的上游是供应商,美军采取定期合同的方式维持固定供给,下游是可预知的潜在冲突地区,物资需求量可以提前预测。"静态供应链"适应了当时相对稳定的国际环境。在静态供应链阶段,美军重点加强了军队内部的联勤保障建设。

20世纪90年代以后,国际军事环境发生重大变化,主要表现为地区冲突和局部战争不断。由于冲突地区和军事任务具有高度的不确定性,同时军事行动又要迅速响应,美军已无法像以往那样将物资和人员提前预置或部署到冲突地区。因此,美军不得不改变传统的大规模物资保障模式,转而采取动态供应链(dynamic supply chain)物资保障模式,依靠信息技术和战时作战需要,实施动态快速的精确化物资保障。

2. 动态军事供应链管理阶段

20世纪末发生的几场高技术局部战争中,美军提出精确后勤理论,并依据适时、适地和适量的原则进行物资补给。但其结果不尽如人意,战场上仍然出现了物资短缺现象。美军认识到这是由于军事供应链不够敏捷和灵活造成的,具体表现为:一是需求预测不准确;二是信息系统不健全;三是库存物资不能满足作战需要。

2004年美军在总结了伊拉克战争后勤保障的经验教训之后,提出了感知与响应后勤理论,这是继1995年提出的聚焦后勤理论之后的又一个具有里程碑意义的后勤理论。感知与响应后勤理论的核心是依靠信息技术和柔性供应链系统来实现作战指挥官意图,减少后勤造成的作战风险,最终达成战略目标。至此,军事供应链发展到动态军事供应链管理阶段,提高军事供应的敏捷性、精确性、可靠性和柔性已成为军事后勤变革的必然趋势。

由美军军事供应链的发展历史可以看出,供应链管理越来越趋向于动态化和柔性化。战场态势的实时感知必须依赖信息技术,快速响应战场需求必须依赖柔性化的军事供应链系统。

小贴士

5G 技术在现代军事物流中的应用

仓库管理是军队后勤业务管理的典型场景,其智能化水平是军事物流智能化水平的重要标志。利用 5G 网络按需定制与网络切片技术,可实现不同地域仓库、不同类型仓库、不同仓库业务管理类型的网络按需接入、按需定制和智能管理,在基础网络上实现物理上的集中统一和仓库业务管理逻辑上的相互隔离,实现基于 5G 物联网技术的全军仓库管理一张网,能够在仓储规划的智能化、仓储环境的智能化、仓储作业流程的智慧化方面提供关键技术支撑。

5G 大带宽低时延的特性支持大规模海量对象的高速实时接入,通过在各个仓库布设大量军事物联网传感器,依托边缘计算及 5G 技术智能采集、高效传输和汇聚各类维度仓库数据,采用基于神经网络的人工智能数据分析算法分析不同维度数据的海量特征,基于历史数据宏观上能够支撑面向联合作战的全域仓库布局规划,基于实时数据微观上能够指导某个仓库内物资仓储周期、仓储位置及面向任务的仓储调度等。

5G 大带宽低时延的特性支持超高清视频的同步传输,根据不同物资仓储类型需求,感知仓库声音、光线、温湿度等环境信息,依托边缘计算网关实时调节相关参数,确保仓储库区内部环境精确适宜。根据仓库不同物资安防级别的需要,依托 5G 技术实时传输 4K/8K 高清视频,结合人工智能可视计算技术,及时防范各种类型安全事故,实现仓储环境的智能化。

随着机器间通信技术的发展以及人工智能技术的快速演进,仓库智能机器人设备应用越来越广泛,比如智能分拣、自动化物品传递、自动化包装、自动化出入库等,仓库机器人各部件的协同以及不同类型无人化设备间的高效配合,需要的是超低时延的精准控制技术,5G 为仓库全作业流程的智能化协同及优化提供了传输技术保障。

三、军事供应链管理的发展趋势

随着现代技术的发展,军事供应链越来越依赖信息技术,越来越强调及时响应部队用户物资需求,军事供应链管理也越来越趋向于动态化和柔性化。因此,根据军队物资保障的实际情况,建立起柔性军事供应链、敏捷军事供应链和可靠军事供应链,是未来军事供应链管理的发展趋势,也是实现军事供应链战略目标的重要途径。

(一) 柔性管理在军事供应链上的应用

柔性军事供应链是指为了实现军事供应链整体绩效目标,在动态环境下持续而迅速地响应环境变化,能够满足急剧变化的物资需求的军事供应链。这一概念主要包括两方面的含义。

1. 行动柔性

行动柔性即通过军事供应链系统组织和过程的结构变动,增加军事供应链系统适应变化的能力。行动柔性反映的是军事供应链系统"以变应变"的能力,也称为适应能力。

2. 状态柔性

状态柔性即保证军事供应链系统不受环境变化的影响,并保持相对稳定、持续有效地运转的能力。状态柔性反映的是军事供应链系统"以不变应万变"的能力,也称为缓冲能力。

综上所述,柔性军事供应链具体表现为:迅速处理特殊订单需求的能力;在规定时间内迅速筹措所需物资的能力;在保障计划变更的情况下,还能有效地将作战物资和人员配送至指定地域的能力;适应物资需求量急剧变化,有效地改变库存深度和广度的能力;在恶劣的战场环境下,保证军事供应链稳定运行的能力等。如美军在伊拉克战争的后勤保障中,战场曾经出现过缺水断粮、物资补给中断的情况,这说明无论保障计划如何缜密,都不能完全适应瞬息变化的战场环境,"刚性"军事供应链必然遭遇"断链"的危险。因此,如何建立能够应对环境变化的柔性军事供应链,是战争实践对军事后勤理论提出的迫切需要解决的重大现实问题。

(二) 区块链技术在军事供应链上的应用

"区块链"这一概念自 2008 年产生以来,该技术就作为一种去中心化数据库技术进入大众视野,2016 年开始进入物流行业,而今已迅速成为大众关注和讨论的热点话题。

美国学者梅兰妮在其著作《区块链:新经济蓝图及导读》中给出了定义:区块链是一种公开透明的、去中心化的数据库。它由所有网络节点共享,运营者更新,受全民监督。区块链技术目前还未得到广泛应用,但它日后会极大地影响军事供应链发展。军队供应链目前所存在的许多问题都与"信息"有关,如信息处理成本过高,减少了经济效益;信息交互不通畅,影响了运作效率;某些信息透明度较低,可被篡改,容易滋生贪污腐败等。

区块链的本质特性,决定了它能在军事供应链中充分应用,有效解决上述问题。尽管区块链技术具有诸多优势,但运用在军事供应链上仍然有许多问题亟待解决,如安全保密问题。军队相比地方企业而言,保密程度较高,当区块链技术广泛运用时,无疑对安全保密工作是极大考验,如何才能既满足军民融合需要,又严格做好保密? 既保证信息高效畅通,又满足军事行动要求？这将是未来区块链技术发展和运用上的关键问题。

扩展阅读6-1

我军现行军事供应链存在一些问题,集中体现在以下几个方面

复习与思考

1. 简述军事物流的功能要素。
2. 简述军地一体化物流体系的重要作用。
3. 查找相关材料并思考信息化在军事物流中发挥的重要作用。
4. 简述军事供应链管理的发展趋势。

第七章

特种物流

学习要点

1. 熟悉特种物品的概念和分类；
2. 掌握特种物流的基本特点；
3. 了解特种物流的相关政策。

引导案例

顺丰（云南）军民融合特种物流项目

云南顺丰在总部的具体指导下，积极响应国家军民融合发展战略，充分发挥自身在运输配送、仓储管理、信息融合、科研创新等方面的优势，与军方在装备器材、被装配送、药品运输、演习调防、热食保障等方方面面开展深入广泛的合作。2018年4月份以来，顺丰集团云南区主动作为、细致谋划、积极协调，圆满完成军方仓库搬迁、肼燃料应急特需快运、重装运输等大项任务。

一、仓库搬迁业务

4月25日，获悉95401部队仓库搬迁商机信息后，我司迅速响应，第一时间与军方负责人取得联系，详细了解物流需求、装卸场地、特殊要求及竞争对手信息，派专人到现场查看军用物资品类、运输条件并勘察路线，组织营运、重货、车管等多个部门负责人商议重点细节，周密设计制定承接方案。

在确定争得该项业务后，靠前现场指挥，灵活处置搬迁过程中出现的各种问题，于5月7日到9日，使用4辆13.5m高栏车，运输25车次，搬运副油箱138个、5t量集装箱8个、3t量集装箱15个，燃油储备罐、木箱若干，安全顺利完成搬迁任务。

二、胼燃料应急特需快运业务

根据广西田阳场站在云南祥云机场驻训分队胼燃料应急特需快运需求,我司多方寻求军方专业人士评估运送此危险品的可行性,多次向总部请示并报备。根据托寄物性质,为军方量身定制物流服务方案,于5月8日至9日,使用具有危险品运输资质的外包供应商全封闭运输车,从云南省大理州祥云县军用机场至云南省陆良县西桥村军用机场往返,全程约850km,耗时13余小时,安全顺利完成运输任务。

三、重装运输业务

根据思茅场站运送军用装载设备需求,5月8日至9日,使用13m爬梯车,将1辆长7.8m、宽3m、高4.2m的军用装载设备从云南省普洱市军用机场运至广西北海市,全程约1235km,耗时约18小时,安全完成配送任务。

四、被装发放

根据95445部队夏季被装发放需求,从5月12日开始,使用1辆运营车辆,为分布在德宏、丽江、大理、西双版纳等地州的17个雷达站点,9个基层单位共701人,按标准分类、分号型进行夏季被装分拣、配送、收旧,将25 869套件被装分配到每名官兵手中。官兵满意率100%,适体率100%,齐装率100%,收旧率100%。

五、特种石材跨省运输

根据95643部队跨省石材运输需求,6月12日,协同豫南区,使用1辆13.5m高栏车,从河南省南阳市安全运输一块重量30吨,规格为9×2.5×0.6m的景观石材到云南省红河州蒙自市,并负责装卸、安装,耗时72小时。

六、投资建设军营驿站

昆明、陆良、祥云等军营驿站的建成使用,将成为连接顺丰全网业务的综合服务站体,为部队官兵提供全方位的一站式服务,让官兵足不出营,便可享受便利的综合保障服务。

七、承接体育赛事特种物流保障

6月16日,参与环青海湖自行车赛赛事物流,圆满完成保障任务。

(资料来源:https://www.meipian.cn/1j41pdwp)

思考:

1. 我国特种物流的发展趋势是怎样的?

2. 特种物流如何适应新时代的发展?

第一节　特种货物

一、特种货物的概念

特种货物运输是指被运输货物由于本身的性质特殊,在装卸、存储、运送过程中有特殊要求,以保证完整无损及安全的运输,一般需以大型汽车或罐车、冷藏车、保温车等车辆运输。其内容包括:超大超重货物、押运货物、贵重货物、鲜活易腐物品、活体动物、灵柩骨灰、生物制品、菌种和毒种、植物和植物产品、危险物品、枪械、弹药、急件货物、外交信袋、AOG 的运输。

特种货物运输(图 7-1)是交通运输中的薄弱环节。特别是危险货物和大件物流更是交通运输中的薄弱环节。在危货、大件物流过程中的一个细节失误,可能在大范围对社会安定、人民健康和生命安全造成影响和威胁,甚至是人民生命财产的严重损失,严重地影响到和谐社会的构建,甚至成为制约经济发展、交通运输业发展的瓶颈。

图 7-1   特种货物运输

二、特种货物的分类方法

特种货物的分类方法有多种,按照货物本身的性质和特点进行归类,是目前采取的普遍方法。

(1)危险品。根据国家标准《危险货物分类和品名编号》(GB 6944—86)的规定,凡具有爆炸、易燃、腐蚀等性质,在运输、储存和保管过程中容易造成人身伤亡和财产损毁而需要特别防护的货物均属于危险货物,即危险品。它包括爆炸品、易燃和毒性气体、易燃液体、易燃和自燃固体、氧化剂和有机过氧化物、毒性和传染性物质、放射性物质、腐蚀品等。比如核废料的运输等属于此类。

(2)大型设备。所谓"大"是相对而言的,对于不同的运输方式,"大"的度量标准也不同,只要是超出该种运输方式一般规定的界限,需要专门的工艺,通常就属于大件运输。比如,整体运输的火车、船舶、飞行器等属于此类范畴。

(3)贵重物品。包括黄金、白金等稀贵金属及其制品;各类金石、玉器、钻石、珍珠及其制品;珍贵文物(包括书、画、古玩等);现钞、有价证券等。

(4)鲜活易腐货物和活体动物。包括一般运输条件下易于死亡或变质腐烂的货物,如海鲜类、肉类、乳制品、水果蔬菜类、冰冻食品、液体类药品等以及有生命的动物。此类货物一般要求在运输和保管中采取特别的措施,如冷藏、保温等,以保持其鲜活或不变质,还应充分考虑运输载体的容积和运输时间等因素。

(5)其他需要特殊服务的货物。如战略导弹装备的运输、神舟六号飞船返回舱的运输等,这类特种物流对安全、准确、及时有着极高的要求。

三、特种货物的类别

(一) 鲜活易腐货物

鲜活易腐货物是指在一般运输条件下易于死亡或贬值腐烂的货物,如虾、蟹类;肉类;花卉;水果;蔬菜类;沙蚕、活赤贝、鲜鱼类;植物;蚕种;蛋种;乳制品;冰冻食品;药品;血清、疫苗、人体蛋白质、胎盘球蛋白等。此种货物,一般要求在运输和保管中采取特别的措施,如冷藏、保温等,以保持其鲜活或不变质。近年来,随着中国电商消费的兴起、农业结构的调整和居民消费水平的提高,生鲜产品的产量和流通量逐年增加,这对生鲜产品的安全和品质提出了更高的要求。

托运人托运鲜活易腐物品,应当提供最长允许运输时限和运输注意事项,定妥舱位,按约定时间送机场办理托运手续。我国政府规定,需要进行检疫的鲜活易腐物品,应当出具有关部门的检疫证明。包装要适合鲜活易腐物品的特性,不致污染、损坏飞机和其他货物。客运班机不得装载有不良气味的鲜活易腐物品。

需要特殊照料的鲜活易腐物品,应由托运人自备必要的设施,必要时由托运人派人押运。鲜活易腐物品在运输、仓储过程中,承运人因采取防护措施所发生的费用,由托运人或收货人支付。

(二) 骨灰和灵柩

骨灰应当装在封闭的塑料袋或其他密封容器内,外加木盒,最外层用布包装。灵柩托运的条件如下:

(1)托运人应当持有医院出具的死亡证明及有关部门出具的准运证明,并事先与承运人联系约定。

(2)尸体无传染性。

(3)尸体经过防腐处理,并在防腐期限以内。

(4)尸体以铁质棺材或木质棺材为内包装,外加铁皮箱和便于装卸的环扣。棺内敷设木屑或木炭等吸附材料,棺材应当无漏缝并经过钉牢或焊封,确保气味及液体不致外溢。

(5)在办理托运时,托运人须提供殡葬部门出具的入殓证明。

危险货物的运输必须遵守中国民用航空总局有关危险货物航空安全运输的管理规定。

(三) 活体动物

活体动物不同于其他货物,由于活体动物对环境的变化敏感性很强,因此在航空运输中应严格按照有关活体动物运输规则组织运输。IATA 的《活体动物规则》(Live Animal Regulations,LAR)中包括了有关活体动物运输的各项内容,如包装种类、操作和仓储标准等,目的是保证活体动物能安全到达目的地。

动物运输必须符合国家有关规定,并出具当地县级(含)以上检疫部门的免疫注射证明和检疫证明书;托运属于国家保护的动物,还需出具有关部门准运证明;托运属于市场管理范围的动物要有市场管理部门的证明。托运人托运动物,应当事先与承运人联系并定妥舱位。办理托运手续时,需填写活体动物运输托运申明书。需专门护理和喂养或者批量大的动物,应当派人押运。动物的包装,既要便于装卸,又需适合动物特性和空运的要求,能防止动物破坏、逃逸和接触外界,底部有防止粪便外溢的措施,保证通风,防止动物窒息。动物的外包装上应当标明照料和运输的注意事项。

托运人和收货人应当在机场交运和提取动物,并负责动物在运输前和到达后的保管。有特殊要求的动物装舱,托运人应当向承运人说明注意事项或在现场进行指导。承运人应当将动物装在适合载运动物的飞机舱内。动物在运输过程中死亡,除承运人的过错外,承运人不承担责任。收运活体动物的基本条件如下:

(1) 交运的动物必须健康状况良好,无传染病,并具有卫生检疫证明。

(2) 托运人必须办妥海关手续,根据有关国家的规定,办妥进出口和过境许可证,以及目的地国家所要求的一切文件。

(3) 妊娠期的哺乳动物一般不予收运,除非兽医证明动物在运输过程中无分娩的可能,方可收运,但必须对此类动物采取防护措施。

(4) 对于动物与尚在哺乳期的幼畜同时交运情况,只有大动物与幼畜可以分开时,方可收运。

(5) 有特殊不良气味的动物,不予收运。

如图 7-2 所示为特种物流活体物运输。

图 7-2　特种物流活体物运输

(四) 贵重物品

贵重物品包括：黄金、白金、铱、钯等稀贵金属及其制品；各类宝石、玉器、钻石、珍珠及其制品；珍贵文物(包括书、画、古玩等)；现钞、有价证券以及毛重每公斤价值在人民币 2000 元以上的物品等。贵重物品应当用坚固、严密的包装箱包装，外加"♯"字形铁箍，接缝处必须有封志。

(五) 危险品

危险物品是对具有杀伤、燃烧、爆炸、腐蚀、毒害以及放射性等物理、化学特性，容易造成财物损毁、人员伤亡等社会危害的物品的通称。根据不同危险性，将其分为 9 类，其中有些类别又分为若干项。

枪支、警械(简称枪械)是特种管制物品；弹药是特种管制的危险物品。托运时应当出具下列证明：

(1) 托运人托运各类枪械、弹药必须出具出发地或运往县、市公安局核发的准运证或国家主管部委出具的许可证明。

(2) 进出境各类枪支、弹药的国内运输必须出具边防检查站核发的携运证；枪械、弹药包装应当是出厂原包装，非出厂的原包装应当保证坚固、严密、有封志。枪械和弹药要分开包装。

(3) 枪械、弹药运输的全过程要严格交接手续。

(六) 超大超重货物

超大货物一般指需要一个以上的集装板方能装下的货物，这类货物的运输需要特殊处理程序以及装卸设备，如图 7-3 所示。超重货物一般指每件超过 150kg 的货物。

图 7-3　超大特种货物

(七) 作为货物运输的行李

作为货物运输的行李,人们又称之为无人押运行李。其范围仅限于旅客本人的衣物和与旅行有关的私人物品,包括手提打字机、小型乐器、小型体育用品等,但不包括机器、机器零件、货币、证券、珠宝、手表、餐具、镀金属器皿、皮毛、影片或胶卷、照相机、票证、文件、酒类、香水、家具、商品和销售样品等。

(八) 外交信袋

外交信袋是指各国政府(包括联合国下属组织)与其驻外使领馆、办事处之间作为货物托运的使用专用包装袋的公务文件。托运人要求急运的货物,经承运人同意,可以办理急件运输,并按规定收取急件运费。

第二节　特种物流的发展

近年来,随着中国国民经济和国防工业的发展,石油、化工、食品、药品、危险品、特种材料和装备等具有特殊要求的特种物流需求迅速成长起来,如图 7-4 所示。从特种物流的性质、服务对象和组织实施的过程看,它明显具有一次性、复杂性和重安全性、弱经济性的特点,因此属于工程物流的范畴。

图 7-4　特种物流

特种货物物流简称特货物流,是在物流过程中需要采取特殊条件、设备和手段的物流过程。特货物流涉及特种货物物流、大件货物物流、贵重货物物流和鲜活货物物流等。特货中的特种货物、大件货物运输不仅关系到货物运输过程本身的安全,而且关系到交通系统的通畅、社会环境的安全,甚至直接影响到和谐社会的构建。

一、特种物流的特点

1. 服务对象的特殊性

所谓特殊性,是指具有与众不同的方面,如货物的性质、尺寸、重量、特点及操作规则等。对于收运、包装、安检、装卸等涉及技术和安全的特种作业,一般应在服务需求方指导或监督下完成,在危险品、高技术设备和有特殊要求货品的运输过程中,应当由有关专业技术人员全程指导和跟踪保障。

2. 服务要求的严肃性

所谓严肃性,是指在程序的制定和要达到的目标上,不能有任何偏差和改变的余地。在紧急或必要情况下,物流服务提供商必须不惜一切代价,调动一切可以调动的资源,确保目标的实现。对于危险品的运输,必须严格遵守国家有关法律、行政法规和其他有关规定,进行申报、审批、安检和组织实施。

3. 工艺方法的专业性

在中国,诸如石油、化工、食品、药品、危险品、武器装备、高技术设备等各个领域和行业,运输规则刚性强、技术保障要求严格,在涉及社会安全的背景下,这类物流的工艺和技术必须满足服务对象的专业特点,达到服务需求的专业要求。

4. 物流设备的专用性

为满足特种物流的服务需求,运输、搬运、装卸的物流设备大都是专用设备,有时甚至是"量身定制"。如化工液体运输车、爆破器材运输车、重装备平板车、导弹运输专用车等。比如,为满足 A380 飞机机身、机翼等部件的运输需求,南京金陵船厂建造了"波尔多城"号大型滚装船,专门用于该飞机部件的运输。

5. 物流过程的协调性

特种物流因其特殊性,其活动一般涉及多种方式、多个环节,需要多方协作、协同配合,才能得以完成。特别是一些在政治、军事、经济领域具有重大影响的特种物流活动,如"神六"飞船返回舱的搜寻和运输等,不仅涉及多个省份和地区、国家多个部委办,还要严密组织军地、军警协同运作,才能确保万无一失、不出纰漏。

6. 人员素质的综合性

特种物流人才的范围包括危险品物流,食品物流(冷链),超长、超大件物流,医药物流等,以危险品物流、冷链物流人才需求量为最大。特种物流人才培养方式包括:

(1) 在岗人员以职业培训(证书结合)、复训为主;

(2) 特种物流专业方向学生应该理论与实践相结合,建设特种物流实习基地和编制特种品的实训手册,重视学生的物流实务操作能力。

二、特种物流的相关政策

随着国民经济的快速发展,生产、生活现代化水平的不断提高,道路特种货物运输需求和运输量逐年增长。据统计,近年我国每年道路运输危险货物在 2 亿吨左右,其中剧毒氰化物就达几十万吨,易燃易爆油品类达 1 亿吨,危险品运输物流已悄然形成。中国石油、化工等产品的需求不断增长,对应的产品运输业将得到快速发展,将为危险品运输业提供巨大的发展机遇。

冷链物流泛指冷藏冷冻类食品在从生产、储藏、运输、销售,到消费前的各个环节中始终处于规定的低温环境下,以保证食品质量,减少食品损耗的一项系统工程。它是随着科学技术的进步、制冷技术的发展而建立起来的,是以冷冻工艺学为基础、以制冷技术为手段的低温物流过程。

中国每年约有 4 亿吨生鲜农产品进入流通领域,冷链物流比例逐步提高,果蔬、肉类、水产品冷链流通率分别达到 5%、15%、23%,冷藏运输率分别达到 15%、30%、40%。长期以来,中国农产品产后损失严重,果蔬、肉类、水产品流通腐损率分别达到 20%~30%、12%、15%,因此每年带来的损失将分别高达 4807 万吨、555 万吨和 730 万吨,仅仅果蔬一类每年损失就达到 1000 亿元以上,对农业生产、农民增收,以及居民消费质量和食品安全产生了不利影响。而在欧、美、日本等发达国家和地区,农产品进入冷链系统流通的在 95% 以上。

需要大件设备运输的行业包括石化产业、机电建设产业。随着我国核电工业、大型化工设备的更新改造以及千吨级以上轧机设备需求量的持续上升,国内对大件牵引运输车的需求也在不断提高。到 2020 年已建成 20 个千万吨级炼油基地、11 个百万吨级乙烯基地,其中有近 35 万吨大件设备需要运输。

随着我国装备制造、能源基础设施、航空航天、石油化工,船舶和海洋工程等一批国家重点工程建设的实施,国际国内对超大型设备(货物)的物流需求逐年增大。据 2018 年中国物流与采购联合会的推算,全国一年大件物流市场规模在 2 万~3 万亿元,大件物流行业货运量估算在 300 万件、2.5 亿吨左右,周转量 530 亿吨公里。大件物流业已成为我国战略性、基础性、先导性的现代物流业的重要组成部分,在保障国家重工业建设顺利进行,保障民生工程、电网建设中起着关键作用。

(一) 危险品运输产业

1.《中华人民共和国道路运输条例》

2004 年 7 月 1 日起施行的《中华人民共和国道路运输条例》第 24 条规定,申请从事危险货物的运输经营的,必须具备以下条件:

(1) 有 5 辆以上经检测合格的危险货物运输专用车辆、设备;

（2）有经所在地区的市级人民政府交通主管部门考试合格，取得上岗资格证的驾驶人员、装卸管理人员、押运人员；

（3）危险货物运输专用车辆配有必要的通信工具；

（4）有健全的安全生产管理制度和监督保障体系。

2.《道路危险货物运输管理规定》

《道路危险货物运输管理规定》第 8 条规定，申请从事道路危险货物运输经营的，应当具备下列条件：

（1）有符合下列要求的专用车辆及设备

自有专用车辆 5 辆以上；专用车辆技术性能符合国家标准《营运车辆综合性能要求和检验方法》（GB 18565）的要求，车辆外廓尺寸、轴荷和质量符合国家标准《道路车辆外廓尺寸、轴荷和质量限值》（GB 1589）的要求，车辆技术等级达到行业标准《营运车辆技术等级划分和评定要求》（JT/T 198）规定的一级技术等级；配备有效的通信工具；有符合安全规定并与经营范围、规模相适应的停车场地。

具有运输剧毒、爆炸和 I 类包装危险货物专用车辆的，还应当配备与其他设备、车辆、人员隔离的专用停车区域，并设立明显的警示标志；配备有与运输的危险货物性质相适应的安全防护、环境保护和消防设施设备；运输剧毒、爆炸、易燃、放射性危险货物的，应当具备罐式车辆或厢式车辆、专用容器，车辆应当安装行驶记录仪或定位系统；罐式专用车辆的罐体应当经质量检验部门检验合格。

运输爆炸、强腐蚀性危险货物的罐式专用车辆的罐体容积不得超过 20m³，运输剧毒危险货物的罐式专用车辆的罐体容积不得超过 10m³，但罐式集装箱除外；运输剧毒、爆炸、强腐蚀性危险货物的非罐式专用车辆，核定载重量不得超过 10t。

（2）有符合下列要求的从业人员

专用车辆的驾驶人员取得相应机动车驾驶证，年龄不超过 60 周岁；从事道路危险货物运输的驾驶人员、装卸管理人员、押运人员经所在地设区的市级人民政府交通主管部门考试合格，取得相应从业资格证。有健全的安全生产管理制度，包括安全生产操作规程、安全生产责任制、安全生产监督检查制度，以及从业人员、车辆、设备安全管理制度。

《道路危险货物运输管理规定》第 9 条规定，符合下列条件的企事业单位，可以使用自备专用车辆从事为本单位服务的非经营性道路危险货物运输：

（1）下列企事业单位之一：

省级以上安全生产监督管理部门批准设立的生产、使用、储存危险化学品的企业；有特殊需求的科研、军工、通用民航等企事业单位。

（2）具备第 8 条规定的条件，但自有专用车辆的数量可以少于 5 辆。

注：根据目前国内沿海化学品、液化气运输市场状况，交通运输部决定自 2011 年 8 月 1 日起，对申请新增运力经营者在行业内的领先地位等主要资质条件、岸基管理人员和

高级船员的配备、船舶的技术水平、营运效率和安全记录、货源和资金落实情况等进行综合评价,符合条件的准予新增运力。

(二) 冷链运输产业

冷链是指配备专门设施、设备的,能够始终维持产品品质所需低温环境的,由生产、储藏、运输、销售、配送到消费前各环节组成的低温保障系统。冷链物流可以在生鲜农产品的加工、运输、储藏等过程中保持低温,以保证质量,减少损耗。同时,冷链物流还可以应用于医药领域,保证疫苗、生物制剂、精密医疗仪器等有温度要求的医药产品的运输质量。特种物流的冷链运输如图 7-5 所示。

图 7-5　特种物流冷链运输

2009 年 6 月 1 日,中国新的《食品安全法》正式施行。确保食品安全,是全社会关注的焦点。《食品安全法》的实施,使中国冷链物流水平从多方面加以提升。首先是促进建设独立完整的食品冷链物流体系。为了保证食品质量,减少损耗,要求食品在生产、储藏、运输、销售到消费前的各个环节始终处于食品所必需的低温环境中。其次,冷藏食品的品种很多,每种产品所要求的低温储藏时间与条件等技术指标都不尽相同,食品冷链物流标准也将借此逐步明确。此外,对于加大冷链物流基础设施投入,加强冷库建设等也将起到推动作用。

(三) 大件运输产业

1.《大件运输的管理办法》

该《办法》对大件货物进行了统一规定,大型物件是指符合下列条件之一的货物:货物外形尺寸——长度在 14m 以上,或宽度在 3.5m 以上,或高度在 3m 以上的货物;重量在 20t 以上的单体货物或不可解体的成组(捆)货物。道路大型物件运输是指在中国

境内道路上运载大型物件的运输。大型物件按其外形尺寸和重量(含包装和支承架)分为四级:

(1) 一级大型物件

长度大于 14m(含 14m)小于 20m;

宽度大于 3.5m(含 3.5m)小于 4.5m;

高度大于 3m(含 3m)小于 3.8m;

重量大于 20t(含 20t)小于 100t。

(2) 二级大型物件

长度大于 20m(含 20m)小于 30m;

宽度大于 4.5m(含 4.5m)小于 5.5m;

高度大于 3.8m(含 3.8m)小于 4.4m;

重量大于 100t(含 100t)小于 200t。

(3) 三级大型物件

长度大于 30m(含 30m)小于 40m;

宽度大于 5.5m(含 5.5m)小于 6m;

高度大于 4.4m(含 4.4m)小于 5m;

重量大于 200t(含 200t)小于 300t。

(4) 四级大型物件

长度在 40m 及以上;

宽度在 6m 及以上;

高度在 5m 及以上;

重量在 300t 及以上。

除此之外,还规定了企业经营大件货物运输的规定和资质,相关违规的惩罚措施以及各项标识的标准化。

2.《超限运输车辆行驶公路管理规定》

本《规定》所称超限运输车辆是指在公路上行驶的、有下列情形之一的运输车辆:

(1) 车货总高度从地面算起 4m 以上(集装箱车货总高度从地面算起 4.2m 以上)。

(2) 车货总长 18m 以上。

(3) 车货总宽度 2.5m 以上。

(4) 单车、半挂列车、全挂列车车货总质量 40 000kg 以上;集装箱半挂列车车货总质量 46 000kg 以上。

(5) 车辆轴载质量在下列规定值以下:

单轴(每侧单轮胎)载质量 6000kg;

单轴(每侧双轮胎)载质量 10 000kg;

双联轴(每侧单轮胎)载质量 10 000kg;

双联轴(每侧各一单轮胎、双轮胎)载质量 14 000kg;

双联轴(每侧双轮胎)载质量 18 000kg;

三联轴(每侧单轮胎)载质量 12 000kg;

三联轴(每侧双轮胎)载质量 22 000kg。

此外,《规定》还对于超限运输车辆的行驶及运输运营进行了各项限额的规定,2010 年在全国范围内实行《超限运输车辆通行证》。

3.《国务院办公厅关于加强车辆超限超载治理工作的通知》

其中规定:加强监控网络建设。结合公路基础设施建设,统一规划,合理布局,建设一批标准化、规范化且通过计量检定的超限超载检测站,逐步形成全国性超限超载车辆监控网络,对超限超载车辆实行长期、有效的监控检测。

4.《国家九部委关于印发全国车辆超限超载长效治理实施意见的通知》

其中规定:建立健全路面治理监控网络。加强治超检测站点规范化建设,在全国建设一批标识统一、设施完备、管理规范、信息共享的治超检测站点和治超信息管理系统,完善全国治超路面监控网络。

5.《公路超限检测站管理办法》

《公路超限检测站管理办法》(以下简称《办法》)规定,在经批准的公路管理经费预算中统筹安排公路超限检测站的建设和运行经费,实行专款专用,有助于根本上消除“乱罚款”“乱收费”的诱因。同时规定,公路超限检测站执法人员实施罚款处罚应当实行罚款决定与罚款收缴分离,收缴的罚款应当全部上缴国库,并禁止任何单位和个人向超限检测站执法人员下达或者变相下达罚款指标。

此外,还要求对车辆进行超限检测,不得收取检测费用;对停放在检测站内接受调查处理的车辆,不得收取停车费用;需要协助卸载、分装超限货物或者保管卸载货物的,相关收费标准必须严格按照省、自治区、直辖市人民政府物价部门核定的标准执行。

《办法》对公路超限检测站的布局规划及功能用途提出系统全面的要求,有助于完善路面治理监控网络,为切实落实卸货、分载措施提供了必要的执法手段保障,将有效杜绝“只罚不纠”“以罚代卸”等现象。此外,《办法》还要求公路管理机构加强对公路超限检测站的组织管理和监督考核,实行站长负责制和站长定期轮岗交流制;并加强检测站信息化建设,对违法超限运输车辆实行联防联控,最大限度减少一线执法人员的主观臆断性。

长期以来,特种货物运输是我国交通运输中的薄弱环节。近些年,随着中国基础行业(特别是电力、化工等行业)建设步伐的加快及国家相关政策的引导,各地大件运输企业已经逐渐进入特种运输市场。目前,中国大型的大件运输企业在硬性条件与行业管理方面都已初具规模。特别是前几年,国内大件运输行业更是加快了与国际市场并轨的步伐,纷纷与国外著名企业建立了战略合作关系。如国内的几个实力雄厚的大件运输企业与荷兰玛姆特公司(MAMMOET)的合作就是其中之一。

三、特种物流的作业流程

特种物流属个案活动,其作业流程及特点不尽相同,甚至千差万别,但无论如何在操作上必须严格遵守相关的法规、要求和规定程序,确保安全、顺畅。本节仅以危险货物海上运输和药品冷链运输为例,说明具体的作业流程。

(一) 危险品海上运输

1. 受载准备

(1) 工作人员需熟悉有关法规和规章,应掌握有关挂靠港的国家、主管部门、船公司等有关危险货物运输的最新文件,并针对预装的危险货物,熟悉文件中的有关规定。

(2) 船舶装运危险货物前,承运人或其代理人应向托运人收取如下货物单证:

① 包装检验证明书和包装适用证明书;

② 放射性货物剂量检查证明书;

③ 限量危险货物证明书;

④ 危险货物技术证明书。

(3) 装货前 3 天直接或通过代理向港务监督部门填报"船舶载运危险货物申报单"。

(4) 船舶申请监装时,应于作业前 3 天向港务监督部门提出书面申请,并附送配载图经港务监督部门核准。

(5) 召开船员会,让全体船员清楚所装危险货物的种类、性质、积载位置及应采取的安全措施。

(6) 根据拟装危险货物的应急措施表和医疗急救指南,备齐消防器材和急救药品,并合理设置。

(7) 当装载某些危险货物时,为避免其与船体接触或撞击,防止腐蚀船体或碰撞产生火花而引起爆炸,应进行必要的衬托和系固。

(8) 装载前保持舱内清洁、干净,确保管系及污水沟畅通和舱盖水密。

(9) 按货物及包装情况选用合适的装卸机具,装载前应进行认真检查和试验。

2. 货物装卸

(1) 按港口规定悬挂或显示一定的信号和设立"严禁烟火"等警告牌。

(2) 作业期间原则上不安排油水、伙食和物料补给。

(3) 装载爆炸品、有机过氧化物、一级毒品和放射性物品时,装卸机具应按额定负荷降低 25%。

（4）作业时，应组织船员做好监装，下舱逐件检查货物包装、标志，如有标志不清、包装破损的包件，应拒装。

（5）严格按配载图的要求对货物进行积载、隔离、衬垫，未经批准，禁止改动。

（6）严格按操作规程作业，严禁撞击、拖拉、滑跌、坠落和翻滚等不安全操作。

（7）装载爆炸品、易燃液体时，港内应划定 50m 禁火区，严禁明火、机械火花、电火花、静电火花产生。

（8）装载完毕后，船方应根据要求缮制"危险货物载货清单""危险货物积载图"等文件。

如图 7-6 所示为特种物流货物的装卸情况。

图 7-6　特种物流货物装卸

3. 安全运送

（1）船舶在航行或锚泊期间，应对危险货物进行有效检查，查看货物是否移位、自燃、泄漏及发生其他危险变化。

（2）定时测定温度、湿度，进行合理通风，防止汗湿、舱内温度过高及舱内危险气体积聚。

（3）在进入可能引发中毒或窒息事故的货舱前，应对货舱进行通风换气，确认安全后方可下舱。

（4）坚持消防值班巡逻，按时观测烟火探测器，以及时发现隐患。

（5）在高温地区航行时，如果舱内温度过高应采取洒水降温等措施，以防发生意外。

4. 货物卸载

（1）船舶在抵港前 3 天直接或通过代理办理申报，填写"船舶装载危险货物申报单"，向抵达港港务监督部门报告所载货物情况。

（2）船舶在起卸可能存在危险性气体的货物前，应进行彻底通风，经检测后方可卸货。

（3）申请监卸需于作业前一天提出，可直接或通过代理向港务监督部门提出书面申请。

（4）卸货前，船方应向各装卸、理货等部门详细介绍危险货物的货位、状态、特性以及卸货注意事项等。

（5）严格按照操作规程作业，严禁撞击、滑跌、坠落、翻滚、拖拉等违章操作。

（6）残留物或洗舱水必须按国家或港口规定处理，不得随意倾倒或排放。

（二）药品冷链物流

1. 冷链物流运作一般规范

冷链产品特别是鲜活易腐品，一般要求在运输和保管中采取冷藏、保温等特别措施，以保持其生鲜、鲜活或不变质。

（1）包装

各类冷链产品的包装要适合其不同特性，不致因在运输途中包装破损或有液体溢出而污损载运工具或其他装载物。不抗压货品，外包装应坚固抗压；需通风的货物，包装上应有通气孔；需冷藏冰冻的货物，容器应严密，保证冰水不流出；为便于搬运，鲜活易腐品每件重量以不超过 25kg 为宜。

按相关规定，单件包装上应贴挂"PERISHABLE"的专用标志。除识别标签外，货品的外包装上还应拴挂"鲜货易腐"标签（图 7-7）和"不可倒置"标签（图 7-8）。

图 7-7 "鲜货易腐"标签

图 7-8 "不可倒置"标签

（2）仓储

应按冷链产品的不同种类配置相应的装备，并按不同的温湿度要求操作；强化冷链产品保管，维护其完好的产品品质；尽量减少鲜活易腐货物在仓库存放的时间。

（3）运输

运输鲜活易腐货物必须遵守国家对鲜活易腐货物的运输规定；空运鲜活易腐货物需预先订妥航班，尽可能利用直达航班优先发运，且当货物运达后应立即通知收货人到机场提取，保证到达时保持完好的品质。

2. 药品冷链物流作业环节

药品冷链物流是冷链物流中要求最高的，其核心的物流作业环节有收货、储存、分拣和运输。

（1）收货

收货就是对从上游运来的冷藏药品，经验收合格的进行接收入库作业；不合格的，进行退回作业。收货的原则是按规定的程序和要求对到货的药品逐批进行收货，防止假劣药品入库。

① 在收货前，如果能当场导出随行的冷藏车或冷藏箱温度记录仪数据，应查看并确认运输全程温度符合规定要求后，方可接收；如不能当场导出随行的温度记录仪数据，应将药品暂时移到符合规定温度要求的待验区，待取得运输全程温度数据后，才能移入合格品仓库。

② 在进行冷藏药品收货时，应向承运人索取冷藏药品运输交接单，做好实时温度记录，并签字确认。如果在收货时发现温度超过规定要立即将药品转入规定的待验区，待与发货方沟通确认后，由质量管理部门裁定，必要时送检验部门检验。

③ 冷藏药品收货时的验收记录，包括供货单位、到货日期、品名、剂型、规格、数量、批准文号、生产日期、产品批号、有效期、质量状况、验收结论和验收人员收货时间、入库时间等。

（2）储存

储存是对验收合格后所接收的冷藏药品进行冷藏存储和定期养护的作业。储存的原则是根据冷藏药品的质量特性，按规定的温度要求实施储存、养护作业管理，保证储存药品质量。

① 冷藏药品的储存需要专用冷库或冰箱、冰柜。冷库应安装对温度进行自动调控、监测记录及报警的系统，并配有不间断电源，以保证记录的连续性和报警的及时性。

② 冷藏药品在储存时应按照品种、批号分类堆垛。冷库和冷链设备要安排专人管理、定时巡视；要按照养护期进行检查，确保药品的有效性，发现质量异常的先行隔离暂停发货，做好记录，及时送检验部门检验，并根据检验结果处理异常药品。

（3）分拣

分拣是按下游订单对冷藏药品进行拣选、包装，并在装车发货前进行药品数量核对、质量检验、文件记录作业。分拣的原则是出库冷藏药品核对准确，保证质量，防止错发或发出不合格药品。

① 在发货前,应对承托配送方或收货方的冷链资质和运输计划进行严格审核;委托配送冷藏药品时要签订冷藏药品运输质量保证协议。

② 在进行冷藏药品拆零拼装时,应在冷藏药品规定的储存温度下进行。如果采用冷藏箱运输,则要使用经过验证的符合冷藏运输温度要求的冷藏箱。放置冷藏药品时,不可直接接触控温物质,以防对药品质量造成影响。

（4）运输

运输是将复核装车后的冷藏药品采用冷藏运输方式送达收货方,并经由收货方验收和接货的作业。冷藏药品运输的原则是选用适宜的冷藏运输工具,采取有效措施保证运输过程中的药品质量及安全,明确运输过程中的质量责任,并对运输过程中的质量控制状况进行有效记录和追溯。

① 运输药品的冷藏车应具有良好的保温性能,在温控机组出现问题时,车厢内温度仍能在一定时间内保持在设定的温度范围内。冷藏车应配备温度自动控制、记录及报警系统。

② 冷藏车在运输途中要对温度进行实时监测,并开启温度自动控制记录及报警装置,记录时间间隔不超过10min,记录数据应可导出,且不可更改,温度记录应至少保存到产品有效期后1年,同时总保存时间不得少于3年。

③ 采用冷藏箱运输时,应根据冷藏箱性能的验证结果,在符合药品储藏条件的时间内送达,冷藏箱内应放置温湿度自动记录仪。要建立冷藏药品运输应急机制,对运输途中可能发生的设备故障、异常气候影响、交通拥堵等突发事件预先做好防范、应对预案。

总体上看,药品冷链物流作业各环节与一般物流相比有很大不同。首先,药品冷链物流有时效性,药品一旦超出保质期,只能选择报废;生物制剂、血液制品特别是移植用的人体器官等往往有效期较短,在采用冷藏箱、保温箱进行运输时必须严格遵守运输时限要求。其次,药品冷链物流包括从验收、入库、储存、分拣、出库、运输直至客户验/收货的整个过程,由于冷藏药品对储存环境具有严格的限制,决定了药品冷链物流运作的高复杂性。例如,冷库要有温湿度自动监控设备,冷库温度探头需要经过验证;冷藏车应具备温度自动监控设备,温度记录仪要能记录实时温度情况;冷藏车冷藏箱及各种冷链物流设备都要经过严格认证;药品小试记录需要长期保存等。

此外,应建立药品质量定期检查和不定期抽查制度,对需要冷藏的药品,如发现长时间"断链"、质量无法保证的情况,要及时召回,统一报损,集中销毁。因责任原因等造成的药品回收,应做好登记,不得再用。

四、特种物流发展存在的问题

1. 货物包装问题

特种货物的包装对于货物能否安全承运至关重要。包装存在的主要问题是一些托运人为降低成本,以次充好,重复使用旧包装和再生材料的包装;检测抽样等环节把关不严,甚至漏检;有的送检包装与实际包装不一致。承运时包装检查不细、不严,破、漏、低劣包装夹带装车。包装质量问题重点是气密、液密等问题。

2. 仓储设施缺口巨大

近年来,中国特种货物仓储建设虽不断发展,但设施总量仍不能满足行业发展的需求,仓库严重短缺,一些经济发达地区缺口达 30% 以上。加之仓储设施布局不合理,面向市场交易的仓库不多,公共仓库偏少,因而出现了不少地下仓库,特种货物异地存放于"黑仓库"的现象十分普遍,带来了安全隐患。

就现实情况来看,特种货物仓库的缺口还在不断增大,其原因包括:一是中国危化品产量不断增加,但同期出口量却有所减少,致使大量产品积压。二是中国部分企业盲目投资,引发结构性产能过剩,造成库满仓平。2019 年《中国化工报》统计显示,2018 年全国硫酸产量同比上升 0.9%,创历史新高;硫酸表观消费量同比下降 0.1%,连续两年均小幅负增长,说明我国硫酸消费已步入平台期。三是特种货物仓库建设标准不规范,城市土地紧缺,特种货物仓库建设步履维艰,难有立足之地。

3. 特种货物自备罐车问题

特种货物自备罐车陈旧老化问题突出,阀、垫圈等部件丢失、损坏后不能及时更换补充,尤其是装运腐蚀性液体的罐车由于罐体腐蚀渐渐变薄,极易局部穿透,导致途中泄漏。自备罐车检修问题突出,压力罐车的滑管液位计、压力表规格不统一,检修质量差。常压罐车只对走行部进行检修,罐体安全不能保证。常压罐车充装计量装置不统一,把关不严,超装现象仍然存在。

4. 行业标准不统一,监管困难

在管理上制度缺失、管理缺位,特种货物物流管理机制尚不健全。特种货物物流行业同时受到公安、交通、质检、环保、卫生以及工商、税务、海关等部门的监督和管理,各部门虽都制定了本行业相关的法规,但对于特种货物物流的管理缺乏衔接,加上不同地区的监管力度和管理标准也不一样,其管理的差异性非常大。

此外,国际跨国公司的行业标准高于国内标准,使得国内有关部门通过审核和验证的车辆,在跨国企业不被认同。例如,中国的外企采用欧洲道路危险品运输安全质量评估标准,致使中国特种货物物流管理标准概念模糊。

5. 业务水平不足

部分场站从事特种货物作业的人员素质较低,对特种货物性质理解不透,欠缺特种货物包装知识,业务不熟练,学习与培训机会较少。在特种货物培训过程中也存在一些问题,如培训教案水平不高,讲课不生动,针对性不强等。

由于部分货运人员对货运规章的学习、理解不够,责任心不强,不严格按规章办事,出现了诸如车种错用和擅自改变装载加固方案等情况,使货物在运输途中发生倒塌、坠落、超载、偏载等问题,造成安全事故。中国有5000多家企业、近10万台车辆、20多万人从事特种货物运输业务,每年危化品运量达1亿~2亿吨,但80%以上的公司没有专业的职业培训师和鉴定师,企业的从业人员缺乏专业性,比如学物流专业的不懂特种货物运输的特性,学化工专业的又不懂仓储物流的规范,尤其是高级人才极度匮乏。

从全行业来看,仓储业一线保管人员中,有33.57%是农民工,他们在危险品养护、科学管理方面缺乏深度认识,只能从事简单的出入库业务及装卸搬运工作。而在一线保管员中,有70%~80%的人没有进行过正规的职业技术培训,大多只接受过企业内部简单的职业教育或岗前培训,这也给行业的发展带来困难。

6. 运能不足,矛盾突出

目前,中国化工产业处于逐步扩张的阶段,但区域发展极不平衡,以石油、天然气等为基础原料的化工产业集群大多分布在西部,而其输出产品的销售地和下游深加工企业又多集中在东部沿海地带,"产销分离"决定了"危化物流"运输的紧俏。

比如,煤化工中的"煤制甲醇",西北地区产能占到全国总产能的65%,而当前中国甲醇运输以汽运为主,铁路运输、水运其次,在铁路路网地理分布不均衡的背景下,主要干线运输能力已经全面饱和,如京沪、京广、陇海、石太等线绝大部分区段货运能力利用率已达100%,其货运运能不足的矛盾非常突出。

与铁路运力紧张相比,特种货物采取水路运输也面临着可选择性极小的困境,因为中国缺乏具备特种货物运输资质的水运企业、水运船舶及其配载的容器短缺,长期以来导致水运效率低下。在铁路运力不足、水运容器短缺的情况下,很多企业被迫选择汽运方式,但其运输成本较高,价格是铁路运输的2倍、水运的3倍,这给企业造成了很大的压力,同时也存在更多不可预知的风险。

7. 低价竞争,"生态"恶化

由于特种货物行业的不断发展,一些不具备资质的公司,甚至做普货的公司也开始大量涌入特种货物物流市场。这些企业往往在设备、技术、管理上不愿意进行更多的投入,有的用普通货车直接运输特种货物,更有甚者,在普货中夹带特种货物。

很多运输企业从自身效益考虑,槽罐混装,各种特种货物共用一辆槽罐车,如装了苯酚的车再去装硫酸,除了腐蚀罐体之外,还可能产生爆炸。由于混装的运营成本很低,在市场上可以用很低的运价招揽到客户。而低价竞争不仅抢夺了正规公司的市场份额,还使整个特种货物行业开始偏离合理的价格区间,严重扰乱了市场的正常秩序,加之相关部门执法不严,使得小部分物流公司可以通过超载、不规范操作等手法进一步压缩成本,确保利润。恶性市场竞争使特种货物物流市场大有劣币驱逐良币之势。

扩展阅读7-1

发展生鲜农产品冷链物流的措施

复习与思考

1. 特种物流包括哪些类别？
2. 简述特种物流的特点。
3. 举例分析特种物流的发展现状。
4. 简述特种物流发展中存在的问题。

第八章

工程物流起重吊装管理

1. 熟悉起重吊装事故类型；
2. 了解起重吊装事故预防与控制。

引导案例

关于济南"3·9"行车卸扣断裂事故的通报

2020年3月9日8时20分，莱芜市国泰经贸有限公司发生一起起重伤害事故，造成1人死亡，直接经济损失130万元。

山东济南钢城人民政府发布了关于对《济南市钢城区"3·9"莱芜市国泰经贸有限公司一般起重伤害事故调查报告》的批复，调查报告全文如下：

一、事故发生经过

2020年3月9日上午8时许，当满载钢捆的货车到达国泰公司院内后，按照平常惯例，李永实、赵发坤和王自平自行开始进行钢捆卸车、堆垛作业，其中，赵发坤和王自平负责摘钩，李永实负责用遥控器操作行车。

8时20分，李永实操作行车，用该行车的小钩将吊运的两捆钢材（热轧H型钢，W8×18/13.11m，14pcs/4882kg，两捆理论重量9.764t）下降到距离地面钢捆垛（垛高2.4m，宽3.2m，长13.2m）上方1.5m处时，行车"小钩"下挂的横梁一端的卸扣发生断裂，吊运的钢捆随即坠落至下方钢垛的边缘，连同被砸落的型钢一同向地面坠落，将正在钢垛下部清理铁钥子的赵发坤砸中。

二、事故发生的原因

（一）事故发生的直接原因

经调查认定，国泰经贸公司操作人员在进行钢捆卸车作业时，由于使用的吊具上的卸扣突然断裂,造成起吊的钢捆坠落,砸中吊物下方的操作人员,是事故发生的直接原因。

(二)事故发生的间接原因

1. 国泰经贸公司对设备的管理混乱

国泰经贸公司对经营过程中涉及的行车及附属部件安全管理不到位:

(1)国泰经贸公司经营过程中所使用的行车卸扣,未在扣体上标注制造商的识别标记或符号,无追溯标记,极限工作载荷标示不规范,不符合《一般起重用 D 型和弓型锻造卸扣》(GB/T 25854—2010)规定。所使用的卸扣从一般经销商购买,未向经销商索要产品合格证。国泰经贸公司经营过程中所用到的行车,未装设运行声光报警器,不符合《通用门式起重机》(GB/T 14406—2011)规定,致使行车在运行过程中,操作人员无法向周边人员发出安全提醒信号。

(2)该行车未向市场监管部门申报并进行登记,未经具有专业资质的机构检测、检验合格,未进行自行检测和维护保养。

(3)国泰经贸公司私自对使用的行车进行改造,聘请的个人不具备与特种设备改造相适应的生产条件和检测手段,在改造施工前未将拟进行的特种设备改造情况告知市场监管部门,改造完成后未经检验检测机构按照安全技术规范的要求进行监督检验合格就投入使用,无法保证安全。

2. 国泰经贸公司未制定安全操作规程

国泰经贸公司对经常进行的钢材卸车、堆垛、装车等作业,未制定相应的安全操作规程,未对相关作业人员的作业行为、作业顺序和安全注意事项进行明确的规定,致使人员在作业过程中的作业行为非常随意、无章可循。

3. 国泰经贸公司对从业人员的教育培训不到位

钢捆卸车人员赵发坤、王自平、李永实进入公司上岗作业前,国泰经贸公司均未对其进行"三级"安全教育;虽然日常对其进行简单安全生产口头教育,但未就教育培训情况进行考核,未建立员工的安全生产教育培训档案,未如实记录教育培训情况,致使作业人员安全意识不强,自我保护能力差,冒险作业。

三、事故性质

经调查分析认定,济南市钢城区"3·9"莱芜市国泰经贸有限公司事故是一起一般生产安全责任事故。

(资料来源：https://www.sohu.com/a/403687403_120003536)

思考：

1. 从这个案例中我们需要汲取哪些教训?

2. 工程物流中涉及较多的起重吊装活动,如何加强起重吊装安全管理?

第一节　起重吊装事故

一、常见起重吊装事故类型

随着我国经济的快速发展,人民生活水平不断提高,我国已经跻身于世界制造大国行列,城乡建设规模和生产规模不断扩大。起重机械作为高效的物料搬运机械,其使用数量和种类在迅速增加,使用范围不断扩大,起重机械林立已经成为工程建设中的一道景观。但随之而来的起重吊装安全事故也成为与生产、生活和正常的社会经济秩序密切相关的一个重要话题。起重事故往往是毁灭性的,给人民生命财产造成巨大损失。

在工程物流中,大件设备多,吊装作业十分频繁,近年来各类起重吊装事故频频发生,如何预防和控制起重吊装事故的发生,将成为工程物流工作的重点和关键。

2021 年全国特种设备事故分析

据国家市场监督管理总局发布数据,2021 年全国共发生特种设备事故和相关事故110 起,特种设备事故和相关事故造成死亡人数 99 人。按设备类别划分,场(厂)内专用机动车辆事故死亡 34 人,占比 34.34%;起重机械事故死亡 30 人,占比 30.3%;电梯事故死亡 17 人,占比 17.17%;压力容器事故死亡 11 人,占比 11.11%;锅炉事故死亡6 人,占比 6.06%;气瓶事故死亡 1 人,占比 1.01%。

截至 2021 年年底,特种设备事故共结案 56 起,事故原因主要分三类:一是因使用、管理不当发生事故,约占 82.14%;二是因设备制造、维修检修、安装拆卸以及运行过程中产生的质量安全缺陷导致的事故,约占 14.29%;三是其他次生原因导致的事故,约占3.57%。

(资料来源: http://t.10jqka.com.cn/pid_229005329.shtml)

(一) 脱钩

起重机出现脱钩,简单来说,就是钢丝绳从吊钩中脱落。常见的脱钩主要是由以下原因造成的。

1. 防脱挂钩装置失灵、损坏导致的脱钩

为了避免脱钩,吊钩配置有一个防脱钩装置,在钢丝绳挂到吊钩之后,司钩员需要放下防脱钩装置。一种可能是司钩员工失误,忘记将防脱钩装置放下,导致脱钩;还有一种可能是防脱钩装置长期使用,出现故障,导致脱钩。

2. 超额吊装导致脱钩

吊钩是 U 形的,其有承重的上限,如果承载的起吊物过重,会将吊钩拉变形。这种情况是存在的。例如,起吊物下面有重物,抑或是起吊物的地锚没有切断,都会将吊钩拉变形,进而导致脱钩。有时在吊运中因起吊物体不稳,会使吊钩在空中悠荡,在悠荡过程中钩头由于离心惯性力甩出而引起脱钩事故。

3. 振动和冲击导致脱钩

在起吊的时候,应该平缓运行,行车因操作不稳,紧急起动、制动都有可能引起钩头惯性飞出。另外,在吊装的过程中发生碰撞,也会导致脱钩。

4. 其他原因

如起重工在吊运物体时,因现场无人指挥,吊物下降过快造成脱钩;斜拉斜吊,造成吊钩滑脱。

脱钩一方面导致起重机受损,脱钩之后,吊钩往往会反弹,砸坏起重机某些构件;另一方面,脱钩导致起吊物受损,脱钩会使起吊物坠落,给客户造成损失,甚至脱钩之后,起吊物坠落还可能砸伤其他物体,乃至人员,造成人员伤亡。

(二) 钢丝绳断裂

起重机在吊装过程中钢丝绳常常会出现断裂。钢丝绳发生断裂的原因很多,主要和常见的原因如下:

(1) 钢丝绳质量。每根钢丝绳采用的材质是影响正常吊重的很关键的一个因素。使用前要严格对钢丝绳进行检查,避免使用损坏或有缺陷的钢丝绳。

(2) 超载。钢丝绳选用型号与吊物重量不配,起吊重量严重超过钢丝绳索承受的拉伸力,导致在作业过程中钢丝绳断裂。

(3) 滑轮、卷筒的缠绕次数。每缠绕一圈对钢丝绳都是一种磨损,多次缠绕会加剧磨损,使得钢丝绳在吊运时严重超负荷,故而容易断裂。

(4) 工作环境。好的环境可避免钢丝绳作业过程中受损。

(5) 保养情况。好的保养措施可以延长吊车的使用寿命,同样对于钢丝绳也是一样。

(三) 安全防护装置缺乏或失灵

起重机械的安全装置(制动器、缓冲器、行程限位器、起重量限制器、防护罩等)是各类起重机所不可缺少的。设备带病运转,不仅会缩短起重设备的使用寿命或修理周期,更为严重的是设备在带病运转过程中,可以导致发生许多设备和人身事故。

当安全装置缺乏或失灵又未检修时,这种装置便起不到安全防护作用。

因操作不慎和超负荷等原因,会发生翻车、碰撞、钢丝绳断裂等事故;起重机械上的齿轮和传动轴没有设置安全罩或其他安全设施,会卷进人的衣服。

(四) 吊物(具)坠落

起吊机械吊物(具)坠落事故是指起重机械作业中吊载、吊物(具)等重物从高空坠落砸向作业人员与其他人员所造成的人身伤亡和设备损坏事故。起重机吊运物体时,由于某种原因,物体突然坠落,将地面上的人员砸伤或砸死,这种事故一般是惨痛的,因为坠落的重物一般都是击中人的头部(立姿)或腰部(蹲姿)。

在有行车的厂房,由于生产噪声的掩盖,地面人员往往听不到指挥信号或思想麻痹,不能迅速避让,因而导致物体坠落伤人。

常见的坠落事故及原因主要有下面几点。

1. 捆绑挂吊方法不当

发生此种情况的原因:一是由于捆绑钢丝绳夹角过大,无平衡梁,捆绑钢丝绳拉断,致使吊物坠落砸人;二是由于吊运带棱角的吊物未加防护板,捆绑钢丝绳被磕断,致使吊物坠落砸人。

2. 超负荷

起吊埋在地下的物体,最容易发生过载、钢丝绳断裂、设备损坏等起重吊装事故。发生此种情况的原因如下:

一是由于作业人员对吊物的重量不清楚(如吊物部分埋在或冻结在地下,部分在地面上,地脚螺栓未松开等),贸然起吊,发生超负荷拉断索具,致使吊索具坠落(甩动)砸人;

二是由于歪拉斜吊发生超负荷而拉断吊索具,致使吊索具或吊物坠落砸人。

斜拉工件可能发生较大事故,它与竖直起吊比较,斜拉物体时绳上的张力一部分分解到竖直方向提升物体,另一部分分解到水平方向拉动物体。这样,绳上的负荷变化较大,在起吊同样重的物体时,绳上的张力加大了,增加了危险性。物体沿水平方向移动会产生突然摆动、振动,或造成撞击和断绳甚至翻车事故,特别是突然拉断了的钢绳会在较大范围内晃动伤人。

埋在地下的设备或工件,在全部显露出来并确认不与地下构件连接或固接时,方可起吊。只有局部显露,并且起吊物与地下构件连接或固接情况不明时,是不能起吊的。

3. 过(超)卷

这是指吊钩冲顶造成的重物失落事故。发生此种事故原因:一是由于没有安装上升极限位置限制器或限制器失灵,致使吊钩继续上升直到卷(拉)断起升钢丝绳,导致吊物(具)坠落砸人;二是由于起升机构接触器失灵,使主触头释放动作缓慢,不能及时切断起升直到卷(拉)断起升钢丝绳,导致吊物(具)坠落砸人。

4. 断绳事故

这是指起升绳和吊装绳因破断造成的重物坠落事故。原因有超负荷、起升限位开关失灵、钢丝绳长期使用缺乏维护保养造成变形、磨损、拉断等。

(五) 起重机倾翻和碰撞致伤

当起重机动臂幅度过大时,会加重超负荷,往往造成起重机倾覆事故,引起人身伤亡和设备损坏。事故原因是因为起重机的倾覆力矩大于稳定力矩造成的。操作时不安装安全支承器亦是引起倾覆的原因之一。

物体在吊运中,因碰撞或刹车等原因,会使吊件在空中悠荡,吊件撞倒设备或其他物体而引起事故,撞击力大,故后果比较严重。

(六) 触电

在输电线路下进行起重作业时,具有较大的危险性。

起重机起重臂因活动范围大,易于与高压线路碰击而发生触电事故,靠近输电线路附近的扒杆也有较多的触电机会,施工现场中临时导线对起重作业也是一种威胁。

临近高压线进入电力保护区及附近作业时,要严格执行"定人、定机、定岗"制度,采取可靠安全措施后方可进入作业。作业时需设专人监护,调动时,应执行"机调人随",尤其吊车作业前需提前联系电力部门人员(铁塔命名牌上一般都有联系电话)现场校核,满足作业条件方可开工。

为搞好安全作业,还需提高对安全吊装的认识,遵守以下安全操作规程:

(1) 起重机工作时,起重臂、钢丝绳、吊具以及吊物与输电线的最小距离不应小于规定值。

(2) 起吊时,捆绑挂钩完毕,不应用手扶持吊物或牵拉钢丝绳,以防在触电时被伤害。

(3) 从一个工地转到另一工地时,起重臂应放平,不能仰起吊臂行走,更不能有人手牵钢丝绳行走,防止触电伤害。

(4) 在野外空旷场地作业时,遇有雷雨应将起吊臂收回放平,防止雷击。

(七) 指挥信号不明或指挥不当

现场起吊时,指挥信号不明时,易使现场起重人员产生错误判断或错误操作,尤其当两个单位在同一场地操作时,因各自的指挥信号不同引起的错误操作往往会产生严重后果。

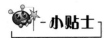小贴士

吊装作业信号工作业规范

(1) 在施工现场严禁串岗,不得无故离岗。

（2）现场指挥语言采用普通话。指挥语言应规范，防止发生指挥错误。指挥过程中，严格执行信号指挥人员与塔机司机的应答制度，即：信号指挥人员发出动作指令时，先呼叫被指挥的塔机编号，待塔机司机应答后，信号指挥人员方可发出塔吊动作指令。

（3）每次吊运前要检查吊笼底部有无夹带不稳定物体，U型环有无拧紧等现象；每天检查吊钩、钢丝绳的安全情况，吊钩保险装置、吊索具、容器的磨损情况，发现问题及时汇报；注意协调各班组之间的吊运关系；上下信号工要配合一致。

（4）信号工应遵守"施工现场安全生产六大纪律"和坚持"起重吊装十不吊"规定。

（5）起吊前信号工应对被吊物的体积、重量及所处的位置作出全面的判断并与司索工密切配合，确定吊点及吊运方法。

（6）信号工上岗期间应集中思想，不擅离岗位、不嬉戏打闹、不吃东西，随时注意起重机的旋转、行走和重物状况，发出信号应规范、准确、清楚。

（7）信号工应具备对吊物的重量、重心的估算能力，与司机密切配合完成吊物的全过程作业。不得超载、斜吊，也不得起吊埋地物件。

（8）信号工应站在司机与司索人员均能观察到的地面安全处，严禁站在吊物可能倾翻坠落后受到影响的地方，作业地方如是斜面，应站在斜面上方，避免吊物坠落沿斜面滚动伤人。

（9）起吊物离地20～30cm后，应发出停机指令，司索人员应配合全面检查吊物的稳定性、捆绑的可靠性、钢丝绳是否打扭变形、吊钩是否牢靠等，确定无误后才由信号工发出起吊指令。

（10）吊物悬空后出现异常，信号工要迅速判断、紧急通知危险部位人员迅速撤离，并发信号使吊物慢慢下落，排除险情后才可以再起吊。

（11）吊运中突然停电或机械发生故障，重物不准长时间悬空。要发信号将重物缓慢落在适当的稳定位置并固定好。

（12）信号工要在放钩前检查所放置的地点是否安全，放置点是否能承受此吊物件的重量和放置点是否平稳。

(八) 吊物上方站人或吊物下工作

在物体吊起后失去平衡，将重物放下重新起吊时，有少数起重工特别是青年人怕麻烦，图省事，违章站在重物上以求平衡，当起重机一旦发生紧急制动造成剧烈振动时，站在起吊物上的人会随之跌下或被物体碰倒以及被压伤。

有时起重工为了方便松钩，人同吊物一起吊，一旦发生断绳、吊物吊落或紧急制动与碰撞时，人将随之坠落。在吊装集装箱等吊物时此类违章现象较为严重。

二、起重吊装事故分析

(一) 起重吊装作业过程中的事故原因分析

1. 起重指挥风险原因分析

在起重吊装作业过程中,指挥人员首先要清楚被吊物体重量、吊运线路、吊装位置等,较大的起重吊装作业,还应熟知《吊装安全施工方案》。指挥作业时,指挥人员应站在安全位置上,佩戴鲜明的标志,使用标准的信号与司机进行联系。

若同时用 2 台起重机吊运同一负载时,指挥人员应双手分别指挥各台起重机,以确保同步吊运。负载降落前,必须确认降落区域安全后方可发出降落信号。如果指挥人员业务不熟或精神不集中,则潜藏着作业风险。

2. 起重司机风险原因分析

起重机械操作人员在吊装作业时,首先要将吊车四脚支稳。吊车四脚的枕木或垫板应按照方案要求进行放置,枕木和垫板放置必须保持水平,不得放置在斜坡上,以确保液压千斤顶与支腿板保持垂直。若液压千斤顶与支腿板不垂直,可能造成支腿板球铰接处失效或支腿板在垫板上产生滑移而损坏或导致油缸损坏。

另外,不能在支腿梁下布置枕木,因为这会由于倾翻点移向车体而降低稳定性。在吊装作业过程中,司机需熟练掌握标准规定的通用手势信号和有关的各种指挥信号,并与指挥人员密切配合。当指挥信号不明时,司机应发出"重复"信号询问,明确指挥意图后方可操作。

3. 司索作业风险原因分析

司索作业人员在吊装作业时,首先要检查吊具与索具是否完好,与所吊运物品的种类、环境条件及安全工作负荷等具体要求是否适应。吊具不得超过其额定起重量,吊索不得超过其最大安全工作载荷。吊挂前,应确认重物上设置的起重吊挂连接处是否牢固可靠;必要时应在吊重物品与吊具、索具间加保护衬垫。

4. 其他方面原因分析

起重吊装作业事故除了上述原因可能引起以外,尚有部分事故是因为其他方面的原因造成的。

(1) 起重作业人员作业时,严重违反《起重作业安全管理规定》,恶意嬉戏,酿成事故。

(2) 起重吊装作业的周边没有设立警戒线或管理、监护不到位,无关人员进入吊装作业区域,造成事故。

(3) 起重吊装作业实施前未对该地的地基进行处理或处理不到位,造成事故。

(4) 与有关部门人员联系、沟通不够,周围进行有毒、有害气体排放等作业,造成起重吊装作业人员受到伤害,产生事故等。

(二) 发生事故的年龄分析

1. 18～30 岁

这个年龄段的人精力充沛,接受新事物快,但容易冲动,好冒险,加上经验不足,所以最容易出事。

2. 31～45 岁

这个年龄段的人精神稳定,有一定经验,自我控制能力强,不易冲动和冒险,通常较少出现事故。

3. 46～60 岁

这个年龄段的人身体各部分机能开始衰退,反应迟钝,手脚较慢,有时自认为经验足而疏忽大意,易发生事故。

(三) 发生事故的日期分析

1. 节假日前后

这段时间人们应酬较多,作业时思想不集中,加上休息不好,较易出现事故。

2. 7～9 月

这段时间天气炎热,人休息不好,精神状态差,加上工作环境相对变坏,最容易出事故。

3. 年底

为完成年度计划、赶任务,加班加点,容易疲劳,较易出事故。

(四) 发生事故的时间分析

1. 刚开始进行作业时

这时作业人员思想较为放松,还没有进入工作状态,容易发生事故。

2. 临近天黑的时候

这段时间,一般人都想争取快点干完,故作业繁忙紧张,加之照明不足,很容易发生伤害事故。

3. 深夜

这段时间人最易疲劳,反应迟钝,工作环境也变差,也较容易发生事故。

4. 接近下班时间

这段时间工作告一段落,人较疲劳,思想放松,精神不集中,最容易出事故。

第二节　起重吊装事故预防与控制

在我国工程物流活动日渐频繁的背景下,起重机械开始成为不可或缺的支持设备,在不同物料起重、运输、装卸,以及人员输送等环节中得到推广应用,作业人员的劳动压力持续减轻,工作效率亦得以大幅度提升。与此同时,因为各类特殊性工艺技术的支持,使得这部分生产活动呈现出强烈的机械和自动化特征。如果现场操作、捆绑、指挥等环节出现误差,就极有可能威胁到吊物和人身的安全状态,因此务必要预先加以严格性监督管制,进行早期预防和控制。

一、加强作业人员的培训和考核

根据《特种作业人员安全技术考核管理规则》的要求,起重作业人员必须经过当地政府职能部门的安全培训和考核,合格发证后,方可上岗作业。《安全生产法》中规定:任何单位不得强调"生产需要,客观困难"而冒险指派、强令没有取得特种作业操作证的人员从事特种作业。

起重吊装作业是一项由指挥人员、起重机司机和司索人员群体配合的集体作业,具有危险性大、作业环境复杂、技术难度大等特点,操作人员必须经过专业知识培训,取得"特种设备操作人员资格证"后方可从事相应作业。在作业时应注意以下几点。

(1) 对从事指挥和操作的人员进行专人指定。

(2) 对起重吊具进行安全检查确认,确保处于完好状态(如:吊钩保险扣是否有效、钢丝绳是否有断丝断股现象、U型环是否有滑丝脱扣现象)。

(3) 对安全措施落实情况及吊装环境进行确认。

(4) 对吊装区域内的安全状况进行检查。

(5) 正确佩戴个人防护用品,预测可能出现的事故,采取有效的预防措施,选择安全逃生通道。

二、正确使用各种起重吊装机械

(一) 安全装置

1. 位置限制与调整装置

(1) 上升极限位置限制器

当起升机构上升时,若吊具超越工作高度范围仍不停止,就会发生吊具顶到上方支承结构,从而造成拉断钢丝绳并使吊具坠落的事故。采用上升极限位置限制器并保持其有效,可防止这种过卷扬事故。所以《起重机械安全规程》规定,凡是动力驱动的起重机,其起升机构(包括主副起升机构)均应装设上升极限位置限制器。

其常见形式有重锤式和螺杆(或蜗轮蜗杆)式两种。重锤式上升极限位置限制器悬挂在吊具上方,吊具超越工作高度碰到位置限制器后会触发一个电气开关,使系统停止工作。螺杆式限位器是由卷筒轴端连接,引出运动关系和尺寸范围,通过与螺母一起的撞头去触发开关触头来断开电路的。

(2)运行极限位置限制器

起重机小车或大车工作运行到行程的极限位置时应停止运行,否则车体将与轨端止挡和缓冲器碰撞,损伤起重机或轨道的支承系统(如厂房等),并可能造成设备和人身事故。所以,凡是动力驱动的起重机,其运行极限位置都应装设运行极限位置限制器。行程限制器一般由一个行程开关和触发开关的安全尺构成。

(3)缓冲器

起重机缓冲器一般在下述几种情况下起作用:起重机运行至行程终点附近时,有时因速度较大,越过行程开关后不能立刻停止;当行程开关失灵操作又失误时,起重机将会以原有的运行速度冲向行程终点;在同一跨厂房内装设两台或更多的桥式起重机,它们在工作中有很多相撞的机会。

这时,起重机运行动能将能通过碰撞造成本身或其支承结构损伤,甚至导致人身事故。所以,《起重机械安全规程》要求,桥式、门式起重机,装卸桥,以及门座起重机或升降机等都要装设缓冲器。起重机常用的缓冲器有实体式缓冲器、弹簧缓冲器和液压缓冲器。

2. 防风防爬装置

在露天轨道上运行的起重机一般均受自然风力影响,设计时考虑了风力因素。当风力大于规定值时,起重机应停止工作。处于非工作状态的起重机受到强风吹袭时,可能克服大车运行机构制动器的制停力而发生滑行。这种失控的滑行,会使起重机在轨道端部造成强烈的冲击以致整体倾翻。我国每年因此造成的损失是很大的。所以《起重机械安全规程》规定,在露天轨道上运行的起重机,如门式起重机、装卸桥、塔式起重机和门座起重机,均应装设防风防爬装置。露天工作的桥式起重机也宜装设防风防爬装置。

起重机防风防爬装置主要有三类,即夹轨器、锚定装置和铁鞋。按照防风装置的作用方式不同,可分为自动作用与非自动作用防风装置两类。自动作用防风装置,是指在起重机停止运行或忽然断电的情况下,防风装置能自动工作。非自动作用防风装置多采用手动,结构比较简单,重量轻,紧凑,维修方便,但操作麻烦,不能应付突然来的风暴;并且手动夹轨器的夹持力较小,多用于中小型起重机上,对于大型起重机,为了增强防风装置的安全可靠性,则同时采用几种防风装置。

3. 安全钩、防后倾装置和回转锁定装置

（1）安全钩

单主梁起重机，由于起吊重物是在主梁的一侧进行，重物会对小车产生一个倾翻力矩，由垂直反轨轮或水平反轨轮产生的抗倾翻力矩使小车保持平衡，不至于倾翻。但是，只靠这种方式不能保证在风灾、意外冲击、车轮破碎、检修等情况时的安全。因此，这种类型的起重机应安装安全钩。

（2）防后倾装置

用柔性钢丝绳牵引吊臂进行变幅的起重机，当遇到突然卸载等情况时，会发生吊臂后倾的事故。《起重机械安全规程》明确规定，流动式起重机和动臂塔式起重机上应安装防后倾装置（液压变幅除外）。

防后倾装置，先通过变幅限位开关限制变幅位置，再通过一个机械装置对吊臂进行止挡。保险绳和保险杆是另两种常用的防后倾装置。保险绳是一根固定长度的钢丝绳，可限定吊臂的倾角。保险杆连接在吊臂和转台上，它是一个套筒伸缩机构，套筒中安装有缓冲弹簧，对吊臂起缓冲、减振和限位作用。

（3）回转锁定装置

回转锁定装置，是指臂架起重机处于运输、行驶或非工作状态时，锁住回转部分，使之不能转动的装置。

回转锁定器常见的有机械锁定器和液压锁定器两种。机构式锁定器结构比较简单，通常采用锁销插入方法、压板顶压方法或螺栓固定方法等。液压式锁定器通常用双作用活塞式油缸对转台进行锁定。

4. 超载保护装置

超载作业是造成起重事故的主要原因之一，轻者损坏起重机零部件，使得电机过载或结构变形；重者造成断梁、倒塌、折臂、整机倾覆的重大事故。使用灵敏可靠的超载保护装置是提高起重机安全性能、防止超载事故的有效措施。超载保护装置包括起重量限制器和起重力矩限制器。

超载保护装置按其功能的不同，可分为自动停止型和综合型两种；按结构形式分，分为电气型和机械型两种。

自动停止型，是指当起升重量超过额定起重量时，能阻止起重机向不安全方向（起升、伸臂、降臂等）继续动作。综合型，是指当起升重量达到额定起重量的 90% 左右时，能发出声响或灯光预警信号。起升重量超过额定起重量时，能停止起重机向不安全方向继续动作，并发出声光报警信号。

电气型，是把检测到的载荷等机械量转换成相应的电信号，再进行放大、比较、运算和处理；机械型，是指通过杠杆、偏心轮、弹簧或液压系统检测载荷，由行程开关（控制阀）动作。

（1）起重量限制器

起重量限制器主要用于桥架型起重机，其主导产品为电气型，如图 8-1 所示。电气型产品一般由载荷传感器和二次仪表两部分组成。载荷传感器使用电阻应变式或压磁式传感器，根据安装位置配制专用安装附件。传感器按结构形式来分，主要有压式、拉式和剪切梁式三种。

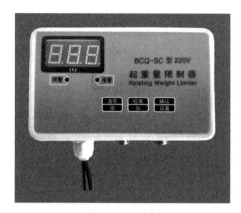

图 8-1　起重量限制器

（2）起重力矩限制器

起重力矩限制器分为动臂变幅力矩限制器和小车变幅力矩限制器。

动臂变幅的塔式起重机，可以使用机械型力矩限制器；小车变幅塔式起重机，一般使用起重量限制器和起重力矩限制器来共同实施超载保护。

5. 防碰装置

随着科学技术的发展，起重机械进一步趋向高速化、大型化、复杂化。在很多企业里，同层多台吊车作业比较普遍，也有上下两层甚至三层吊车作业的场所。在这种情况下，单凭安全尺、行程开关，或者单凭司机目测等传统方式来防止碰撞，已经不能保证安全。

从 20 世纪 60 年代开始，一些工业发达国家陆续研制出光线、超声波、微波等无触点式起重机防碰装置。这种全新的防碰装置具有探测距离远、可同时设定多个报警距离、精度高、功能全、环境适应性好的特点，很快形成了产品系列，在各类企业得到广泛业应用。现今的起重机械基本上都安装了这种防碰装置。

(二) 吊具、索具

1. 吊具

吊具(lifting sling)，是指起重机械中吊取重物的装置，广泛应用于起重吊装行业中。吊取成件物品最常用的吊具是吊钩、吊带，其他还有吊环、起重吸盘、夹钳和货叉等。

吊具中常用的是吊钩、钢丝绳、链条等专用索具。起重吸盘、夹钳和货叉等可在起重机上作为专用吊具长期使用,也可作为可更换的辅助吊具挂在吊钩上临时使用,常用于多货种仓库和堆场,以提高作业效率。抓取散状物料的吊具一般为颚板可开闭的抓斗,也可用电磁吸盘吸取如金属切屑等导磁性物料。吊取流动性物料的吊具常用的有盛桶和吊罐,一般通过倾侧或抽底塞等方式卸出钢水或化学溶液,通过打开吊罐底门卸出混凝土等流动性物料。

为了满足日常大型机械的起吊,国内的一些吊索具公司还设计了一些专门的吊具,如风机吊具、塔筒吊具、叶片吊具、轮毂吊具、汽轮机吊具等。吊具主要有链式吊具、钳式吊具、起重吸盘等。

(1) 链式吊具

链式吊具由吊链和吊环、吊钩、吊带等附件组成,是一种金属吊索具(图 8-2),按承载能力分为 60 级吊具、80 级吊具、100 级吊具及 120 级吊具等。级别越高,同样规格的链条的承载能力越强。

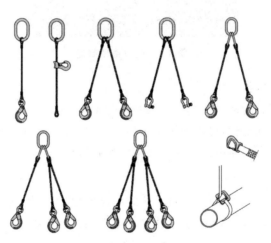

图 8-2　链式吊具

链式吊具的优点:承载能力强;安全性好,破断延伸率≥20%;组合形式多样,通用性、互换性强;长短可调、易于存放;使用寿命长;使用温度范围大;易于检测,方便快捷。

链式吊具的缺点:价格较吊带、钢丝绳偏高;自重偏大。

(2) 钳式吊具

钳式吊具通常指夹钳,是用于夹持、紧固或吊装的工具,如图 8-3 所示。

(3) 起重吸盘

起重吸盘是利用磁力或空气压力差吸取重物的吊具,如图 8-4 所示。分为电磁吸盘和真空吸盘两种。

图 8-3　钳式吊具

图 8-4　起重吸盘

① 电磁吸盘

电磁吸盘又称起重电磁铁,由盘形钢壳和壳内的励磁线圈组成,用以吸取导磁性物料,通常挂在起重机吊钩上使用,其电缆随吊钩一起升降。按工作原理可分为电磁式和永磁式。

电磁式靠线圈通直流电励磁吸料,断电去磁卸料。为防止断电时物料坠落,带这种吸盘的起重机一般需要有备用电源。

永磁式靠永磁体(如铝镍钴或锶铁氧体合金磁钢吸头)吸料,通电消磁卸料,此种形式断电时无物料坠落的危险,但在消磁不干净时易吸附铁屑氧化皮,影响吸力。圆形电磁吸盘用得最多,吸取板材和条材时则多采用矩形电磁吸盘。吸盘底面大多呈平面形;也有呈凹弧形的,用以吸取桶和板卷等。吊运长件物品时,可以使用几个吸盘同时工作。用电磁吸盘吸取的物料温度一般不超过 600℃ 。

② 真空吸盘

真空吸盘由真空装置和软塑料或碗状橡胶吸盘头等组成,分有动力和无动力两种。有动力真空吸盘利用真空泵获得真空,吸力较大,但有噪声,且需要附有电缆或通气软管。无动力真空吸盘又称自吸式真空吸盘,在提起吸盘时由吊钩带动活塞杆获得真空,不需要动力源,具有结构简单、无噪声等优点,但通常只能吸取 500kg 以下的物料。真空吸盘常用来吸取表面平整的物品,被吸的物料不受有无导磁性的限制,钢板、玻璃、塑料、水泥制品和木材等都可吸运,并可从一叠板材上逐一取料,作业效率高。

2. 索具

索具是指与绳缆配套使用的器材,如钩、松紧器、紧索夹、套环、卸扣等,也有把绳缆归为索具的。

索具主要有金属索具和合成纤维索具两大类。

金属索具主要有：钢丝绳吊索类（图 8-5、图 8-6）、链条吊索类、卸扣类、吊钩类、吊（夹）钳类、磁性吊具类等。

图 8-5　压制钢丝绳索具

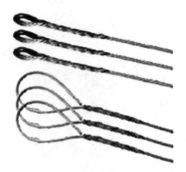

图 8-6　插编钢丝绳索具

合成纤维索具主要有：以锦纶、丙纶、涤纶、高强高模聚乙烯纤维为材料生产的绳类和带类索具。

3. 吊、索具使用

吊具与索具应与所吊运物品的种类、环境条件及具体要求相适应，在使用过程中要注意以下要求：

（1）作业前应对吊具与索具进行检查（色标）；

（2）吊挂前，应确认重物上设置的起重吊挂连接处是否牢固可靠，提升作业前应确认绑扎、吊挂是否可靠；

（3）吊具不得超过其额定起重量，吊索不得超过其最大安全工作载荷；

（4）不得损坏吊重物品与吊具、索具，必要时应在吊重物品与吊具、索具间加保护衬垫。

小贴士

吊索具使用方法以及注意事项

一、卸扣系列产品使用方法及注意事项

（1）作业前，检查所用卸扣型号是否匹配，连接处是否牢固、可靠。

（2）禁止使用螺栓或金属棒代替销轴。

（3）起吊过程中不允许有较大的冲击与碰撞。

（4）销轴在承吊孔中应转动灵活，不允许有卡阻现象。

（5）卸扣本体不得承受横向弯矩作业即承载力应在本体平面内。

（6）在本体平面内承载力存在不同角度时，卸扣的最大工作载荷也有所调整。

（7）以卸扣承载的两腿索具间的最大夹角不得大于120°。

（8）卸扣要正确地支撑着载荷，即作用力要沿着卸扣的中心线的轴线，避免弯曲，不稳定的载荷，更不可以过载。

（9）避免卸扣的偏心载荷。

（10）卸扣在与钢丝绳索具配套使用时，卸扣的横销部分应与钢丝绳索具的索眼进行连接，以免在索具提升时钢丝绳与卸扣发生摩擦，造成横销与扣体脱离。

（11）根据使用的频率、工况条件恶劣程度应确定合理的定期检查周期，定期检查周期不应低于半年，最长不超过一年，并做检验记录。

（12）如在高温环境使用，应考虑减小载荷。

二、吊钩系列产品使用方法及注意事项

（1）使用吊钩时，应将索具端部件挂入吊钩受力中心位置，不能直接挂入吊钩钩尖部件。

（2）当吊钩出现裂纹和变形时，严禁采用焊接和加热弯曲的方法修理。

（3）当将两个吊索放入吊钩时，从垂直平面至吊索拉开的角度不能大于45°，且两个吊索之间的夹角不允许超过90°。

（4）钩部的磨损已经超过极限的吊钩不得使用。

（5）吊钩使用时，不允许用于侧载荷、背载荷和尖部载荷。

（6）吊钩出现下列情况之一，应更换部件或报废：

① 吊钩体锈蚀或磨损量大于名义尺寸的10%。

② 肉眼看出吊钩有裂纹、裂痕或经探伤检查有裂纹等缺陷。

③ 带保险卡的吊钩，保险卡松动失去作用。

④ 吊钩开口尺寸增大，或钩尖对钩体平面弯曲10°以上，或由于任何原因造成的钩具损坏、弯曲、钩尖磨损，引起吊钩保险卡不能正常工作。

三、吊环系列产品使用方法及注意事项

（1）吊环作业时，最大允许使用角度为120°。

（2）当吊环出现裂纹和变形时，严禁采用焊接和加热弯曲的方法修理。

四、链条卸扣系列产品使用方法及注意事项

（1）根据链条直径和承载重量选择与之相配的链条卸扣，严禁超载使用。

（2）链条卸扣的安装方法：先把扣体穿进吊环或链环中，转动扣体检查是否灵活，无误后将两个扣体对正，装上卡簧，穿进横销。

（3）链条卸扣的卡簧松动失去作用时，应更换部件或报废。

（4）链条卸扣不允许扭曲错位安装，如发现异常，应停止使用。

三、严格执行起重吊装作业规范

(一) 起重方案

1. 确定起重方案的依据

起重作业的方案是依据一定的基本参数来确定的。主要依据如下：

（1）被吊运重物的重量

一般情况下可依据重物说明书、标牌、货物单来确定或根据材质和物体几何形状用计算的方法确定。

（2）被吊运物的重心位置及绑扎

确定物体的重心时要考虑到物体的形状和内部结构是各种各样的。例如，机床设备头部重尾部轻，重心偏向床头一端；又如，大型电器设备箱，其重量轻，体积大，是薄板箱体结构，吊运时经不起挤压等。了解重物的形状、体积、结构的目的是要确定其重心位置，正确地选择吊点及绑扎方法，保证重物不受损坏和吊运安全。

（3）起重作业现场的环境

现场环境对确定起重作业方案和吊装作业安全有直接影响。现场环境是指作业地点进出道路是否畅通，地面土质坚硬程度，吊装设备是否合适，厂房的大小，地面和空中是否有障碍物，吊运司索指挥人员的工作位置是否安全，现场是否达到规定的亮度等。

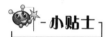

起重机械操作 20 个安全要点

1. 安全站位

在吊装作业中，吊杆下、吊物下、被吊物起吊前区、导向滑轮钢绳三角区、快绳周围、斜拉的吊钩或导向滑轮受力方向等位置都是十分危险的，一旦发生危险人不易躲开。所以，工作人员的站位非常重要，不但自己要时刻注意，还需要互相提醒、检查落实，以防不测。

2. 正确认知吊索具安全系数

吊装作业中，工作人员对于吊索具安全系数无正确认知，致使超重作业。

3. 拆除作业中一定要对遭遇的各种变数有预见性

比如：物件估重，切割的彻底性，拆除件受挤压增加荷重，连接部位未经检查就强行起吊等。

4. 杜绝失误性操作

吊装作业与其他作业不一样，涉及面大，经常使用不同单位、不同类型的吊车。日常操作习惯、指挥信号的差异等因素很容易引发误操作，所以要特别谨慎。

5. 对被吊物体绑扎一定要牢固

高空吊装时对被吊物要采取"锁"而不是"兜"的方法,对被吊物的尖锐棱角要采取"垫"的措施。

6. 滚筒缠绳不紧

大件吊装,吊车或卷扬机滚筒上缠绕的钢绳排列较松,致使受大负荷的快绳勒进绳束,造成快绳剧烈抖动,极易失稳,结果经常出现继续作业危险,停又停不下来的尴尬局面。

7. 临时吊鼻焊接不牢

(1) 临时吊鼻焊接强度不够。这里所讲的焊接强度不够,是指由于焊接母材表面锈蚀,施焊前清除锈斑不彻底,造成焊肉外表美观丰实,而实际焊肉与母材根本没有熔解在一起,当载荷增加或受到冲击时,便发生断裂。

(2) 吊鼻受力方向单一。在吊立或放倒长柱形物体时,随着物体角度的变化,吊鼻的受力方向也在改变,如果在设计与焊接吊鼻时对此考虑不足,就会使有缺陷的吊鼻在起重作业中突然发生折断(掰断)。对于这种情况需要事先在吊鼻两侧焊接立板,立板大小及厚度最好由技术人员设计。

(3) 吊鼻焊接材料与母材不符及非正式焊工焊接。

8. 吊装工具或吊点选择不当

设立吊装工具或借助管道、结构等作吊点吊物缺乏理论计算,靠经验估算的吊装工具或管道、结构吊物承载力不够或局部承载力不够,一处失稳,会导致整体坍塌。

9. 滑轮、绳索选用不合理

设立起重工具时,对因快绳夹角变化而导致滑轮和拴滑轮的绳索受力变化的认识不足,导向滑轮吨位选择过小,拴滑轮的绳索选择过细,受力过载后造成绳断轮飞。

10. 无载荷吊索具意外兜挂物体

有很多事故是这样发生的:起重工作已经结束,当吊钩带着空绳索具运行时,自由状态下的吊索具挂拉住已摘钩的被吊物或其他物体,操作的司机或指挥人员如反应不及时,瞬间事故便发生了。这类事故对作业人员和起重机具会造成非常严重的后果。

11. 起重吊装施工方案与实际作业脱节

主要表现为内容不全,缺乏必要的数据或施工方法与实际操作情况不符,使施工方案变为应付上级检查的挡箭牌,而没有起到指导施工的作用。

12. 空中悬吊物较长时间没有加封安全保险绳

有的设备或构件由于安装工艺程序要求,需要先悬吊空中后就位固定,而有的悬吊物在空中停留时间较长,如果没有安全保险绳,一旦受到意外震动、冲击,将造成悬吊物坠落的严重后果。

13. 工序交接不清或多单位施工,工序平衡有漏洞

如有的结构或平台上一班拆除但与下一班交接不清楚,张三搭的棚子能否上人王五不知道,甲单位切断了平台梁而乙单位继续往平台上放重物,以致造成临时支撑过载。结果是问题发生了,还不知道是怎么回事。

14. 使用带有"毛病"的吊索具

有些人为了省事,找根绳扣就用,殊不知这可能是别人扔的报废的绳扣,有的受过内伤,有的局部退过火,还有的让电焊打过,而这些是不容易检查出来的;还有的贪图便宜购买非正式厂家生产的滑轮、吊环等不合格吊具,使工人作业时提心吊胆。为了确保施工安全,应做到不用别人扔的绳扣,损坏报废的绳扣应及时切断,防止他人误用;不购买非正式厂家生产的吊具。

15. 将麻绳当作安全绳

因为麻绳的承载性能远远不及钢绳,而且麻绳在日常保管及使用中极易遭受损害而降低抗拉力,所以,使用麻绳作安全绳起不到安全作用,极易造成事故。

16. 未设警示区

大件吊装及高空作业下方危险区域未及时拉设安全警示区和安排安全监护人,导致他人不明情况进入危险区域而发生事故。

17. 吊车长臂杆吊重物对"刹杆"考虑不周

吊车长臂杆起吊重物时,由于吊车臂杆受力下"刹",杆头与重物重心垂直线改变,如起杆调正不准,将造成被吊重物瞬间移位,如作业人员考虑不周,未采取回避措施(特别是在空中),就可能发生事故。

18. 两车同抬翻转一件物品计重不准

由于重物翻转过程中重心在变化,如果计算不准确,特别容易导致其中一台吊车过载失稳而倒塌,不但威胁到人的安全,而且会造成巨大的经济损失。此种情况需要特别引起施工及技术人员的重视。

19. 危险区域作业未采取必要的防范措施

如在天车梁上作业,事先与天车司机联系确认不够或因天车司机忙中出错的误操作,以及由于未采取挂警示旗、警示灯,设车挡等措施,致使天车突然出现,施工人员躲避不及发生意外。

20. 对气候影响考虑不足

露天未安装完的龙门吊等起重设备未采取可靠的封固措施,使用中暂停的塔吊吊钩未升到安全位置或锚封在较轻的重物上等,一阵风刮来便可能造成事故,有时突然出现阵风暴雨使电源短路,想抬钩都来不及。所以,养成良好的施工作业习惯非常重要。再有,风天大件吊装必须要考虑风载对吊车的影响因素,有危险或风力超过安全规定时不要作业。

2. 起重方案的确定

起重工作是一项技术性强、危险性大,多工种人员互相配合、互相协调、精心组织、统一指挥的特殊工种作业。所以必须正确制定起重方案,达到安全起吊和就位的目的。

3. 起重方案的组成

起重方案由三个部分组成:

(1) 起重物体重量的确定依据。

(2) 作业现场的布置。列出重物吊运路线及吊运指定位置和重物降落点,标出司索指挥人员的安全位置。

(3) 吊点及绑扎方法,起重设备的配备。说明吊点是依据什么选择的,为什么要采用此种绑扎方法,起重设备的额定起重量与吊运物重量有多少余量,并说明起升高度和运行的范围。

(二) 正确的支腿

支腿是汽车起重机的主要部件之一,其作用是增大起重机的支撑基底,减轻轮胎负担,提高整车的抗倾覆稳定性,从而提高起重能力。支腿是安装在起重机底架上的支撑装置,包括固定部分和活动伸展部分。起重机一般装有四个支腿,前后左右两侧分置,既可同时动作又可单独伸缩。因为工作场地基本是倾斜和不平的,而且地面较软,所以需要在支腿下面垫枕木,另通过看支腿附近的水平仪来调节各个支腿的高度,使支腿的支脚板在同一水平面上。

支腿设计要求坚固可靠,收放自如。吊装工作时支腿外伸着地,加大承载面跨距;行驶时将支腿收回,减小外形尺寸,提高行驶通过性(图 8-7)。

图 8-7　支腿的规范作业

目前,汽车起重机液压支腿形式主要有以下几种:蛙式支腿、H 型支腿、X 型支腿、辐射式支腿和摆动式支腿等。支腿使用时的注意事项如下:

（1）要求打腿的枕木采用相当坚硬的材料，并且要求排列紧凑。

（2）枕木的布置必须总是保持水平，以保证液压千斤顶与支腿板保持垂直。若液压千斤顶与支腿板不垂直，可能产生支腿板球铰接处失效或支腿板在枕木上产生滑移而损坏或导致油缸损坏。

（3）不能在支腿梁下布置枕木，这会降低稳定性。

（三）物体的重心

确定物体重心是正确选择吊点以及绑扎方法的依据。

1. 物体吊点的选择

在吊装各种设备时，为避免设备的倾斜、翻倒、转动，应根据设备的形状特点、重心位置正确选择吊点，使设备在吊装搬运过程中有足够的稳定性，以免发生事故。优先选用设备本体原设计吊点；吊点需选择在吊装物件的重心上部，这样可以有可靠的稳定性；为防止提升、运输中发生翻转、摆动、倾斜，应使吊点与被吊物体重心在同一条铅垂线上。

（1）试吊法选择吊点

在一般吊装工作中，多数起重作业并不需要准确计算物体的重心位置，而是估计设备重心位置，采用低位试吊的方法来逐步找到重心，确定吊点的绑扎位置。

（2）有吊耳环的设备吊点的选择

吊耳是安装在设备上用于起吊的受力构件，如图 8-8 所示。吊耳是设备吊装中的重要连接部件，直接关系到大型设备吊装安全。

图 8-8　罐体吊耳

对于有吊耳环的设备，其耳环的位置及耳环的强度是经过计算确定的，因此在吊装过程中，应以耳环作为连接设备的吊点。在吊装前应检查耳环是否完好，必要时可加保护性辅助吊索。没有吊耳或实际情况不容许使用吊耳时,应按照设备结构特点、吊装稳定性要求以及吊装机械选择吊点。

（3）方形设备吊点的选择

吊装方形设备一般采用四个吊点,四个吊点应选择在四边对称的位置上。吊点应与吊物重心在同一条铅垂线上,使吊物处于稳定平衡状态。提升前应做试吊,直到使吊装设备获得平衡为止,以防止提升时发生滑动或滚动。

（4）机械设备安装平衡辅助吊点

在机械设备安装精度要求较高时,为了保证安全顺利地装配,可采用选择辅助吊点配合简易吊具调节机件平衡的吊装法。通常采用环链手拉葫芦来调节机体的水平位置。

2. 绑扎方法

起重吊装是一个技术含量较高的工种,从起重吊装的事故案例中可以看出不少事故是因为物体的绑扎不牢引起的,因此使用吊索具时,为了保证物体在吊装过程中安全可靠,吊装之前应根据物体的重量、外形特征、安装要求、吊装方法,合理选择绑扎方法。

 **小贴士**

绑扎安全细则

- 绑扎用钢丝绳吊索,卸扣的选用要留有一定的安全余量,绑扎前必须进行严格检查,如发现损坏应及时更换,未达到报废标准时,应在出现异常部位作出明显记号,将其作为重点监视。
- 用于绑扎的钢丝绳吊索不得用插接、打结或绳卡固定连接的方法缩短或加长。绑扎时锐角处应加防护衬垫,以防钢丝绳损坏造成事故。
- 绑扎后的钢丝绳吊索提升重物时各分肢受力应均匀,肢间夹角一般不超过 $90°$,最大不超过 $120°$。
- 吊索绕过物体的曲率半径应不小于绳径的 2 倍。
- 绑扎吊运大型或薄壁物体时,应采取加固措施。
- 注意风载荷对物体产生的力的变化。

（1）平行吊装绑扎法

平行吊装绑扎法一般有两种。一种是用一个吊点,该法适用于短小、重量轻的物体。在绑扎前找准物体的重心,使物体处于水平状态即可。另一种是用两个吊点,这种方法是绑扎在物体的两端,常采用双肢穿套法和吊篮式结索法,如图 8-9 所示。

（2）垂直斜形吊装绑扎法

垂直斜形吊装绑扎法多用于外形尺寸较长,对物体安装有特殊要求的场合。该法的绑扎点多为一点(也可为两点),绑扎位置在物体的顶部,如图 8-10 所示。绑扎时应根据物件重量选择吊索及卸扣,并采用双圈或双圈以上穿套结索法,防止物件吊起后发生滑脱。

图 8-9　平行吊装绑扎

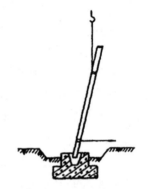
图 8-10　垂直斜形吊装绑扎

扩展阅读8-1

起重吊装作业安全操作要求

复习与思考

1. 起重吊装事故有哪些类型?
2. 简述起重吊装事故的原因。
3. 简述起重吊装事故的预防与控制措施。

工程物流系固设备与管理

1. 熟悉工程物流系固设备；
2. 熟悉锚设备；
3. 了解工程物流系固设备的维护和保养。

引导案例

集装箱系固绑扎专项整治行动

2020 年，太仓港完成集装箱吞吐量 521 万标箱，位居长江干线和江苏省第 1 位、首次跃居全国第 9 大港。然而，港口飞速发展的同时，水上交通安全监管压力与日俱增。太仓辖区江面宽阔，易遭受大风等恶劣天气影响，部分船舶不按规定进行集装箱的系固绑扎，极易导致集装箱落水事故，给水上通航环境造成严重影响。

为避免集装箱落水等事故的发生，督促码头公司和航运企业落实安全生产主体责任，不断增强船员安全意识，促进水上交通安全形势持续稳定，根据上级文件精神，太仓海事局自 3 月 1 日起开展为期一个月的集装箱系固绑扎专项整治行动。

一、典型违章案例

1. 2020 年 3 月，太仓海事局执法人员在 2 号停泊区检查"富＊"轮时，发现该轮舱口围以上中间位置部分集装箱层与层之间未安装堆锥，左右两舷外侧集装箱层与层之间未放置扭锁，不遵守船舶、设施的配载和系固安全技术规范。

2. 2020 年 6 月，太仓海事局执法人员在＃6-＃7 下行通航分道利用无人机巡航时,发现"皖通＊＊"轮顶部箱子未放置桥锁,不遵守船舶、设施的配载和系固安全技术规范。

二、典型事故案例

2015年4月,"江集运＊"轮(载运222只集装箱)在长江停2水域起锚由北向南横越航道计划靠泊码头,航行至上行船舶推荐航路时,因未按规定对集装箱进行系固绑扎,并遭遇5～6级东南风,导致船上9只40英尺空箱落入江中。事故无人员伤亡,未造成水域污染。

2020年5月,"民＊"轮(载运394只集装箱)在长江停2水域锚泊期间,因未按规定对集装箱进行绑扎系固,在锚泊过程中遭遇较长时间6～7级东南风影响横摇剧烈,导致船上第06贝位和第26贝位第三、四、五层共计16个40英尺的空载高箱落水。事故未造成水域污染,无人员伤亡。

三、普遍存在的问题

当船舶遭遇大风等恶劣天气时,在风浪的叠加下极易造成船舶大角度横倾,如果未严格按照有关规定、规范对集装箱进行系固绑扎,极易导致集装箱落水。

(1)船员业务水平欠缺。多数船员因未能掌握相关专业知识,对集装箱进行积载时仅凭经验,致使船舶稳性不足,且应对突发事故等情况的能力较弱。一些船员安全意识薄弱,不遵守公司的规章制度,不熟悉相关集装箱系固绑扎的规定。

(2)船舶装载不符合要求。船舶配备的《装载手册》《系固手册》等形同虚设,大部分内河集装箱船舱口以上两舷最外侧箱角没有使用扭锁紧固(仅用堆锥代替,甚至不用任何系固属具),顶层相邻集装箱堆垛横向没有使用桥锁紧固等。

(3)船公司安全管理不到位。企业规模小、管理松散;公司决策层安全意识差、重效益、轻安全;非体系船舶吨位小,大多未建立航运公司,仅向管理公司缴纳挂靠费,出现了"代而不管""让代不让管"的畸形现象。

(4)码头监督管理不到位。码头工人负责对海轮和洋山班轮的集装箱系固绑扎工作,比较规范。但针对内河船舶没有相关做法,部分情况下仅作提醒,没有其他监督管理措施。

四、安全管理建议

一是船公司应落实企业安全管理主体责任,组织船员加强集装箱系固绑扎的技能培训。

二是船长应组织船员认真学习本船系固装载手册内容,并在实际船舶营运中做好监督执行工作。

三是船公司应定期开展内部检查,做好绑扎系固属具的维修、保养、更换、添置等工作。

四是码头公司应加强集装箱船舶系固绑扎的监督检查,符合系固绑扎等要求后才允许其离港。

(资料来源：https://baijiahao.baidu.com/s？id＝1693201006455273224&wfr＝spider&for＝pc)

思考：

1. 集装箱系固绑扎专项整治行动的重点是什么？

2. 如何开展集装箱系固绑扎作业？

第一节　工程物流系固设备

一、工程物流系固的相关概念

1. 货物单元

货物单元是指车辆(如公路车辆、滚装拖车)、集装箱、板材、托盘、便携式容器、可拆集装箱构件、包装单元、成组货,其他货物运输单元如船运箱盒,件杂货如线材卷,重货如火车头和变压器。不是永久固定在船上的船舶自带装载设备或其他部件,也被视作货物单元。

2. 标准货

标准货是指已根据货物单元的特定形式在船上设置了经批准的系固系统的货物(如集装箱)。

3. 半标准货

半标准货是指在船上设置的系固系统仅适应货物单元的有限变化的货物。

4. 非标准货

非标准货是指需要专门积载和系固安排的货物,如普通件杂货等。

5. 货物系固设备

货物系固设备是指所有用于系固(secure)和支持(support)货物单元的设备,有固定式和便携式两种。

6. 最大系固负荷

最大系固负荷是指货物系固索具可承受的最大负荷。在系固作业中,若索具的安全工作负荷不小于最大系固负荷,则可用安全工作负荷代替最大系固负荷。

7. 固定式系固设备

固定式系固设备是指焊接在船体结构内部(主要指货舱)及外部甲板、舱盖与支柱上的货物系固点及其支撑结构。

8. 便携式系固设备

便携式系固设备是指用于货物单元系固和支撑的移动式设备。

二、标准货物系固设备

标准货物系固设备是指集装箱船及多用途船(适用时)在装载集装箱时所用的固定设备。

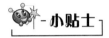

集装箱船系固小常识

近年来,多艘大型集装箱船接连发生意外,而且原因多与系固有关。在船舶大型化的今天,如何针对超高、超宽、超长集装箱进行系固呢? 下面进行说明。

1. 超高集装箱

(1) 高箱一般在内侧和上层积载,且尽量在船宽方向对称布置;

(2) 顶部的绑扎装置一般采用钢丝绳与绑扎带的组合,或者仅用绑扎带,若使用钢丝绳时,它与端部的钢丝绳应相互独立;

(3) 实船装载时,还应按当时的具体情况适当加强绑扎,以防止集装箱滑移和翻倒。

2. 超宽集装箱

(1) 宽箱一般在内侧和上层积载,且尽量在船宽方向对称布置;

(2) 宽箱的端部应有两个锁孔与下层箱对齐并用扭锁连接,若不存在这样的两个锁孔时,应至少保证一个锁孔与下层对齐并用扭锁锁紧,然后用绑扎装置将宽箱未锁紧的那一侧与下层箱进行绑扎;

(3) 顶部的绑扎装置一般采用钢丝绳与绑扎带的组合,或者仅用绑扎带,若使用钢丝绳时,它与端部的钢丝绳应相互独立;

(4) 实船装载时,还应按当时的具体情况适当加强绑扎,以防止集装箱滑移和翻倒。

3. 超长集装箱

(1) 长箱一般在内侧和上层积载;

(2) 长箱的底部应有四个锁孔与下层对齐,并用扭锁或堆锥连接,条件允许时必须使用扭锁;

(3) 实船装载时,还应按当时的具体情况适当加强绑扎,以防止集装箱滑移和翻倒。

(一) 固定式系固设备

1. 底座

底座直接焊接在舱底、甲板、支柱及舱盖上,相互之间的间距按集装箱四角角件孔的尺寸设计,并通过安放在其上的扭锁、底座扭锁或定位锥来对集装箱进行定位和固定,如图 9-1 所示。

图 9-1　焊接在集装箱船甲板上的底座

底座主要有以下几种:

(1)突出式底座

主要用于舱盖、支柱及甲板上,用于安放并固定扭锁。有单式、横向双式及纵向双式三种形式,如图 9-2 所示。

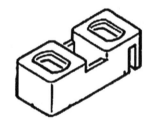

图 9-2　突出式底座

(2)突出式滑移底座

焊接位置同突出式底座,有单滑移式、横向双连单滑移式、纵向双滑移式三种形式,如图 9-3 所示。滑移式底座允许适当调整底座间的间距。

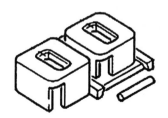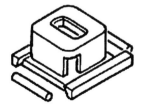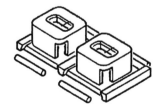

图 9-3　突出式滑移底座

（3）埋入式底座

主要用于舱底，也有用于舱盖上的，结构表面略高于前述结构表面。有单式、横向双式、纵向双式及四连式四种，如图9-4所示。

图 9-4 埋入式底座

（4）燕尾底座

又称燕尾槽，主要用于舱盖及甲板支柱上，并专用于固定底座扭锁，有单式与横向双式两种，如图9-5所示。

（5）板式底座

主要用于舱底，并与堆锥配套使用，如图9-6所示。

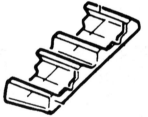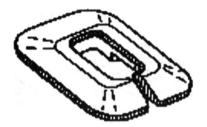

图 9-5 燕尾底座　　　　　　　　　　图 9-6 板式底座

（6）插座

一般用于舱内，并与底座堆锥配套使用，如图9-7所示。

图 9-7 插座

2. 固定锥

固定锥通过一覆板直接焊接在舱底前后端导轨底脚处,用于固定舱内最底层集装箱(固定锥插入集装箱的角件孔内),如图 9-8 所示。

图 9-8　固定锥

3. 可折地铃

可折地铃又称 D 形环,如图 9-9 所示,主要用于舱盖、甲板、集装箱支柱及绑扎桥上,在多用途船上也将其用于舱底。主要作用是作为一个系固点与花篮螺丝、绑扎杆等组成一系固系统固定集装箱。

图 9-9　可折地铃

4. 眼板

眼板的使用位置与作用同地铃,但一般不用于舱内。有单眼、双眼、三眼及四眼等几种,如图 9-10 所示。

图 9-10　眼板

5. 箱格导轨系统

箱格导轨系统设置于舱内,也有在甲板上无舱口的位置处设置该系统的。系统主要由钢板和型钢构成,组成部分主要有导轨、横撑材、导箱构件等,如图 9-11 所示。导轨从内底延伸至导箱构件的下缘。其中导箱构件又是引导集装箱进入导轨系统的重要构件,一般安装在导轨的顶部。其作用是控制集装箱的歪斜、倾覆与滑移。

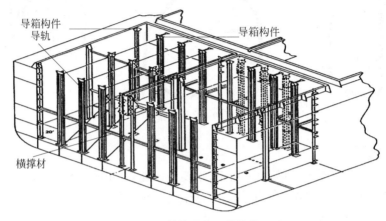

图 9-11　箱格导轨系统结构图

专用集装箱船箱格导轨系统(图 9-12)应满足以下要求:

(1) 不应与船体构件形成整体结构,且应不受船体主应力的影响;

(2) 能将因船舶运动时产生的集装箱负荷传递到船体结构,并能承受由集装箱装卸时产生的负荷及阻止集装箱移动;

(3) 集装箱与导轨之间的横向间隙之和≥25mm,纵向间隙之和≥40mm。

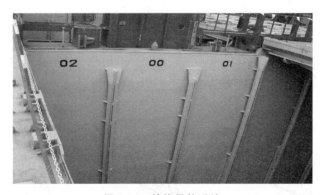

图 9-12　箱格导轨系统

6. 横向支撑底座

位置：一般设置于多用途船舱内两舷舷侧。

作用：与横向支撑装置组成一支撑系统，以控制舱内上层集装箱因船舶运动可能产生的横向歪斜、倾覆、移动。其结构如图 9-13 所示。

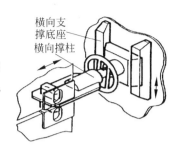

图 9-13 横向支撑底座的结构

7. 集装箱绑扎桥

集装箱绑扎桥设置于大型集装箱专用船甲板上，如图 9-14 所示，其上设有眼板、D 形环或可左右转动的眼板，用于系固高层集装箱。

图 9-14 集装箱绑扎桥

(二) 便携式系固设备

1. 扭锁

扭锁(图 9-15)主要用于甲板上上下层集装箱之间的联结锁紧或底层集装箱与突出式底座之间的联结锁紧，以防集装箱发生倾覆及滑移。

种类：有左旋锁和右旋锁两种。

左旋锁的操作特点与使用方法：当操作手柄位于图中虚线位置时，扭锁处于非锁紧状态，当将操作手柄从右向左旋转至极限位置时，扭锁达锁紧状态。使用时，应首先将操作手柄置于非锁紧状态并将其置放到下层集装箱顶部的角件孔或突出式底座内,待上层集装箱堆放妥后,转动操作手柄,即可将箱与箱或箱与底座联结起来。卸箱时应首先用扭锁操作杆将操作手柄转至扭锁非锁紧位置。

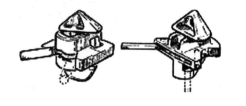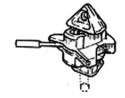

图 9-15　扭锁

2. 半自动扭锁

作用:同扭锁。

特点:无须装卸工人爬到集装箱上将其安装和取下,能最大限度地减少工人高空作业的危险,从而保证安全。

应用:应用广泛,一些国家港口当局强制使用(如美国)。

使用方法:

装箱时:在码头上当桥吊将集装箱吊起至人手臂举起的高度时,从下向上将其插入集装箱角件孔内,待吊上船并对准突出式底座或另一集装箱角件孔时放下,该锁的自动装置即起作用并转动锁锥将箱与底座或箱与箱连接锁紧。

卸箱时:应首先用操作杆将锁销拉出,从而打开扭锁与突出式底座或另一集装箱顶部角件孔的连接,吊起集装箱至码头,用人工将其卸下。

半自动扭锁的结构如图 9-16 所示。

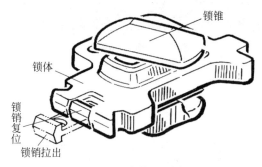

图 9-16　半自动扭锁

3. 底座扭锁

底座扭锁仅与燕尾底座配套使用。其作用与使用方法同扭锁。

4. 堆锥

按堆锥使用位置及功能的不同，主要分为以下几种：

（1）中间堆锥

中间堆锥上下锥头固定，垂向方向无锁紧功能，仅用于舱内箱与箱之间的连接。有单头与双头堆锥两种。

（2）底座堆锥

底座堆锥又称可移动锥板，其结构特点是上为锥头下为插杆，仅与插座配套使用。有单头、横向双头、纵向双头及四连四种。

另一种底座堆锥为单头，但上下均为锥头，这种堆锥与板式底座配套使用。

图 9-17 示出了几种底座堆锥。

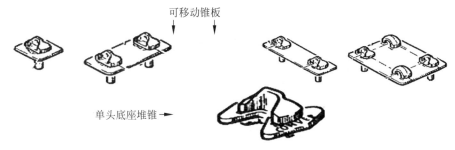

图 9-17　底座堆锥

（3）自动定位锥

作用：用于固定甲板上 40 英尺箱位处在装 20 英尺集装箱时处于中间的箱脚，并与半自动扭锁配合使用，即 40 英尺箱位的前后两端用半自动扭锁，中间（20 英尺处）用自动定位锥，这样不仅可起到半自动扭锁的作用，同时也克服了 40 英尺中间狭窄空间处无法操作的缺陷。

应用：已得到较广泛的应用，美国等少数发达国家强制要求。

使用方法：使用方法与半自动扭锁相似，不同点是它不存在在卸箱时必须先由人工将锁销拉出这一过程，而是靠锁紧装置自动将定位锥转换成非锁紧状态。即首先将 20 英尺集装箱一端的半自动扭锁由人工将锁销拉出，使之转为非锁紧状态，桥吊缓慢起吊，此时自动定位锥将会在桥吊的拉力作用下使锁紧装置动作并解锁，从而完成卸箱工作。

如图 9-18 所示为自动定位锥示意图。

图 9-18　自动定位锥

（4）调整堆锥

调整堆锥又称高度补偿锥,如图 9-19 所示。它用于在装载某些非标准高度的集装箱时调整其高度至标准状态。

图 9-19　调整堆锥

5. 桥锁

作用:用于对相邻两列最上层的集装箱进行横向连接,以分散主绑扎设备的负荷。

使用方法:将桥锁的两个锁钩(头)分别插入相邻两集装箱的角件孔中,再旋转调节螺母,即可把集装箱连接拉紧。

如图 9-20 所示为桥锁示意图。

锁钩

调节螺母

图 9-20　桥锁

6. 花篮螺丝(松紧螺旋扣)与绑扎杆(绑扎棒)

作用:用于组合后系固集装箱,如图 9-21 所示。

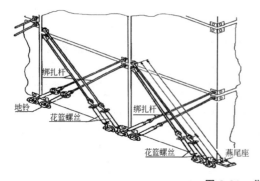

绑扎杆

地铃

花篮螺丝

绑扎杆

花篮螺丝　　燕尾座

图 9-21　集装箱系固

使用方法:首先将绑扎杆的一头插入集装箱的角件孔中,另一头与花篮螺丝相连,再通过花篮螺丝与地铃或眼板相连,最后调整花篮螺丝,使整个系固系统紧固。

加长钩:用于因绑扎杆长度或有特殊系固要求时,加长绑扎杆。

7. 横向撑柱

作用:用于舱内无箱格导轨系统或多用途船舱内装载集装箱时,对舱内紧靠两舷舷侧的最上层集装箱进行支撑,以防集装箱歪斜、倾覆或横移。

使用方法:将横向撑柱的一端插入其专用底座,另一端插入紧邻的集装箱角件孔内,再利用调整装置使其拉紧受力。

如图 9-22 所示为常用的集装箱系固设备汇总。

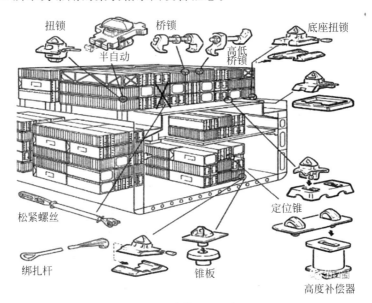

图 9-22 集装箱系固设备汇总

三、非标准货物系固设备

非标准货物系固设备是用于固定干货船、多用途船、滚装船、散装货船、客船、近海供应船、电缆铺设和管道铺设专用船等在装载集装箱(无专用系固设备)、钢卷、重件货、普通件杂货及木材(货舱内)等时所用的设备。

(一) 固定式系固设备

固定式系固设备直接焊接在舱壁、舷侧强肋骨、支柱及甲板上,必要时也可直接焊接在舱底及舱盖上。主要类型有:

（1）眼板：为一带眼的钢板，如图 9-23 所示。固定在舱口盖上，和花篮拉杆配合使用。

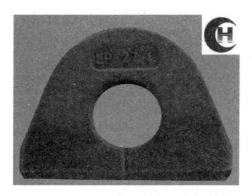

图 9-23　眼板

（2）眼环：由一固定眼环和一活动眼环组成，如图 9-24 所示。

（3）地令：为一固定焊接眼环，如图 9-25 所示。

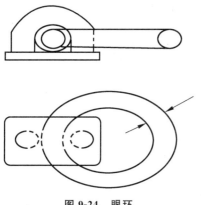

图 9-24　眼环

图 9-25　地令

（二）便携式系固设备

便携式系固设备主要包括系固链条及紧链器（图 9-26）、钢丝绳、系固钢带、卸扣、花篮螺丝（图 9-27）、紧索夹等。

钢丝绳必须与紧索夹、花篮螺丝配套，或与紧索夹、花篮螺丝及卸扣配套；系固链条与紧链器配套。

如图 9-28 所示为非标准货物的系固。

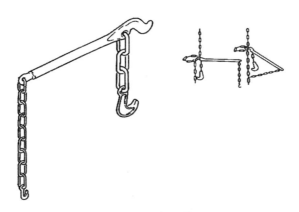

图 9-26　紧链器

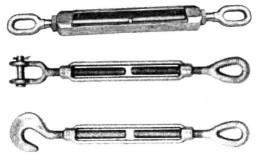

图 9-27　花篮螺丝

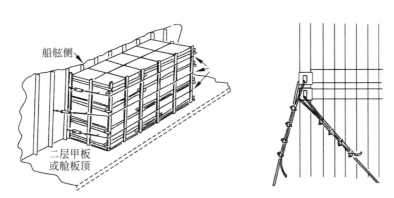

图 9-28　非标准货物的系固

四、半标准货物系固设备

半标准货物系固设备是指用于固定滚装船在装载车辆(包括公路车辆、滚装拖车)时所用的设备。

(一) 固定式系固设备

（1）系固槽座，如图 9-29 所示。

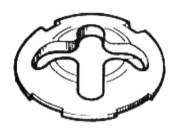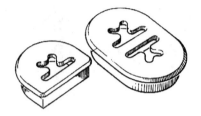

图 9-29　系固槽座

（2）可折地令，如图 9-30 所示。

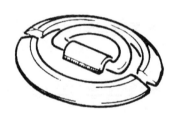

图 9-30　可折地令

(二) 便携式系固设备

（1）系固链条及紧链器。

（2）绑扎带：系固车辆及滚装拖车专用设备。

（3）象脚：插入槽座并通过其与其他便携式系固设备相连，如图 9-31 所示。

图 9-31　象脚

（4）拖车支架：用子固定拖车；如图 9-32 所示。

（5）拖车千斤顶：如图 9-33 所示。

图 9-32　拖车支架　　　　　　图 9-33　拖车千斤顶

（6）轮楔：固定车轮用，以增大摩擦力，如图 9-34 所示。

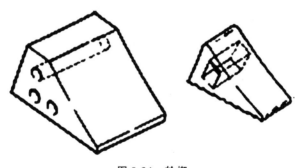

图 9-34　轮楔

（7）系固钢丝：如图 9-35 所示。

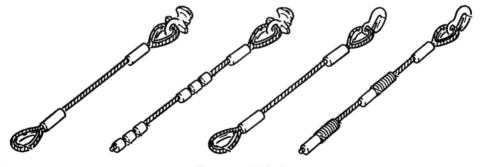

图 9-35　系固钢丝

（8）快速释放紧索器：用于收紧并可快速释放系固钢丝，如图 9-36 所示。

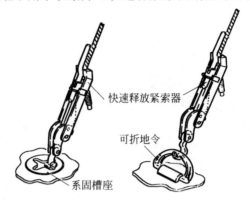

图 9-36   快速释放紧索器

（9）花篮螺丝：用于收紧系固钢丝或系固链条。

(三) 便携式系固设备的配套使用方法与系固

系固链条、紧链器及象脚配套使用，并利用紧链器收紧系固链条；

系固钢丝、花篮螺丝与象脚配套使用；

系固链条、花篮螺丝与象脚配套使用；

系固钢丝与快速释放紧索器及象脚配套使用，并利用快速释放紧索器收紧系固钢丝。

如图 9-37 所示为半标准货物的系固。

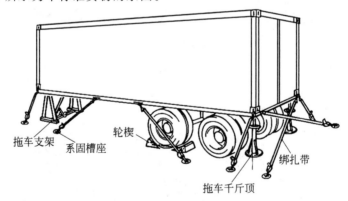

图 9-37   半标准货物的系固

五、散货船载运集装箱的系固作业

《国际海上人命安全公约》（SOLAS）（以下简称《公约》）第Ⅸ章"船舶安全营运管理"将散货船定义为："散货船系指在货物处所中通常建有单层甲板、顶边舱和底边舱，且主要用于运输散装干货的船舶,包括诸如矿砂船和兼装船等船型。"

《公约》在定义中使用了"主要用于"这样的一个限定,充分说明了《公约》已经考虑了船舶的最大化应用,允许在造船的时候为船舶设计具有足够的、又能充分利用的容积和布置位置,其中就包括以散装干货装满全部货舱空间的散装容积,以及袋装或桶装货物并允许包含一定亏舱的包装容积。

集装箱作为一个包装运输组件,可以以散货船的包装舱容为计算基础积载于货舱内,也可以在保证舱盖强度和水密的基础上积载于甲板上,只是需要满足船舶在稳性、强度、结构完整和安全瞭望等方面的要求。

通常情况下,由于集装箱积载于散货船舱内会产生亏舱,考虑到舱底板的强度受限以及保证船舶具有合适的稳性,散货船载运集装箱基本上是满舱不满载,即便甲板上额外再装集装箱货物,也可以满足《载重线公约》的要求,不会出现超载的情况。

(一) 集装箱对散货船安全的影响

1. 船舶稳性

均匀质体的散装货物装载于货舱内,船舶的稳性主要与货物的属性、积载因数和堆装高度有关系。而集装箱货物积载于散货船货舱内,由于集装箱的外形以及需要为绑扎系固留出安全通道,势必会造成亏舱。此时船舶横稳性的计算就无法按照散货满舱的规范进行,而是应近似取集装箱货物以排、列和层为三个维度堆装空间的体积中心为货物的重心作为计算稳性的标准,这种测算的前提是要符合重货在下、轻货在上的原则,每层货物的重量还应尽量均匀,否则计算基础就应该以逐个集装箱的体积中心作为货物重心,再进行加权计算船舶的稳性。

由于散货船的方形系数相对较大,上层建筑相对较低,因此散货船一般拥有较大的稳性值。集装箱货物装载于散货船上,稳性一般没有问题,甚至会产生稳性过大给集装箱的绑扎和系固带来负面影响。但是,当散货船的甲板和舱盖上装载集装箱的时候,会使船舶的受风面积增大,从而增加船舶的风压倾侧力矩,这会对船舶的稳性衡准数带来影响。

根据《载重线公约》对船舶干舷的划定标准,散货船不具备 A 型液货船的小舱口、水密性强、抗沉安全性高等特点,因此散货船被划定为 B 型船舶并对应 B 型船干舷勘绘。如果 B 型船舶在满足《公约》的额外要求后,可以被允许减小干舷而增加载货量,其干舷减少数值不应大于对某一相应船长在"B 型"和"A 型"所列数值之差的 60%(B-60 型)。

B-60 型在作干舷减少时应充分考虑到船舶装载至其夏季载重线时,在任何单独的受损舱浸水以后,假定渗透率为 95%(不包括机舱),应仍能在满意的平衡条件下保持漂浮。基于此,散货船装载集装箱时,对货舱渗透率和甲板装载状态都需要具体校核,以满足船体破损后储备浮力的要求。

2. 船体强度

集装箱货物装载于散货船的货舱内或甲板上及舱盖上,会对接触的下底板产生强大的局部压力。集装箱作为运输组件的特殊性,其内部装载的货物重量主要集中在集装箱的四个角柱上,因此集装箱在与下垫面接触的时候,不能将其货物和箱体的总重量在下底板上进行平均分配,而是在四个角柱的接触点上产生了强大的局部压力。

专用集装箱船会在舱底板或舱盖板的筋骨或筋骨交接处安置底锁或底锥基座,将积载在上面集装箱的压力分散并给予一个足够的支撑,使得钢板不会产生变形。而普通散货船则不会配备这样的基座配置,如果硬将集装箱一层层堆装于散货船舱内和舱盖上,势必会造成下底板的变形或受损。因此国际海事组织在《货物堆装和系固安全实用规则》中推荐:在非专用集装箱和多用途船上积载集装箱货物,要在其集装箱和下接触面上加木料衬垫,以分散集装箱货物的压力。

如果散货船的所有货舱内不能完全装集装箱,则会产生散装货物和集装箱货物在舱内混装的现象,在这种情况下,船舶的总纵强度就要特别考虑,船舶的剪力和弯矩可能会超标。

此外,积载于货舱内的集装箱在发生移动后,还可能对货舱舱壁和肋骨造成损伤,这就需要对货舱内的集装箱施以适当的绑扎和衬垫。在舱盖上积载的集装箱则主要需要考虑舱盖板的强度,否则会造成舱盖板的损害和变形,导致船舶货舱不水密。

(二) 集装箱在散货船中的系固作业

相对于专用集装箱船以及多用途船,普通的干散货船没有配备专业的集装箱绑扎锁具及固定设施。要使得装载于散货船上的集装箱与船体稳固地形成一个整体,科学有效的临时性绑扎系固是十分必要的。绑扎地令和侧令的焊接应充分考虑舱底板、肋骨、舱壁和舱盖板的强度,通常焊点会选择在纵骨、加强筋、强肋骨等处,并应该避开油舱。

为满足绑扎系固的要求,一些专用的集装箱绑扎锁具是必不可少的,还可能需要角钢焊接来固定底层集装箱以起到底锥定位和滑轨固定的作用。否则,航行过程中船舶的颠簸摇晃不仅会造成货物移动,还会增加货物在垂向上的扭曲,导致货物整列倾斜和倒塌,并造成船体、集装箱及内部货物的损坏。散货船载运集装箱的系固如图 9-38所示。

根据《货物系固手册》的要求,货物安全通道布置适用于专用的集装箱船以及特殊设计并布置为在甲板上装载集装箱的其他船舶。集装箱装载于散货船甲板或舱盖上应为参与货物堆装及系固工作的人员提供安全通道及安全工作区域。同时,还应满足船员开展常规工作的安全通行以及能够到达测量孔、透气孔,以及不阻碍检查和使用任何消防、救生和溢油设施的便利。

图 9-38　散货船载运集装箱的系固

散货船载运集装箱的安全建议

（1）在公司准备用散货船接收集装箱货物时，应首先查阅经主管机关认可的船舶《稳性计算书》和《绑扎系固手册》中是否有集装箱装载的典型工况和绑扎系固的具体方案，以及是否有类似并可以替代的工况或方法。如果都没有，则需要联系船级社协助进行核算并批准增加相关内容。

（2）公司或租家提供的所有固定和便携式系固设备（包括新供船的）应经过船级社认可并具有证书。

（3）不得在船舶非强力构件以外加焊系固设备，在高强度钢上焊接系固设备要经过相应的船级检验。

（4）所有新设的固定式系固设备其安设、材料、试验、检验等方面要符合主管机关和船级社的要求。

（5）船舶应保证有足够的备用系固绑扎器材和索具，以便及时更新航行中受损的系固材料。

（6）用于垫舱的木料应有熏蒸证明，否则后续到卸港送岸处理时不仅会遭到拒收，还可能违反当地的检疫规定。

（7）集装箱配货不仅把握基本的上轻下重原则，还应考虑到船舶的稳性，应考虑到船舶稳性过大，横摇剧烈对船舶设备、人员休息和集装箱堆垛带来的负面影响，必要时可以局部调整配货以及半舱压水来调整船舶稳性。

（8）如果集装箱中有危险品集装箱或冷箱，船长应核对船舶的危险品适装证书和船舶电源匹配是否符合载运此类特殊货物，不可盲目接收和装载特殊箱。

（9）在卸港完货后，船员一定要检查货舱内所有的绑扎系固锁具并清舱，不要对后续装散货带来安全隐患。

（10）关于空集装箱是否算作货物的法律界定，我国海商法和国际上货物运输规则规定有所不同，这一点也是值得关注的，需要看具体的合同约定。

第二节 锚 设 备

一、锚设备的组成

锚设备主要有系泊用锚、辅助船舶操纵用锚、应急用锚。各种锚设备一般由锚、锚链、锚链筒、起锚机械及附属设备组成，如图 9-39 所示。

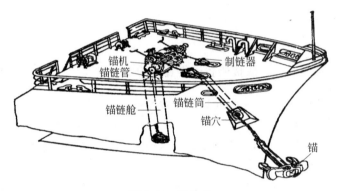

图 9-39 锚设备

（1）锚：可以产生抓驻力。

（2）锚链：①连接锚和船体；②传递锚产生的抓驻力；③卧底链因摩擦产生抓驻力。

（3）锚链筒：是锚链进出以及收藏锚干的孔道，其直径约为链径的 10 倍。由甲板链孔、舷边链孔和筒体三部分组成。筒体内设有冲水装置，用于在起锚时冲洗锚和锚链。在甲板链孔处设有盖板，既可保证人员安全，又可减少海水从锚链筒涌上甲板。有的在甲板链孔处设导链轮，以减轻锚链与甲板链孔的摩擦。有些低干舷船与快速船设置有锚穴。

（4）制链器：设置在锚机和锚链筒之间。用于固定锚链，防止锚链滑出；将锚和锚链产生的抓力直接传递至船体，以减轻锚机负荷，保护锚机；航行时承受锚的重力和惯性力。常用的有以下几种：螺旋制链器、闸刀式制链器、链式制链器，如图 9-40 所示。

图 9-40 制链器

（5）锚机

（6）锚链管：直径约为链径的 7～8 倍。上口设有防水盖板。

（7）锚链舱：是存放锚链的舱室。形状为圆形或方形。当圆形锚链舱的直径约为链径的 30 倍时，可不必排链。

（8）弃链器：用于在紧急情况下使锚链末端迅速与船体脱开的装置。一般设置在人员易于到达的地方。常见的有横闩式和螺旋式弃链器等。

二、锚的种类与特点

按结构和用途来分，可分为有杆锚、无杆锚、大抓力锚和特种锚等。商船首锚普遍采用无杆锚，尾锚可采用有杆锚或燕尾锚。

（一）有杆锚（又称海军锚）

有杆锚的锚干和锚爪为一整体，锚爪固定不会转动，锚爪折角约为 35°，锚干上有一固定或可折的横杆。它不宜作首锚，多用于小船与帆船。

有杆锚的特点：

（1）结构简单，抓重比大，一般为 4～8，最大可达 12；

（2）抓底稳定性较好；

（3）上翘的一爪容易缠住锚链，浅水锚地易刮坏船底；

（4）抛起锚作业和收藏不太方便。

（二）无杆锚（又称山字锚）

普通无杆锚如图 9-41 所示。（包括销子和转轴在内的）锚头总重量（为去除锚干和锚卸扣后的重量）应不小于该锚总重量的 60％。有霍尔锚、斯贝克锚及尾翼式锚几种，广泛用作首锚。

无杆锚的特点：

（1）锚干与锚爪分别铸造，无横杆；

（2）锚爪和锚冠可以绕穿过锚干下端孔的销轴转动，锚爪折角约为 45°；

（3）两爪同时入土，抓重比为 2.5～4，最大不超过 8；

（4）结构简单，作业和收藏方便，抓力较小，转流时易把松泥土而引起走锚。

应用：斯贝克锚是霍尔锚的改良型，收锚时其锚爪自然向上，且一接触船壳即翻转，不会损伤船壳板。

尾翼式锚的特点是助抓突角宽厚，锚头重心低；入土阻

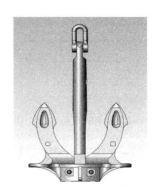

图 9-41　无杆锚

力小、稳定性好、抗浪击、易冲洗。其抓力、稳定性等各方面性能均优于霍尔锚和斯贝克锚，应用广泛。

(三) 大抓力锚

大抓力锚分有杆和无杆两种。

大抓力锚作首锚时，锚重可取相应普通锚重的 75%。特点是锚爪宽且长、啮土深、稳定性好、抓重比大。

有杆大抓力锚结合了有杆和无杆锚的优点，锚头处设有稳定杆，以保证锚抓底的稳定性，一般用于较松软底质，收藏不便。一般适合工程作业船和小船用。

丹福斯锚（也称燕尾锚）的锚爪可前后转动各约 30°，抓重比一般大于 10，多用于工程船（如挖泥船）。

史蒂文锚的锚爪短而面积大，锚爪的转角由装在锚杆上的可移动楔块调节，适应多种底质，抓重比可达 17～34。多用于石油平台的定位锚。

无杆大抓力锚改良了无杆锚的助抓突角和锚爪。

英国研制的 AC-14 型锚设有极厚实并且宽大的稳定鳍，有很好的稳定性，啮土迅速，适用于各种底质，抓重比高达 12～14，广泛用于超大型船或水线以上面积较大的滚装船。

荷兰研制的波尔锚锚爪平滑而锋利，适应各种底质，稳定性好，抛起锚及收藏方便，抓重比为 6 左右，可作大型船的首锚或工程船（如挖泥船）的定位锚。

(四) 特种锚

特种锚用于特殊用途，如浮筒、浮标、灯船、浮船坞和浮码头等永久性系泊。

特种锚的种类有伞形锚、螺旋锚、单爪锚以及供破冰船用的冰锚等，如图 9-42 所示。

伞形锚　　　　螺旋锚　　　　单爪锚

图 9-42　特种锚

三、锚链

(一) 锚链的分类、强度衡量标准及标准长度

1. 分类

（1）按链环结构分，有有档链和无档链两种。有档链的强度比无档链的约大 20%，海

船广泛采用。

（2）按制造方法分，有铸钢、电焊和锻造锚链三种。

（3）按有档链的抗拉强度，分 AM1. AM2. AM3 三级。强度 AM1＜AM2＜AM3，AM1 不适用大抓力锚，AM3 仅适用链径 20.5mm 以上的锚链。

（4）按链环作用分，有普通链环、加大链环、转环、链端卸扣、链端链环、末端链环和连接链环等。

2. 大小及强度衡量标准

链环的大小以普通链环的直径 d 表示。普通链环的直径是衡量锚链强度的标准。

3. 标准长度

锚链的长度以"节"为单位，我国规定每节锚链的标准长度为 27.5m，且每节锚链的链环数应为奇数。也有以 25m 或 20m 为一节的。

（二）锚链的组成

一根完整的锚链由若干节锚链通过连接链环或连接卸扣连接而成，每节锚链又由许多链环组成。如用连接链环连接各节锚链，则连接链环的两端为普通链环。如用连接卸扣连接各节锚链，则连接卸扣两端依次连接末端链环→加大链环→普通链环，以保证强度的平顺过渡，如图 9-43 所示。

连接卸扣　　末端链环　　加大链环　　普通链环

图 9-43　锚链

锚链由锚端链节、中间链节和末端链节组成。包括普通链环、加大链环、末端链环、连接链环或连接卸扣、转环和末端卸扣等。

（1）锚端链节：是锚链的第一节，与锚卸扣相连。即从锚卸扣开始，依次为末端卸扣→末端链环→加大链环→转环→加大链环→普通链环。该链节中末端卸扣的圆弧部分及转环的环栓均应朝向中间链节，以减少摩擦和卡阻。设置转环的目的是防止锚链过分扭绞。

（2）末端链节：是锚链的最后一节，与弃链器相连。即从弃链器开始，依次为末端链环→加大链环→转环→加大链环→普通链环。其中转环的环栓也应朝向中间链节。

（3）中间链节：如用连接卸扣连接，则连接卸扣的圆弧部分应朝向锚，以避免抛起锚时产生跳动、冲击和阻力。中间链节如用连接链环连接，则连接链环的两端均为普通链环；如用连接卸扣连接，则连接卸扣两端的链环均为：连接卸扣→末端链环→加大链环→普通链环。

(三) 锚链的标记

锚链标记的目的是抛锚时迅速识别锚链松出的长度或起锚时掌握锚链在水中的长度。

锚链标记的方法如图 9-44 所示。

第3至第4节间连接链环　　　钢丝（或钢皮）

第3节锚链
锚的方向

第4节锚链
弃链器方向

图 9-44　锚链的标记

第 1 至第 6 节之间的标记方法。

从第 6 与第 7 节之间的连接链环开始，重复第 1 至第 6 节的方法进行标记。最后一至两节可涂红或黄漆等醒目标记以作为预示锚链将至末端的危险警告，防止丢锚。

四、锚机的种类与要求

(一) 锚机的种类

锚机是抛起锚的动力机械，两侧的滚筒可用作绞缆。按动力分类，有电动、电动液压和蒸汽锚机三种，其中以电动和电动液压锚机为主。

按锚机的布置方式分，有卧式和立式锚机两种。大型船舶及有大型球鼻艏的船，常在左右舷各设一台锚机。

1. 电动锚机

当离合器脱开时，主轴和卷筒转动而链轮不转，用于抛锚或绞缆；当离合器合上时，卷筒与链轮同时转动，用于起锚或深水抛锚时送锚。带式刹车用以刹住链轮，以控制松链速度。

2. 液压锚机（也称电动液压锚机）

其特点为：结构紧凑，体积小，操作平稳，变速性能好，可实现无级调速，但制造技术和维护保养要求较高。

3. 蒸汽锚机

蒸汽锚机由蒸汽机带动。特点是动力大，结构简单。用前预先暖缸，用毕要排水放汽,以放尽汽缸中残余水汽。天冷时,为防冻要进行跑车(空转)。

4. 自动锚机

在锚机系统中设有锚链长度传感器。现又出现可在驾驶台遥控操作的锚机。

(二) 锚机的主要技术要求

(1) 由独立的原动机驱动。

(2) 应有能力以平均速度不小于 9m/min,将一只锚从水深 82.5m 处拉起至深度 27.5m 处。

(3) 在额定拉力及额定速度下,应能连续工作 30min,并能在不小于 1.5 倍额定拉力 的过载拉力作用下(不要求速度)连续工作 2min。还应设有过载保护装置,过载时能自动 转到中速运转。

(4) 锚机的链轮或卷筒应装有可靠的制动器。制动器刹紧后,应能承受锚链或钢索 断裂负荷 45% 的静拉力,或承受锚链上的最大静负荷。制链器应能承受相当于锚链的试 验负荷,且其应力应不大于其材料屈服点 90%。

(5) 应保证锚链引出的三点(锚链筒、制链器和链轮)成一线。

五、锚设备的配备、试验、检查和保养

(一) 锚设备的配备依据

1. 配备依据

锚的配备应按船舶的类型(种类)、航行海区及舾装数按规范中所列数据来选取。

舾装数 N(又称船具数),是反映船体所受风、流作用力大小的一个参数。舾装数(除 拖船外)计算公式为:$N = \Delta 2/3 + 2Bh + A/10$。

货船、散装货船、油船、耙吸式挖泥船、渡船等的设备配备按 N 查表得出船舶应配锚 的数量、每只锚的重量,锚链的级别、总长和直径等。

2. 一般配备要求

通常万吨级以上的海船均配 3 只主锚(可采用有杆的首锚,但其不包括横杆的重量应 不小于所规定的无杆锚重量的 80%),其中首锚 2 只,备锚 1 只。经常航行在狭窄、弯曲 及水流复杂航道的船舶,尚配有尾锚。

当锚链的总节数为单数时,则右锚多配一节。万吨级货船一般每只主锚至少配 10 节 锚链(或根据 N 在规范中查取)。无限航区的船舶,每一主锚至少应配备 12 节锚链。此 外应至少储备 1 个锚卸扣和 4 个连接链环或连接卸扣,另备 1 个锚链系浮用的大卸扣。

(二) 锚设备的试验

1. 锚的试验

锚及主要配件均应由相关部门认可的钢厂生产。成品锚均应在未涂油漆的情况下进行外观检查、称重和试验。

（1）外观检查

应在涂漆前进行，表面不应有裂纹、气孔、砂眼及其他足以影响强度的缺陷，对不影响强度的表面缺陷允许焊补修整。

锚爪的转动角误差限度为 $-0.5°\sim+2°$；锚的外形尺寸的误差限度为 3％；锚干的弯曲度在 1m 长度上应不超过 3mm；每个新首锚在配备时的重量偏差允许范围为 $\pm7\%$（锚的实际重量与名义重量的偏差应在 $0\sim7\%$ 范围内），但首锚的总重量不得小于表列锚重量的总和。普通无杆锚的锚头重量（包括销子与转轴在内），应不小于该锚总重量的60％。如用有杆首锚，其重量（不包括横杆）应不小于相关无杆锚重量的 80％。

如用大抓力锚作首锚，每只锚的重量可为普通无杆首锚重量的 75％。超大抓力锚应经海上试验，证明其抓力不低于相同重量普通无杆锚抓力的 4 倍。超大抓力锚的重量一般不超过 1500kg。

（2）拉力试验

名义重量 ≥75kg 的锚（包括锚杆在内），56kg 的大抓力锚和 38kg 的超大抓力锚应进行拉力试验。试验前应确认无缺陷。

拉力作用点一端在锚卸扣处，另一端在锚冠中心至锚爪尖之间下端的 1/3 处。无杆锚同时拉两个爪，一面拉试后，再转至另一面拉试。有杆锚的两个锚爪分别进行拉力试验。

试验前，先作标记以便测量间距，再施拉力。无杆锚应先使其受试验负荷的 10％，保持 5min 后，测量两标记间的距离。然后逐渐加大拉力至试验负荷并保持 5min。再将拉力降至试验负荷的 10％，测两标记间的距离。有杆锚应一次施加拉力至试验负荷，保持 5min 后逐渐卸去载荷，当载荷降至规定载荷的 10％时，测两标记间的距离。试验后，应对锚进行外观检查、无损检测、残余变形测量和锚的转动灵活性检查。

无杆锚的残余变形（即两标记间的距离差）应不超过标距长度的 1％，且锚爪仍应转动灵活并能转至最大角度。如锚爪不灵活或不能转至最大角度时，则应消除缺陷，并重做拉力试验，如仍不合格则该锚不能验收。有杆锚，在拉力试验后应无永久变形（无明显的残余变形）。

锚的重量：无杆锚为锚的实际总重量；有杆锚为不包括锚杆的锚的实际重量；大抓力锚，其名义重量等于锚的实际重量的 1.33 倍；超大抓力锚，其名义重量等于锚的实际重量的 2 倍。

（3）热处理

生产锚的钢材应进行化学成分分析、热处理和机械性能试验。锚重超过 3t 者先进行热处理。

（4）证书与标记

证书主要有：订货号（如有时）；能追溯锚制造过程的标记；锚的形式、主尺度和重量；锚的化学成分；热处理情况；锚材料的力学试验结果（或原材料证书）；锚拉力试验负荷等。检验合格的锚应打上认可的标记，主要有：制造厂的商标、试验证书号码、试验日期、锚的总重量、锚杆的重量及经认可的大抓力锚或超大抓力锚印记 HHP 或 SHHP。无杆锚的标记应打在每个锚爪上，有杆锚的标记应打在锚身与锚爪连接处。

2. 锚链的试验

（1）焊接锚链

焊接锚链工艺先进、简单，制造成本低，其质量超过其他种类的锚链。海船广泛使用。焊接锚链的检查和试验包括外观检查（材料及成品）、材料性能试验、拉力试验及拉断试验。

① 外观检查。圆钢材料：不应有裂纹、节疤、沟槽、分层和降低产品性能的其他缺陷，不圆度偏差（最大与最小直径之差）应满足要求。成品链环：焊缝质量、两截面错位和纵向平面挠度。

② 材料性能试验：拉伸（所有等级锚链材料）（为力学性能试验）；缺口冲击（用于制造二、三级锚链的材料）（为机械性能试验）。

（2）铸钢锚链

铸钢锚链的强度较高，刚性好，撑挡不会松动，使用寿命较长。缺点是制造成本较高，耐冲击负荷性能差，制造工艺较复杂。

铸钢锚链的检查和试验包括外观检查（材料及成品）、材料性能试验、拉力试验和拉断试验。

① 外观检查：检查链环的外形及尺寸，其偏差应在规定范围内。

② 材料性能试验：包括化学成分分析、材料性能试验。

（3）成品锚链的试验

成品锚链在进行拉力、拉断试验和材料性能试验之前不得涂油漆或防腐涂料，并应进行必要的热处理。

① 拉力试验：是对整节链进行拉力试验。用认可的试验机进行。试验时每个链环相对位置正确，整节链不得有搓扭。每节链在拉力试验负荷卸除后，不应有明显的缺陷，且永久伸长应不超过原始长度的 5%。

② 拉断试验：由验船师从每批不超过四节的锚链中选取一节锚链，截取不少于 3 个链环的试样进行拉断试验。如果施加所规定的载荷之后，试样未出现破断现象，则认为试

样已通过该项试验。如果拉断试验不符合要求,则可以在同一节锚链上再取一个试样进行试验;如能符合要求,则认为试验合格。如果复试仍不合格,则该节锚链判为不合格。

(4) 标记

锚链试验合格后,应在每节锚链的两端均打上锚链等级、证书编号及船级社的标志等钢印标记。

(5) 证书

制造厂应对合格锚链或附件提供至少具有下列内容的合格证书:①锚链或附件的等级;②化学成分(包括总铝量);③能追溯至原始状态的炉批号;④锚链或附件的直径和重量及锚链的长度;⑤拉力和拉断试验载荷;⑥热处理规程;⑦锚链或附件上的标记;⑧锚链或附件的力学性能(如适用)。

3. 锚机的试验

(1) 检查安装位置是否正确,并按要求进行各项试验。

(2) 进行码头边抛起锚试验。

(3) 进行海上抛起锚试验:应满足在水下 82.5m~27.5m 深度之间起单锚的平均速度不小于 9m/min。在锚链快速放出时试验刹车 2~3 次,锚链在链轮上应无滑出、跳链和不能止住等现象。上好制链器后,慢倒车片刻以检查制链器的效能。检查锚爪与船壳的贴合情况。锚机的安装一般应保证锚链引出的三点(锚链筒上口、制链器和持链轮)成一线。

(三) 锚设备的检查和保养

1. 日常的检查保养

(1) 平时应轮流使用左右锚。每次起锚时应冲洗锚和锚链。

(2) 锚:检查锚卸扣及其横栓、锚头横销及锚爪。

(3) 锚链:白天起锚时检查锚链及标记、连接卸扣及转环。

(4) 锚机:用前空转片刻试车。检查刹车、离合器的可靠性、运转情况并润滑。电动锚机减速箱内的机油应定期检查更换,保证清洁。

(5) 制链器及导链轮等加油润滑。

2. 定期检查保养

至少半年进行一次,并做好记录。重点是对裂纹、结构松动、变形、磨损等的检查。

(1) 锚:检查锚爪、助抓突角、横销、锚卸扣。锚销允许磨损在原直径的 10% 以内,锚的失重应在原重的 20% 以内。

(2) 锚链:进行磨损、裂纹、变形及结构松动检查。

① 磨损:无限航区磨损后的平均直径不得小于原直径的 88%;近海和沿海航区磨

损后的平均直径不得小于原直径的 85％。无档链环或卸扣磨损超过原直径的 8％时不能再用。

② 变形：用目视检查或测量检查链环是否弯扭变形。

③ 结构松动：连接链环（拆开检查后应先在内吻合处涂上黄油再装复）和卸扣的销子会因铅封脱落而松动，应仔细检查。

④ 裂纹：用手锤敲击听声音。

锚和锚链应定期涂防锈油漆。每次修理检查后，应涂煤焦沥青漆，再作锚链标记。

（3）锚机：检查刹车、离合器，加油润滑；减速箱内的机油保证清洁。链轮的轮齿磨损不超过原厚度的 10％。有滑链、跳链时及时焊补；固定锚机的紧固螺栓与底座。锚机底座的蚀耗应小于原厚度的 25％。除底座外一般应三个月检查一次。

（4）附属装置：检查制链器、锚链筒的上下口、锚链舱及其内部的排水设备与木衬垫和弃链器。

（5）厂修时：第一与最后一节锚链对调，以免集中磨损部分锚链，并做好记录。

第三节　系固设备的管理

一、系固绑扎用具的管理

1. 绑扎用具的数量

根据 SOLAS 公约要求，在整个航程中，除散装固体和液体货物以外的所有货物、货物单元和货物运输单元都应按主管机关认可的《货物系固手册》进行装载、积载和系固。所以船上必须确保绑扎用具的数量满足既定航次的需求，《货物系固手册》中给出了船上满载箱量时船舶绑扎锁具的标准数量，这一数量往往大于船舶现有的锁具数量，因为运营时，无论如何集装箱船都无法达到与设计箱量（以 TEU 为标准）一致的装载量。这其中有很多制约因素，例如舱位预订量、TEU 和 FEU 的数量、市场淡旺季、单个箱子的重量等。

虽然不必保持与标准数量一致的锁具数量，但是保证有足够的锁具是提高公司效益的一项重要举措。比如，如果船上现存锁具不足以保证每个装船的集装箱都得到相应的固定，那么只能采取甩货的办法，这种方式的甩货对公司的经济效益乃至声誉都会产生很大的影响。

2. 防损措施

绑扎索具也是公司的资产，应防止丢失和损坏。

（1）为了保证绑扎系固用具的充足，需要定期对绑扎锁具进行清点，及时补充。公司体系文件要求：至少每三个月进行一次清点；每当有大副交接班时，交班大副及接班大副都应当进行清点并报告公司,如果发现清点数量差距甚大,需要阐述理由。

(2)离港前对本船的岸上作业区域(包括但不限于码头、岸吊)进行搜查,搜寻是否有被工人遗落的锁具。

(3)锁具箱卸船后的摆放位置要始终处于值班人员的视线范围之内,防止偷窃的发生。

(4)锁具箱上船前要确保其内的每一个小箱无遗失并且都属于本船,防止错装漏装。

(5)检查岸上工人有无把卸下的集装箱上的锁具拆除并放入锁具箱内,防止遗漏。

(6)不间断巡视甲板作业区域,发现码头造成的任何形式的损坏及时要求码头确认。

(7)监督船上绑扎工人的操作,防止其故意丢弃船舶绑扎用具。

二、系固设备检查与维护保养

(一) 系固设备检查与维护保养概述

系固设备检查与维护保养应在船长负责下进行,检查和维修保养至少应包括以下内容:

(1)对所有零部件的日常外观检查和保养。

① 所有固定式系固设备在使用完以后,应立即进行受损检查。重新使用前,对已损坏或怀疑受损部件应进行修复并进行适当的强度测试。

② 所有便携式系固设备在使用完以后及再次使用前应由专门人员负责损坏检查。种类不同的设备、已检查和尚未检查过的设备、常用和备用的设备均应分类整齐地存放。每隔三个月应对所有可移动系固设备进行一次详细检查和加油活络。

③ 在经历了恶劣天气、海况以后和特别加固用途以前应更加严格。

(2)按要求接受各项检查和测试。

(3)备品数量足够(一般规定为总数的10%)。

(4)系固设备的检查和维修保养记录簿。船上应有系固设备检查和维修保养的记录,以证明对船舶系固设备进行检查和维修保养所采取的行动。船舶《系固设备记录簿》应由大副记录和保管。

(二) 系固设备检查与维护保养的要求

检查每一设备的损坏和磨损情况,如需用于特殊目的,使用前应对其进行检查,以确定其强度和功效是否适用。

1. 各种底座、系固眼板、地令、固定锥、槽座及箱格导轨系统

(1)检查其与船体结构的焊接部位,如有缺陷和裂缝,应开槽后覆焊。若船体本身有缺陷(如不平整),应先将船体部分(包括舱底、横舱壁、舱盖、舷侧、集装箱支柱和甲板等)

用合适方式予以修复。

（2）检查其磨损、变形和其他缺陷。若缺陷轻微且不影响其功能，可暂不修理。如有较严重的缺陷，则应用至少同等强度的设备进行更换（同型或其他型号），重新附着船体的焊接操作应由持有相应证书的电焊工进行，并严格按焊接工艺操作，特别是靠近油舱的焊接操作。

（3）使用前，应清除该设备处的灰尘、碎石及前几航次的残留物。

（4）箱格导轨系统应定期检查，以防因变形、损坏而影响装卸货及货运安全，对变形或损坏的部分应及时修复。

（5）进行正常的除锈、油漆保养工作。

2. 花篮螺丝与绑扎杆

（1）花篮螺丝应经常加油活络，防止因腐蚀而咬死无法转动；

（2）检查花篮螺丝的螺纹损坏情况，防止错咬而无法转动，螺纹损坏严重时应予以换新；

（3）检查绑扎杆连接端的磨损情况，磨损严重应予换新，同时应检查卸扣端弹簧栓的状况；

（4）检查绑扎杆本体及两头的磨损状况，磨损严重或不能有效地绑扎时，应予以换新；

（5）若本体有裂纹出现，则应立即更换。

3. 扭锁、桥锁、堆锥（包括自动定位锥）及横向撑柱

（1）使用前检查变形、损坏情况。如果扭锁转不动、手柄断裂可以进行修复；损坏严重影响功能的进行换新。应特别注意，若半自动扭锁及自动定位锥已失去自动功能，应先修复，无法修复的换新。

（2）桥锁及横向撑柱应经常加油活络，检查螺纹情况。

（3）本体如有裂纹，立即更换。

上述设备易损，应避免野蛮操作；使用后应及时收集存放在专用箱子内，以防丢失。

4. 系固钢丝、系固链条、快速释放紧索器及紧链器

（1）检查系固钢丝（含一般系固钢丝绳）是否有拧节、压扁、油麻芯或纤维芯干枯和外露现象，如有应更换。

（2）系固钢丝的断裂、磨损或严重锈蚀：若发现在其 10 倍直径的任何长度内超过 5%，换新。

（3）定期对系固钢丝涂钢丝油，以防因锈蚀而缩短使用寿命。

（4）存放在露天甲板的系固钢丝应用帆布罩罩好。

（5）检查快速释放紧索器。

（6）系固链条和紧链器如有严重锈蚀或损坏应换新。检查系固链条和紧链器每一链

环的状况,若本体有裂纹,立即换新。如仅为轻微变形、磨损、腐蚀但不影响其强度和功能,则无须更换。

5. 卸扣和紧索夹

(1)经常加油活络,防止腐蚀而咬死。

(2)本体如有裂纹出现,应立即更换。

(3)检查螺纹损坏情况,防止错咬而无法转动,螺纹损坏严重时换新。

(三) 系固设备的检查和保养的记录

系固设备的检查和保养情况应记录在适当的记录簿中,并保存于货物系固手册,记录内容如下:

(1)出现显著磨损、锈蚀、弯曲或裂纹的部件,应从放置它们的锁具箱中拿出并禁止再次使用。这样的零部件应该单独收集到适当的储存位置,并转移到生产厂商授权的车间进行维修,如果不能维修,应当丢弃处理。

(2)损坏的设备的零部件应替换成等效部件。必须从供应商处获得相应的制造厂商的声明文件,并保存在货物系固手册中。

(3)固定式货物绑扎装置的损坏必须由授权的厂家进行,并且在下一次的船级社检验中进行报告。

(4)在航行期间,应考虑:

① 对绑扎情况的检查及调整仅限于适度的重新紧固花篮螺丝,这一点在预计遭遇恶劣天气和不良海况来临前尤其重要;

② 如果货物绑扎的检查和调整是在恶劣天气和海况中进行,还应特别注意船员的安全。

集装箱系固设备管理需要注意的事项

(1)购置的集装箱系固设备应与船级社认可的系固手册匹配。除特别注意设备的规格外,还应注意设备的安全负荷要求。另外购置底锁时,应特别注意手柄的锁紧方向。新增购的扭锁手柄的旋转方向一定要与船上现有的一致,否则会造成使用混乱而无法判断是否锁紧,费工费时。

(2)集装箱装船后虽然会按要求予以系固,但由于船舶在大风浪中摇摆剧烈会使集装箱受力过大,造成其系固设备的损坏,从而发生集装箱掉入海中或导致集装箱箱体损坏现象,因此,船舶应采取改变航向和航速及其他相应措施,以减缓摇摆。

（3）还应注意经常检查系固设备。经检查如有变形或损坏，应及时修复或更换。对需要加油活络的系固设备如花篮螺丝、半自动扭锁等，应经常润滑使其保持操作的灵活性。船员应熟悉各种系固设备的特点及使用方法，正确使用各种系固设备，查看锁定位置是处于非锁紧状态还是锁紧状态。

随着集装箱船舶的大型化，现今世界最大的集装箱船已超过 23000 TEU，船上的绑扎锁具则数以万计，装卸过程中出现差错的概率也会倍增，数量繁多的锁具的维护和保养也会给船员带来沉重的工作负担，如何合理地安排检查保养，如何确保装卸万无一失，是摆在船员和码头工人面前的一道重要的现实问题。这需要船员在日常工作中积累经验，以达到相应的目的。

三、系固设备的检验

系固设备的检验种类与船舶应接受的检验种类相同，具体如下：

（1）初次检验，与对船舶的入级检验同时进行。

（2）年度检验，与船舶的年度检验同时进行。目的是对系固设备进行一般性检查，以确认其是否处于有效的技术状态。

（3）中间检验，与船舶的中间检验同时进行。要求与年度检验的要求相同。

（4）特别检验，与船舶的特别检验同时进行。检验项目有：

① 全面检查箱格导轨结构，特别是垂直导轨与横撑材间的连接节点，导轨与导箱装置应处于良好的技术状态。

② 检查可拆卸式框架或其他约束装置。

③ 检查固定在船体结构上的配件，位于液舱区域的配件，其四周应无泄露。

④ 对照《系固手册》全面检查所有的便携式系固设备。

⑤ 若发现系固钢丝绳在等于其直径 10 倍的任何长度内有超过 5% 的钢丝断裂、磨耗或腐蚀，则应予换新；若发现钢链发生蚀耗或损坏，也应予换新。

⑥ 更新的系固设备应为认可的型式和产品。如无试验证书，则应按有关要求对新的系固设备进行相应的试验。

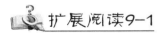
扩展阅读9-1

集装箱船大副工作的几点建议

复习与思考

1. 标准货物的系固设备有哪些?

2. 简述非标准货物的系固设备。它与标准货货物相比,有哪些区别?

3. 简述锚设备的组成。

4. 如何对系固设备进行检查与维护?

第 十 章

工程物流系统仿真

学习要点

1. 熟悉系统、模型与仿真的关系；
2. 掌握物流系统各环节的仿真模型；
3. 了解主流计算机仿真软件。

引导案例

油燃而"升"？改变轮胎花纹，提高燃油经济性

　　世界各地的燃油价格日益上涨，国际上对二氧化碳排放的规定也越来越严格。在 2015 年，汽车每公里排放二氧化碳要求小于 135 克。到 2020 年，行驶每公里排放二氧化碳要求小于 95 克。因此，汽车制造商在提高汽车性能的同时，也需要提高燃油经济性。

　　气动阻力是影响汽车燃油经济性的最大因素之一。气动阻力越大，汽车的燃油经济性或续航里程就越低。什么是气动阻力？为什么在产品设计早期阶段，研究气动阻力如此重要？

　　气动阻力是车辆行驶时的空气阻力。气动阻力主要由车辆造型、尺寸和速度三个参数决定。车辆的每个部件，包括车轮和轮胎，都对总体气动阻力有贡献。

　　车轮对汽车总体气动阻力有 25％ 的贡献。拥有更好气动特性的轮胎不仅会消耗更少的燃料，而且还将具有更强的加速能力、更高的行驶速度以及更远的行驶里程。尽管具有以上这些优点，但目前为止，在设计轮胎时，轮胎设计人员主要考虑的是提升结构刚度、滚动阻力和耐久性能，而在气动方面没有太多的研发投入。

现在,让我们一起来看看如何通过仿真设计出具有良好气动特性的轮胎:

首先,从花纹轮胎的可变形位置开始使用我们的仿真工具,执行足印分析获得的输出。从而获得在汽车重力作用下,轮胎受压变形后的真实形状。

然后,基于定制的模板,以 100km/h 的速度模拟花纹轮胎,并绘制汽车相关位置的表面阻力。基于定制的模板,可以将模型设置从几小时缩短到几分钟。采用以上流程,我们可以计算阻力,然后根据 WLTP 法规评估车辆是否满足二氧化碳排放要求。但是,在执行上述分析时,需要注意的是由于建模时简化胎面花纹细节引起的阻力计算偏差。相比实际胎面,符合 WLTP 规定的花纹轮胎,气动阻力是被低估的。

我们创建的轮胎模型是一个参数化模型。因此,在 CATIA 中,可以快速更改胎面花纹,并在 SIMULIA 软件中进行模拟。通过改变胎面高度和胎面宽度,可以更新胎面花纹,从而计算不同胎面花纹配置轮胎的阻力。

通过观察可知,改变胎面高度和宽度,轮胎上的阻力就可以减少 2%,从而提高汽车的燃油经济性。

总的来说,在早期设计阶段,基于 SIMULIA 的计算流体动力学技术,可以精确预测轮胎阻力;研究对于同一车辆,配置不同轮胎构型的气动阻力。此外,通过改变轮胎的花纹,可以改善轮胎的性能。该解决方案不仅可以帮助轮胎制造商,也可以帮助汽车制造商找到最适合和最有效的汽车轮胎型号。

(资料来源:https://mp.weixin.qq.com/s/K827fiYLa9uLop0W8Lbxmg)

思考:

1. 仿真有哪些优点?
2. 仿真软件的运用场景有哪些?

第一节 系统仿真

人们经常运用现代科学的理论和方法,规划、管理、控制物流系统,以此来选择最优的物流方案,提高物流效益、降低物流成本。常用方法包括数学规划法、统筹法、系统优化法和系统仿真法。在信息时代,系统仿真是应用最普遍的一种新型科研方法,它利用计算机构建模型对实际系统进行研究分析,并根据结果改进目标系统。

计算机科学与技术的发展不断推动完善系统仿真技术的研究,仿真已被广泛应用于各个行业的各个环节。尤其是工程物流业,其结构调整、流程优化、降本增效离不开仿真技术。

一、系统、模型与仿真

系统是人类认识探索、改造创新自然世界和人文社会的一种角度和重要手段,强调了客观对象的整体性、层次性、相关性和适应性，这也说明系统所表达的内容本质上是复杂的。因此人们为了更好地掌握研究对象的运动规律、实现特定系统目标，采用系统模型与模拟仿真方法来定性分析、定量计算较为复杂的系统内部结构和系统各要素或组成部分之间的关系；以较小的成本探索掌握系统的部分结构功能和特性，准确解决自然、经济社会和军事系统中的问题。

这一过程中的关键要素——模型与仿真已经渗透到各学科和各领域，成为当今现代科学技术研究的主要内容之一。在计算机出现之前，大部分科学研究工作都是通过数学语言或其他物理科学方法对真实存在的客观事物进行描述，即构建模型。计算机的出现使人们能对复杂系统建立模型并求解，计算机技术不仅促进了模型的研究，也促成了计算机仿真技术。

模型是通过对研究对象反复认识、分析、整合而成的表示某系统结构、功能的方程式或描述系统属性的抽象概念的组合，它可以概括系统内在规律，描述和分析系统状态。按照模型的形式，可以分为抽象模型、形象模型两种。抽象模型包括数学模型、图形模型、计算机程序、概念模型；形象模型包括物理模型和直观模型。在实际系统的实体运作过程中，我们无法全部用客观实体做实验，但是可以通过建立系统模型来研究、认识、掌握目标系统的特性和规律，解决实际系统运作中的难题。

如设计阶段的桥梁力学结构实验，以实际桥体作为实验对象将不仅耗时耗力，而且代价高；若以等比例缩小的实物模型做实验，不仅直观、易于理解和操作，有效缩短实验时间、降低成本，而且可以多次实验，通过模型参数的变化来了解现实问题的本质和规律。

仿真是在计算机支持下，对真实系统或尚未真实存在但已处于规划设计中的系统的模型为研究对象的复杂活动，可以弥补理论推导和科学试验的不足。仿真就是模仿真实系统，就是利用模型做实验。仿真可以描述构建模型和求解任何过程，对于静态系统，仿真即是求解；对于动态系统，仿真即是计算任一设定条件下的解。模型是仿真的基础，是系统的抽象简化，仿真是模型和系统不断完善进步的有效途径，模型与仿真日益紧密，不可分割。

二、系统仿真概述

(一) 系统仿真的概念

系统仿真是通过构建系统结构模型或量化分析模型，然后转化为计算机可运行操作的数字仿真模型，在系统运行时间内对实际系统进行模拟仿真并进行观察、试验，借助于以往经验、理论知识和信息资料对试验数据进行分析研究，以达到了解系统性能，求得系统问题最优解的一种技术或方法。

系统仿真是一门综合性很强的试验学科，依赖于计算机的软硬件技术，涉及系统科学、控制理论、相似理论等基础理论，成为设计、计算分析和研究解决各种复杂系统的重要手段和辅助决策工具。经过几十年的发展，系统仿真技术日臻成熟，仿真工程和工具开发环境等方面取得突破性成就，在航空航天、军事武器、自动化、电力等领域得到了广泛的应用。

系统仿真技术作为分析和研究系统运动行为、揭示系统动态过程和运动规律的一种重要的手段和方法，离不开三个基本要素：系统、系统模型和计算机。系统和系统模型是仿真试验的基础，复杂系统的模型处理和求解又需要现代化计算机的信息处理装置。而联系这三项要素的基本活动则是建立系统模型、建立仿真模型和仿真试验，如图 10-1 所示。

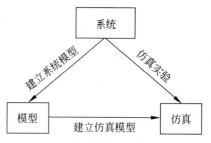

图 10-1　系统、模型、仿真关系示意图

(二) 系统仿真的一般步骤

对于任一个系统的系统仿真研究都是一项或简或繁的系统工程，需要仿真者与仿真用户共同参与，从这个意义上讲，系统仿真试验过程应包括这样几个阶段工作：

1. 系统定义

确定合适的目标，目标是仿真中所有步骤的导向。按照系统仿真的目标确定所研究系统的边界条件与约束，谨慎错误的假设，但不需要呈现实际系统的所有细节。

2. 建立数学模型

搜集、整理、核实各类有关信息和数据，将其简化成适当形式，模型和实际系统不必一一对应，只需将实际系统的本质描述出来。把实际系统抽象成数学公式或逻辑流程图，并进行模型验证。

3. 模型变换

用计算机语言将系统的数学模型转换为计算机可处理的仿真模型，一般建立计算机模型的过程会呈现阶段性，对同一实际系统可以构建多个抽象程度不同的计算机模型。而且在进行下一阶段之前，对该阶段进行模型校核和认可，判断所建立的模型是否正确合理，验证模型的功能是否同设想的系统功能相符合。

4. 设计仿真实验

根据研究目的和仿真目标，制定试验计划和大纲，据此设计科学合理的试验流程。根据系统外部输入信号，设定相关参数和变量，选定待测量变量和相应的测量点。

5. 模型加载

确定试验参数,如仿真执行控制参数、模型参数与系统参数等,再将转换后的仿真模型以程序形式输入计算机。

6. 仿真执行

运行仿真软件驱动仿真系统,进行各种参数设定的实验,对实验数据进行去粗取精、去伪存真的科学分析,根据实验结果进行敏感性分析。

7. 模型校验

当仿真结果得到认可时可以转入文档处理,否则按照系统应达到的性能要求对模型进行检验和修改,或检查其他试验阶段是否存在不合理操作,然后再进行实验,如此往复,直到获得满意的结果。

8. 实现与维护

使用报表、图形、表格和置信区间点图来分析和呈现仿真结果,由仿真结果得到一些设计和改进系统的有益结论,形成产品并进行维护。

如图 10-2 所示为系统仿真的流程。

(三) 系统仿真的特点及作用

事物都有两面性,虽然系统仿真作为一种新型方法,在实际应用中发挥了巨大作用,但并不表明系统仿真方法在任何情况下都是最优的。

1. 优点

(1) 对复杂性问题的优势

在解决复杂系统问题时,一般有两类研究分析方法。一类是依靠逻辑推理的解析法,往往用来分析解决固定的约束条件或环境下的确定性问题,如线性规划和动态规划等。但是数学表达式过于抽象,越复杂、包含越多随机特征变量的系统,越难以用解析法描述和求解,忽略随机因素的影响会使分析结果有较大的误差,不利于人们进行实际的系统分析。

另一类是非解析法,如系统仿真方法,以现实为依据,能较为全面地考虑系统的复杂组成和系统各部分之间纵横交错的交互作用,有助于人们深入理解、客观评价系统特性,快速求解问题,正确规划设计系统功能。系统仿真方法既表达了系统的物理特征、几何特征,又表达了其逻辑特征,既反映了系统的静态性质,也反映了其动态性质,更便于对系统进行分析。

(2) 安全性优势

对于许多实际问题,如商贸中心突发事件的应急系统,若采用现场模拟,将会造成人

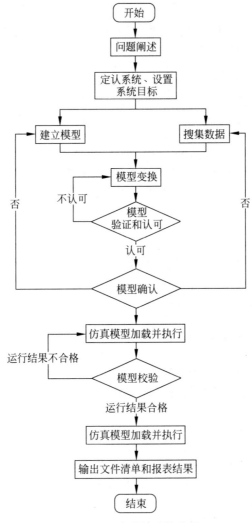

图 10-2　系统仿真的流程

员伤亡和较大经济损失。采用系统仿真,不仅可以不中断、不干扰实际系统的正常安全运行,如生产线的优化问题,还可以在保证生产继续进行的情况下,用仿真方法来研究新策略、流程等。

(3) 重复性优势

某些系统中的问题一旦发生,就是不能重复的,即使采用现场模拟,也无法用现有技术百分百地复原事情经过,如一次地震和一次恐怖袭击事件,只能根据事件后的信息碎片对实际系统进行相关研究。而且一次破坏性实验需要消耗的资金通常是数以十万、百万甚至上亿计的,代价昂贵。

仿真模型的一次运行,是系统的一次抽样模拟,通过多次修改参数无限次重复同一个过程,依据系统模型动态运行的效果,达到充分认识、反复试验、多种方案对比的研究目的。

（4）时间优势

有些实际系统的运行过程太快或太慢,对于问题研究造成一定难度。系统仿真可以拉伸或者压缩研究对象变化过程所用的时间长度,以方便数据记录和分析。而且系统仿真还可还原、模拟系统的时间纬度,再现历史问题。

（5）收益优势

合理使用系统仿真方法,可以提高决策的合理性和科学性,降低投资风险和成本,提高收益。例如,投建一个配送中心,如果在规划设计阶段采用系统仿真方法比较评价多种方案,可以降低投资风险,而且每个方案的模拟运行仅耗用人力和计算资源,最大程度节约了研究成本。

2. 缺点

系统仿真方法在应用中有诸多的限制和困难,也存在着自身固有的不足和缺点,主要体现在如下几个方面。

（1）建模和计算困难且代价较大

建立可信的系统模型是系统仿真最重要的前提和基础,但是由于系统过于复杂无法掌握其规律,或者缺乏有效的建模方法,使得建模工作量十分巨大。而且,仿真需要从实际系统中搜集大量的数据,从理论上讲,某个系统的详尽建模是可以完成的。但是仿真模型的每一个细节都以实际数据为依据,数据的真实性会影响系统仿真的质量。

另外,数据的搜集和分析难度较大,与建模一样耗时。在使用系统仿真优化系统时,需要对每次仿真过程反映出的现象进行深入的分析,包括定性分析、定量分析、敏感度分析等,而且必须以足够长时间或足够多次独立重复运行的结果为准,然后比对多次的仿真结果,提出改进建议,再仿真检验改进措施的效果。虽然优化过程较为灵活,但是系统仿真要求仿真者不仅对实际系统具有深入的了解,准确把握系统的多种目标,而且有综合的系统分析能力。这些都增加了系统仿真的难度和花费的时间。因此,可以使用解析法研究的问题,人们大多不会选择系统仿真。

（2）不能直接得到最优解

与最优化方法相比,仿真方法并不是一次运行出最优解,而是多次运行推演给定的方案,并按照得到的结果反过来确定最优方案。所以仿真往往无法求得理论上的最优解,只能得到人们目前所策划出来的几个被比较方案中的最优方案,这个最优方案或许并不是系统的最优解。

（3）建立、验证可信的仿真模型存在一定的难度

要建立可信的模型,需要丰富的数据做支撑,以足够细致、完备的约束条件和假设来

建立理想的、可在计算机上模拟运行的模型。系统仿真方法的基本原理是切实描述系统，然后执行系统，倘若系统的条件模糊、约束描述不清晰或数据不充足，模型本身的可信度和运行结果的可靠性就会受到质疑。

即使根据各种已知的条件、系统特征参数和完备的假设建立了系统的仿真模型，但是如何确认所建立的模型与实际系统是逻辑等效的？如何证明仿真结果是实际系统特征和性能的真实反映？目前已有的验证方法仍然是必要而不充分的，我们无法绝对保证建立的模型完全可靠。如果建立的模型本身和其仿真结果错误，或者没有确切反映实际系统的特性，会对仿真者的决策造成误导。

（4）专业人员的限制

由于上述三点原因使系统仿真在实际应用时缺少专业人员。系统仿真是一门需要花费时间、熟悉理论、积累经验才能掌握的"艺术"。它不仅要求建模和仿真结果分析人员熟悉仿真相关的基础理论和科学的建模方法以及各种仿真分析经验，而且还要求其必须熟悉各个应用领域的专业知识，为建立不同领域的仿真系统进行知识储备。

巨大的难度导致仿真技术在应用中无法发挥出其优势，被决策者搁置一边。这是系统仿真应用受阻的一个不可忽视的原因。

三、系统仿真的应用与发展

(一) 系统仿真的应用

系统仿真在系统分析与设计、产品研发、系统理论研究、专职人员训练等方面都有着十分重要的应用。

1. 系统仿真技术在系统分析与设计中的应用

例如，对尚未建立起来但已在规划中的系统进行可行性分析及多种方案比较论证，为系统设计打下基础；在系统设计过程中利用仿真技术建立系统模型进行最优化设计；在系统建成后利用仿真技术分析系统的运行状况，寻求系统的最优解和最优控制策略。

2. 系统仿真技术在产品研制中的应用

随着知识—技术—产品的更新周期越来越短，客户对产品性能和质量的要求越来越高。制造企业围绕产品开发时间、产品质量、成本等展开激烈竞争。以信息化为核心建立模型，系统仿真为产品的研制、应用提供了"数字化、智能化"的设计、制造、试验、维护、使用的平台及技术，可以实现复杂产品制造业的跨越式发展，增强竞争力。

3. 系统仿真技术在系统理论研究中的应用

过去主要依靠理论推导推进系统理论的研究，如今系统仿真是系统理论研究的有力工具。它不仅可以验证理论本身的科学性，而且还可能进一步揭示系统理论在实现中的矛盾与不足，为理论研究提供新的研究课题。目前，最佳控制系统、自适应控制等理论问题的研究中都应用了仿真技术。

4. 仿真在专职人员训练与教育方面的应用

系统仿真还可以用于训练与教育。系统仿真最早源于军事训练的需求，至今我国还有各类军事武器模拟器，如飞行模拟器、舰船模拟器等，现在也为各种运载工具如飞机、汽车、船舶等以及各种复杂设备及系统如电网、化工设备等制造出各种训练仿真器。模拟器具有节约能源、经济安全、不受场地和气象条件的限制等优点，能最大程度缩短训练周期、提高训练效率。

模拟器强调培训人员在模拟器上或在培训仿真系统上的主观感受与在真实系统上的感受尽可能相似，即更注重输入或输出特性的一致。

迫击炮分队模拟训练系统

迫击炮分队行动模拟训练系统是以技术融于战术的训练为主要方式，以 GIS 地形为基础，以射击理论仿真模型为核心支撑，涵盖基本计算、连测战斗队形、标绘、情况导调、推演等模块。主要有主控计算机、模拟数字方向盘、模拟迫击炮、模拟迫击炮瞄准镜，以及其他辅助设备组成，以实现装备的动态数据采集和信息显示功能。模拟训练软件系统主要由地形处理、三维建模、多人协同设计、模拟训练等组成。

本系统主要优势有以下几点：具有迫击炮的散布模型、离散模型、毁伤程度模型、毁伤概率模型等核心模型，使射击仿真更科学，更符合装备特性；具备技术训练内容和战术训练内容，同时将技术训练融入战术训练，实现一体化训练仿真内容；能够在三维场景环境中标绘行军要图、方位物要图、战斗决心图，提高指挥员指挥作业训练手段的多样化；能够按照射击计划表，根据时间节点完成炮火准备阶段的自动推演，也能够在炮火支援阶段，自主选择目标，自主指挥射击，符合战斗各阶段任务需要。

系统主要功能包括：

（1）目标及气象条件设置：能够自主添加坦克、地堡、铁丝网等目标模型，自主设置装备条件和气象条件。

（2）系统融合战斗准备阶段的遮蔽度计算、对单个目标射击的毁伤概率计算、对集群目标射击的毁伤程度计算，以及对应的弹药需求量计算。

（3）利用 GIS 地形的优势，能够提供地形的坐标、高程、距离、通视度计算，以及民社情的统计。

（4）分队战斗行动训练：按照分队行动的作战流程，培养受训人员的组织协同、射击指挥、判断决策和统筹规划能力,实现虚拟环境中的对抗模拟训练,提高训练的沉浸感。

(资料来源:http://www.81it.com/2023/0106/14022.html)

(二) 系统仿真技术的最新发展

系统仿真技术已经受到各级政府部门、工业和科研单位的普遍重视,在高科技领域中的地位日益提高。美国甚至提出要把仿真技术作为今后科技发展战略的关键推动力。随着仿真理论的夯实和丰富及相关学科的发展,仿真系统的开发逐渐从科学研究模式转向工程开发模式,建立全生命周期的仿真系统过程模型的需求越来越高。当前系统仿真的发展主要有以下几个方向:

1. 仿真实验内容的扩展

随着科学技术与生产水平的不断提高,产品生产和社会生活的各个环节对各类系统仿真提出了更高的要求。不仅要在军用和民用领域中向广度和深度拓展系统仿真,而且对设计研发任务、大型工程项目进行了高度仿真,从而帮助仿真者做出正确决策,指导科学研究、系统开发与生产实践,培训各类人才等。

2. 高效处理信息

大型复杂系统仿真,如产品设计、制造和运行维护乃至退役的全寿命周期的生产仿真系统,往往会需要以及产生庞大的数据和信息量,需要快速、高效传输、变换和处理各种数据,确保系统仿真顺利进行。

3. 模式化校核、验证、确认

随着计算机技术的发展,复杂系统模型趋向简化,算法更强、更优,并可以运用网格计算技术和高速计算系统等提高仿真模型的准确性。但是如果模型没有经过正确性验证,则系统仿真的精确度和可靠性仍无法得到保证。目前该问题已引起仿真界学者和专家的高度重视。

4. 向虚拟现实技术智能化发展

虚拟现实是将真实环境、模型化物理环境、用户融为一体,创造具有视、听、触、味等感知的逼真虚拟环境,如同 3D 电影。通过智能化的操作界面,可以减少学习和使用仿真软件的困难。

5. 扩展应用领域、融合多门学科

系统仿真对象越来越复杂多样,系统仿真技术和软件将会按照市场的需求细分,未来的系统仿真将是多物理场的耦合仿真。细分仿真软件会在具体专业领域提供深入研究的特殊支持,专注于具有鲜明行业特征的技术和标准,支持用户根据自身的需要进行二次开发或自定义使用,并且能够通过接口或后台实现与主流软件的数据交互。细分软件要求

系统仿真及时与相关学科融合,进行跨专业多学科的协同仿真。

6. 向广阔时空发展

大部分的系统对任务协同性、信息数据实时性、仿真结果实用性等有较高的要求,如现代复杂军事系统涉及各兵种交战、作战环境、武器群配置等仿真子模块,对时空一致性有较高要求。

融入数字孪生体生态系统的仿真应用

为了完全理解运行中的机器,需要把全功能虚拟模型与机器的实际操作数据连接起来,这样的虚拟模型被称为数字孪生体。仿真是企业创建数字孪生体的宝贵工具,通过仿真去了解实际产品行为,可以显著改善下一代产品,同时缩短产品推向市场的周期。

目前,世界各地有数万台高价值的机器设备正在高效地运转,这些机器的设计,大多采用物理模拟仿真进行优化,包括结构力学、流体力学、电磁、热能以及其他物理属性。然而,随着这些设备资产的老化和改装,只有很少的一部分设备能够在初始设计的预设条件下运行。直到如今,负责设备运行效率的人员也没有很好的办法去了解运营环境的变化对于设备资产效能的影响。

机器是否即将出现故障导致停产,以至于每小时可能损失数万美元? 长期处于次优条件下运行,会不会导致使用寿命的缩短? 有没有机会通过改变操作条件或升级功能来改善其性能?

如喷气式发动机,一直以来企业都在使用传感器采集它的运行数据。然而,这些数据并不总是实时搜集的,并且数据量太大,导致很难提取分析出准确且可供操作的数据。物联网技术的出现,使传感器能够实时准确地捕获数据,用以实时地了解和优化其性能。

通过将这些运行数据与设备运行的其他信息结合起来(包括维护记录、产品生命周期管理信息和模拟结果等),再加上分析和机器学习,形成一个生态系统,就可以构建一个功能齐全的数字孪生体模型。使用数字孪生体,就有可能诊断出涉及多个子系统,并且各种因素相互作用的复杂问题。对于数字孪生体来说,模拟仿真是至关重要的,因为它能解决改变条件、寻找根源和改进设计等问题。将工程模拟仿真与数字孪生体结合,可以帮助企业分析和优化产品在实际操作条件下的性能。

系统级建模工具可以构建数字孪生体,准确描述部件、子组件和子系统之间的复杂交互。模型中的子系统可以定义到所需的保真度水平,从高阶行为模型到详细的基于物理的仿真模型。数字孪生体中的模拟仿真模型,从连接到产品或流程的传感器中获得数据,复制资产运行情况,如将磨损情况或修改记录合并到模拟仿真模型中,并且可以通过基本物理原理分析来预测资产的运行情况,从而诊断出无法预料的情况,其结果可以根据实际设备资产的运行进行校准。

(资料来源:http://www.innovation4.cn/toutiao/129719-4117801710/)

第二节　计算机仿真

一、计算机仿真的概念与分类

在计算机出现之前,系统仿真主要指物理仿真,它依附于其他学科。20世纪70年代之后,计算机硬、软件技术取得突破性成就,计算机仿真便迅速发展起来,人们由此开发了许多计算机仿真程序包和仿真语言。计算机仿真技术是以数学理论、控制理论、信息处理技术、系统技术及其应用领域有关的专业技术为基础,以计算机和其他物理设备为工具,利用系统模型对实际的或不存在但已在规划中的系统进行试验研究的综合性新兴技术。

计算机仿真技术的应用包括产品或系统生产集成后的性能测试试验;某种型号产品的全生命周期,包括方案对比、设计分析、生产制造、试验、维护等各个阶段;工程技术、军事研究、科学试验、社会经济等领域内的复杂系统。计算机仿真通过无限次重复的试验得到精确的结果,以尽可能低的成本帮助人们决策。美国、英国、日本、中国等国都有各自的仿真协会,国际上也有专门的计算机仿真协会。

用于数学仿真模型求解的计算机称为仿真计算机,它是仿真系统的核心部分,是仿真活动的载体。随着仿真计算机不断更新换代,按照计算机的种类,可将计算机仿真分为模拟计算机仿真、数字计算机仿真和混合计算机仿真。

(一) 模拟计算机仿真

模拟计算机是以相似原理为基础,由各种典型的基本运算部件如乘法器、积分器、函数器和其他非线性部件组成的模拟解算装置,是一种并行运算的机器,计算速度很快。

这些运算部件的输入输出变量都是随时间连续变化的模拟量电压。模拟计算机仿真将实际系统中的物理量,如长度、温度、角度和压力等按一定比例变换成电压量(模拟量),故称为模拟计算机。实际系统某一物理量随时间变化的动态关系和模拟计算机上与该物理量对应的电压随时间的变化关系是相似的。因此只要将一个系统的数学方程用微分方程或逻辑方程描述出来,并按相应的运算部件连接,就可进行模拟计算机仿真求解。

由于模拟计算机能快速地解算常微分方程,仿真模型一般是连续时间模型,而且适合多次重复仿真研究,但是模拟计算机难以生成复杂函数,模拟信号受环境影响较大,运算精度很难提高。

(二) 数字计算机仿真

在模拟计算机的黄金时期数字计算机刚开始发展，其运算速度较慢，因此应用较少。随着全数字仿真机的出现，数字仿真计算机系统取代模拟计算机成为主要的仿真工具，开始在国内航空、航天等部门得到广泛应用。20 世纪 90 年代通用数字计算机和个人计算机及网络技术迅速发展，采用通用数字计算机和微机联网的系统在各个仿真领域得到广泛应用。

数字计算机与模拟计算机不同，数字计算机只能对 0 和 1 断续变化表示的数码进行操作，主要由运算器、控制器、存储器和输入输出等外围设备组成，能解算常微分方程和其他复杂的数学方程等方程模型、流程图形式的模型；有较强的逻辑判断能力，可以解决系统中的排队问题、管理决策问题等。数字计算机一般只有一个中央处理器，在对复杂系统进行实时仿真或超实时仿真时会遇到一定困难；而且任何动态系统只有变换成数值计算的离散时间模型才能使用数字计算机，这是数字计算机仿真与模拟仿真的最基本的差别。

(三) 混合计算机仿真

混合计算机是一种将模拟计算机与数字计算机通过一套混合接口组合在一起的混合计算机系统。它兼有模拟计算机的快速性及数字计算机的灵活性和高精度优点，弥补了模拟计算机存在的缺陷，可以解决数字仿真机所能解决的所有问题，但是需要专门的混合仿真语言来控制仿真任务的完成。

混合计算机分为混合模拟计算机和数字计算机系统，一般由仿真试验者事先分配两部分仿真系统的工作，也有部分混合计算机能通过软件自动加以分配。分配原则是充分利用模拟计算机的并行运算及连续信号处理功能和数字计算机的迭代运算、逻辑运算和复杂函数生成功能，通常将要求精度较高、逻辑控制复杂的工作分配给数字计算机系统，将要求精度低、变化速度快的工作分配给模拟计算机系统，最大程度发挥两种计算机各自的优势，使仿真的效率达到最高。

混合仿真机存在着两种计算机之间信息的交换，存在模拟机误差、数字机误差和接口操作转换误差，同时也使仿真软件更为复杂。而且随着多处理器的并行处理数字计算机的快速发展，混合仿真计算机已有被其替代的趋势。

二、计算机仿真软件简介

(一) AutoMod 仿真软件

AutoMod 仿真软件于 20 世纪 80 年代由美国 Aplied Materials 公司研发出品，是目前市面上比较成熟的三维离散事件仿真软件之一，在美国、中国、欧洲各国及世界其他地区被广泛运用于制造系统、仓储系统、控制系统、服务行业和教育科研等领域的仿真分析、评价和优化设计。AutoMod 软件包括 AutoMod Model Fditor 模块、AutoMod RunTime 模块、AutoStat 模块、AutoView 模块以及由一些应用程序构成的辅助模块,通过这些模块来仿真现实世界中的物流自动化系统,主要包括输送机模块,自动化存取系统(立体仓库、堆垛机),基于路径的移动设备。

(二) Witness 仿真软件

Witness 是由英国 Lanner 公司研发的,开发者认为,现实系统都是由一系列相互关联的部分组成的,因此 Witness 软件采用与现实系统相同的事物建立相应的模型,模型中每一个部件被称为元素。该仿真软件主要面向工业系统、商业系统流程,如汽车工业、化学工业、电子产品、航空航天、银行及金融、政府和交通等领域,具有投资项目的风险评估、现有设备改进或流程优化、参数变化选择等功能。它既可用于离散事件系统的仿真,也可用于连续系统的仿真。

Witness 软件采用面向对象的建模机制,是生产线仿真器的最有代表性的仿真软件,特别适用于企业生产物流的统筹和优化。它还可以三维呈现仿真过程;附带多种功能,操作简单,运行时占用计算机资源较少;智能优化仿真流程,最小化无附加值的作业过程。

(三) Flexsim 仿真软件

Flexsim 软件是由美国研发的一款通用的商业化离散事件系统仿真软件,由对象、连接和方法三部分组成,采用现实系统运行过程中的各元素作为对象,通过对象之间的连接定义模型的流程,完成对现实世界各行业、各系统的建模,专门面向制造业、物流业等领域。Flexsim 软件是一套系统仿真模型设计、制作与分析工具软件,属于分散型模拟软件。

它采用面向对象技术,具有三维显示功能,提供原始数据拟合输入、图形化的模型构建、虚拟现实显示、仿真试验、结果优化、生成 3D 动画影像文件等数据处理功能和人工智能技术。

Flexsim 仿真系统已被广泛应用在交通路线规划、交通流量控制分析、生产能力仿真与分析、物流中心设计等多个领域。

(四) EM-Plant 仿真软件

EM-Plant 仿真软件是采用 C++ 语言开发的,拥有自己的设计语言 SimTalk,是第一款完全面向对象的层次化仿真软件,同时支持 2D 和 3D 模型。该仿真软件包含许多已实现的对象,这些对象构成软件建模的基本单元,可以从其他模型中继承或封装重复使用,只要拖曳便可以在模型中添加相应的对象；丰富的数据接口使软件内的模型可以和各种程序及数据进行交互。

EM-Plant 被广泛应用于制造业、服务业、交通运输业及军事领域的结构优化和流程控制，也可用于生产、物流及工程领域的分析、研究和教学。如高速铁路维修中心的维修调度。德国汉堡高速铁路维修中心采用 EM-Plant 建立维修排班的仿真模型，调度人员根据当前实际状况运行仿真模型，得到以甘特图形式给出的实际维修顺序的仿真模型结构，还可以在甘特图中直接更改维修计划，通过仿真模型来评估维修计划修改后可能存在的潜在问题。

第三节　系统仿真在工程物流中的应用

物流领域作为"第三利润源泉"在日常的经济活动和社会生活中发挥着巨大的作用，业务覆盖范围广，在交通运输、零售业、仓储业、包装、流通加工和服务等多个领域广泛应用；综合性强，涉及管理学、信息技术、供应链等多门学科的理论知识。

因此，物流是系统的物流，物流系统是复杂的离散事件系统，是在特定时空内由物资、各物流环节使用的设施设备与工具和人员等若干相互制约的动态要素所构成的具有特定功能的有机整体。传统的分析方法难以合理规划整合系统中的各项要素，解决系统设计与控制过程中的许多问题。

工程物流是非标准化作业，技术复杂，而且由于运输货物的特性，工程物流具有很大的风险性，每一次运输都有专门定制的运输方案，不可重复使用，运输方案决定着能否完成产品和目标。工程物流的大型设施设备和所承运的超大超重货物不支持每一个运输方案和吊装方案的实际试验操作，而且每一次的实际实验都充满各种不确定性和风险，那么如何确保方案的科学性和最优性呢？

系统仿真为设计和操作工程物流系统、解决复杂工程物流系统的问题提供了有效的手段。工程物流系统仿真是借助计算机仿真技术，将所要研究的工程物流系统问题转化为计算机可操作的模型，并在接近于实际的条件下模拟工程物流系统的动态行为，得到各种物流活动的模拟试验记录，进而研究工程物流系统功能特性或症结的一种工具。

工程物流系统仿真可以提供大量信息，帮助决策者理解、熟悉、掌握工程物流系统的工作原理，从而对原系统提出改进方案或者设计、选择最优方案，提高工程物流系统的效率和服务水平，降低物流系统的运行成本和风险。工程物流系统仿真直观的仿真过程和结果提高了问题分析和解决效率，兼顾技术性和经济性，是近年来国内外学术界研究的一个热点问题。

一、大型设备吊装仿真

(一) 吊装仿真概述

电厂、煤场等大跨度、高结构的封闭工程越来越多；同时，核电建设规划逐步落实，石油开采如火如荼，海洋平台工作船及其他大型设备的种类更加丰富，模块化程度也越来越高。大型设备在安装及运输中的吊装难度逐渐升级，而且国内对于复杂环境的重大件吊装几乎没有进行过事先演练与操作，作业影响因素多、风险高，极易造成作业事故。吊装及运输过程安全质量控制和作业效率取决于施工方案的可靠性，可靠的施工方案可以保证大型设备的顺利运输及吊装就位。

吊装运输施工方案是一项系统工程，涵盖了施工场地布局、吊索具及其连接方式设计、吊点选择、起重吊装设备及运输车选型、吊装工艺设计、工装设计、质量安全保障等。

吊装及运输方案的设计需要综合考虑起重货物参数、起重设备参数、作业工艺要求等要素的复杂设计问题，而传统方案的计算和机械设备选型以人工为主，极易出现计算失误和决策失误；施工方案多以两图一表为主，即施工方案示意图、施工作业流程计划图、安全关键卡控表，以二维形式呈现，没有解决整个施工作业实施过程中的三维空间架构的问题。

这样编制出的施工方案很难满足安全性、经济性和工艺适用性要求。而且国内缺乏有效的吊装工程可视化验证手段，对建造质量、建造周期有一定的影响。结合传统方案设计的理论分析和现代计算机技术的试验验证相结合的方法，即设计前期通过参考一定的标准进行理论计算和仿真分析，进行设计方案的可靠性检验，能够很好地解决现场施工环境复杂、交叉作业多、工期紧任务重等施工问题。

利用计算机技术以及虚拟现实技术搭建虚拟场景进行吊装运输仿真，发挥虚拟仿真技术快速、直观、有效的优势，为重大件吊装的实物可视化、机型选择智能化、操作人员培训便捷化及工艺规划、方案试验、工程验证等奠定了技术基础。在工艺规划方面，发达国家的吊装工艺规划普遍应用仿真技术，将先进技术研究成果快速转化为实际生产力。

例如起重机制造商德国 Liebherr 公司、Demag 公司和美国 Manitowoc 公司等提供的随车吊装软件，美国的 Lift Planner 专业软件，加拿大公司的 Vortex Simulation Platform 软件，以及国内的吊装专家 Vista 软件，都对应着特定的吊装作业。

吊装仿真通过详细逼真的吊装模拟过程和精确的吊装结果，使吊装吊点的布局、吊装路径规划与动作仿真、关键部件的强度校核、设备选择及拼接方式等吊装运输方案的制定与现场真实情况更贴近，工艺流程和内容更加细致、更具有可用性。起重机参数化建模、吊装设备校核计算可以显著提高吊装准确性，保障吊装过程的安全性。

吊装运输的复杂工艺过程和多个对象，使其仿真模型的约束条件增多，求解过程和结果具有鲜明的组合优化和多目标优化特征,决策空间较大。特定目标下仿真结果的唯一性和准确性可实现大型设备吊装及运输方案的自动编制和标准化,而且计算机的运算速度很快,可以提高运输方案编制的效率。

- 小贴士

山东海工联手中集来福士打造全球最先进平台拆装船

在油价市场低迷之际,山东海洋投资有限公司旗下山东海洋工程装备有限公司所属的山东双船起重有限公司(SDTM)与烟台中集来福士海洋工程有限公司签署 Twin Marine Lifter(TML,双船重吊起重系统)项目建造合同,携手进入海工拆解市场。这是依据全球最先进拆解理念"双船起重和三船联动作业"建造的新式海上平台拆解项目,主要用于海上固定式平台的安装和拆解,交付后将于英国北海海域作业。

为什么采用 TML 拆装平台?

随着海洋石油工业的迅猛发展,世界范围内的海洋工程项目日益增多。一方面,海洋石油平台正在向多功能、集成化方向发展,石油平台的尺寸、重量在不断增大;另一方面,由于早期海洋石油平台所处区块石油储量的衰竭,或者平台功能的限制,出于航行或者渔业生产的考虑,有些平台需要拆除运往陆地。

传统的重型吊装船(HLV,大型浮吊)作业是把中到大型平台分割成较小的部分,再吊装到运输驳船上,然后运往岸上,这就延长了海上作业时间,增加了海上工作量和施工难度及施工风险。另外现有 HLV 船队已经老化,这也增加了技术上的风险。

海洋平台的安装除采用传统的 HLV 吊装外,浮托法也是目前应用较多的施工方法,施工速度较快。但浮托法受潮汐、风浪影响比较大,有些甚至必须在一个高潮期完成,操作难度也比较大。早期简单的浮吊吊装法或浮托法已不能满足大型平台安装或拆移的需要。

因此,海洋石油平台海上安装或者拆移的一种新工艺——双船起重法应运而生,这种方法为上述两方面的施工提供了一种新的思路,可提高安装和拆移的效率。

双船起重法是指采用两艘同样的带有动力定位的起重船舶,从平台两侧的底部将平台联合抬起,并安放到导管架上,或从导管架上将平台拆卸下来的施工方法。它是由挪威的 SeaMetric 公司率先提出的,并且已经获得了挪威船级社(DNV)颁发的适用证书。

双船起重系统是一种全新的海洋重型起重方式,由两艘起重船和一艘驳船组成。海上起重系统通过装设于两艘起重船上的 8 至 10 根巨型起重臂以及三级动态定位系统,可实现海上 2 万吨的超大起重能力。它不仅可应用于海上石油平台顶部的移动与安装,还可用于水下安装、海上救援等。

如此次中集来福士的 TML 项目是由三艘配备 DP3 定位系统的半潜船组成,两艘负

责拆解,一艘负责运输。中集来福士负责详细设计、施工设计和建造。每艘半潜船型长206.3m,型宽42m,型深12.5m,设计吃水9.5m,额度人数200人。两艘拆解半潜船配有多个重型吊机,可针对不同大小的平台灵活组合,最大起重能力3.4万吨。

TML作为一项主要用于安装、拆解海上固定石油平台的专利技术,与传统拆解技术相比,具有安全、经济、高效、适用范围广等优势。对于中到大型平台的安装和拆除过程,TML的费用仅为HLV费用的40%~50%,并具备可以缩短操作时间、适应恶劣海况、可浅海操作等优势。

(资料来源:http://www.ship.sh/news_detail.php? nid=23113)

(二)仿真实施流程

(1)以吊装仿真过程为目标,根据作业环境及其他限制条件在虚拟环境下建立三维模型,并根据吊装工艺修改模型;

(2)严格按照吊装方案所规定的吊装顺序完成吊装仿真演示过程,并提示吊装过程中会发生的碰撞等问题,为将来对吊装方案的评估提供直观的感受和依据;

(3)根据仿真过程所提示的问题,修改仿真模型参数,直至没有问题;

(4)根据仿真结果找出原来工艺中不合理的吊装顺序或其他问题,并对吊装工艺进行调整或采取一些施工手段,再次进行对新吊装方案的仿真验证,并评估其合理性和可行性。

根据以上流程可以将吊装仿真总结为三个内容:仿真数据搜集,吊装方案运行与修改,校核及输出。仿真可视化数据来源于仿真系统的数据库和吊装作业现状,以构建、修改、转换与确认仿真模型;吊装方案是仿真的评估对象;校核及输出是对吊装方案进行评估,为实际作业提供决策依据。

吊装仿真流程图如图10-3所示,设备吊装仿真系统结构如图10-4所示。

1. 产品可视化数据准备

模型的精确度会影响仿真效果,要充分准备仿真数据,因此建模精度要遵循焦点对象高精度、非焦点对象低精度的原则。将以往方案中的物体在几何空间内的位置、速度及发生的碰撞,吊具的应力及变形程度等数据作为本次仿真的参考,搜集本次吊装作业中货物重量、形状构造等数据并输入仿真系统,为起重机的选择、装配及吊点布局提供数据基础。

吊装仿真系统的数据库分为数据库数据、应用数据库和数据库后台管理三大部分。数据库数据存储仿真需要的所有原始数据,如起重机起重性能数据库、起重机外形尺寸数据库、起重机部件相对重心数据库;应用数据库根据数据库数据在吊车方案选择中建立并保存起重机三维模型,实现三维吊装仿真,也会提供给其他子模块一些数据,如用于校核计算;数据库后台管理的工作主要是用户管理、数据管理、数据录入,部分为数据库原始数据及应用人员提供了管理机制,系统用户可以查询和更新数据库的数据,系统管理员除了系统用户所拥有的权限还可以管理系统用户及数据录入等操作。

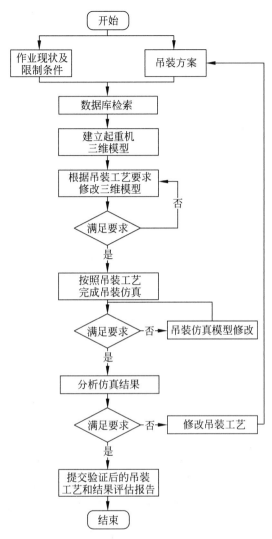

图 10-3　吊装仿真流程图

吊装仿真系统的数据库也是后续仿真模块吊装运输方案的提供者。根据用户的实际需要及环境、经济等各方面的限制条件,仿真系统自动检索数据库中起重机性能等原始数据,生成一组满足作业要求的吊装起重机及构件等其他设备。

2. 方案仿真运行

吊装方案的运行是通过仿真系统中的虚拟仿真模块进行操作的,该模块可以三维显示作业环境、起重机及运输车等设备;通过起重机位置及姿态追踪可以实现大型设备吊装从初始位置到设备指定停放位置再到设备就位位置的全过程三维可视化要求;通过人

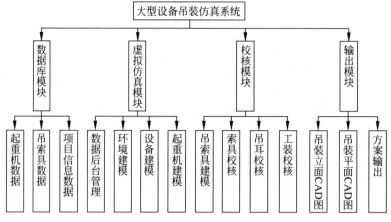

图 10-4　设备吊装仿真系统结构

机接口进行人机交互、修改关键参数等以控制吊装仿真,模拟现实吊装作业。

吊装设备的三维模型是根据选定的吊装方案中被吊货物的外形尺寸等基本信息,如吊耳尺寸规格、吊装设备重量和重心位置等,从数据库中提取出满足施工现场实际情况和吊装作业规划的设备外形参数,然后由三维渲染引擎生成的;也可以先在二维草绘画板绘制作业环境和吊装设备,然后补充三维信息,仍然通过渲染引擎生成模型。三维渲染引擎的设计与实现是仿真系统的重点和难点,也是虚拟仿真模块的核心。吊装作业环境是根据现场环境、各种设备及其他构件的规格尺寸,用三维草绘模块建立的作业环境的三维模型图。

3. 校核及输出

校核及输出分别由校核计算模块和输出模块实现。为避免局部构件由于受力不均或受力过大而损毁导致事故的发生,需要对各部件进行校核计算和局部应力分析,如索具校核、吊耳校核、运输工装校核计算等。而且在吊装作业过程中,起重机臂杆与大型设备及周围障碍物之间最短距离是多少,是否会发生碰撞等也是方案设计人员的关注点。使用计算机校核代替传统的手工校核计算,不仅可以减少误差,节省校核计算的时间,提高计算和分析的准确度和效率,也会为用户设计或选择辅助设备提供参考依据。

在经过吊装仿真后,对于可行的吊装作业过程进行保存、输出,包括 Word 文档格式的校核计算书、起重机站位及吊装设备 CAD 图、仿真录像及其他格式的仿真结果,从而为制订吊装方案、指导后续施工作业提供可靠的素材和依据。

在实际操作之前,针对吊装作业中被吊设备的特点,在吊装方案编写时规避可能出现的工艺问题,并利用仿真软硬件提供的三维立体仿真环境对三维模型的综合吊装过程进行仿真制作,既可以直观、系统地模拟可能发生的状况及工艺规划中吊装顺序存在的不足,又检查了在吊装过程中是否会出现周围环境与吊装设备之间的动态干涉,可以为吊装方案制定与管理决策提供可靠的依据。工艺评审人员和管理人员在该环境下对吊装方案的可行性、正确性、合理性等方面进行评估,从而可以取得工艺规划与验证的效果。

二、军事物流系统仿真

军事物流系统复杂,经常是多个保障任务并行交叉运行,事前分析规划较为困难,且具有不可重复性,一次物流活动的延误将严重影响作战行动的进行,甚至决定战争的胜败。因此,战前如何设计筹划以满足物流实体随时加入系统,战中如何精准调控作战过程中与作战相关的所有物资,战后如何客观评估,这些都是各级保障单位所关心的工作。

20世纪60年代,计算机仿真技术率先在美国军方的作战、训练、后勤保障等方面得到了快速应用及发展。美军借助计算机仿真技术对未来战争进行模拟,随后包括美国国防部国防建模与仿真办公室在内的多个部门进行了对作战和后勤等情况的分析与评估。20世纪70年代,一些主要发达国家的军队先后开发了仿真模型,应用于勤务保障机构设置、库存控制、供应策略、运输等后勤决策。

20世纪90年代,国内相关科研院所和公司开始研究仿真技术及其在物流中的应用,而后一些军事院校也陆续发表了库存控制方面的仿真研究文章。军事物流仿真技术已成为军事物流研究的重点。

(一) 军事物流系统仿真的内容

影响军事物流作业效率的因素非常多,可以采用系统仿真模拟再现作业流程,有效分析物资的流量流向、关键设备调用等决策和天气环境等特殊情况等对军事物流系统运作的影响,找出瓶颈环节或问题环节,以采取必要的规避措施,保证军事物流的保障任务顺利完成。配送中心的作业仿真主要包含作业流程仿真和作业能力仿真。

1. 作业流程仿真

军事物流作业流程不是单一单向的作业流程,而是根据不同的保障任务,在同一时间内交叉执行不同的作业,如物资采购运输、补充物资入库、物资拣选出库及发货等。传统的军事物流作业设计,大多根据人们的经验和推测,因此实际运行与规划设计相差甚远。而且不同的军事任务所需物资种类数量不同,物资的拣选、出库、运输路径也各不相同,因此路径选择就会极大地影响军事物流的效率和质量。通过系统仿真可以优化作业路径,提高作业效率。

2. 作业能力仿真

军事物流的运转需要大量资金和人力,其中设备的资金占有很大比例,设备的种类、数量及型号选择对于军事物流的作业方式和流程起着决定性作用。军事物流的主要设备包括存储设备、分拣设备、装卸设备、运输设备、打包设备等。这些设备根据不同的需求可以有不同的组合方案。

(二) 仿真模型的实现

军事物流环节多,充满随机因素,例如物资采购的多种选择、装卸搬运速度、货物在理货区的处理时间、运输工具的故障率等。在仿真模型中将所有随机因素考虑在内是不可能实现的,实现意义也并不大。军事物流系统属于离散事件系统,可以采用离散事件仿真软件 Flexsim 建立军事物流仿真模型,常见军事物流系统的仿真研究多以高体系架构 HLA 为基础引入其他计算机技术。

利用仿真技术,可以创建物流保障实体、物流装备、运输工具、交通设施和自然环境等二维、三维模型,并赋予定义和相关业务属性,如仓库的库存与收发能力属性、车辆的载重与速度属性、物流机关的可调配人员及工种等。仿真实体在仿真环境中可以以二维、三维的形式呈现,主要包括:物流机关、仓库、野战货场等物流保障实体;立体货架、码垛机、传送带、叉车、自动分拣装置等物流装备;输油管道及水、陆、空运输工具;火车站、汽车站、机场、港口以及道路、桥梁、铁路等交通设施。

运用排队论等数学方法,以作战条令、指挥程序、状态转移规则等作为各模型仿真时的约束条件,对物资的需求计划、采购补充、出入库及收货发货、配送、运输等活动进行建模。将物资在产、在运、在用的种类数量流向分布,各军事物流机关可用的资源及能力以二维方式在电子地图上显示,可以实时掌握物资及各单位状态。

根据军事物流系统仿真时所反映出来的功能性数据结果,采用计算机自动评估与人工相结合的方法,分析物流保障效率与各影响因素的关系,为物流体系中的重要节点的选址规划及配套设施的作业能力选择、仓储规划等提供决策依据。将实物数据输入仿真系统,利用物流仿真软件建立军事物流系统模型并在计算机上进行数据运算和二维或三维形式的模拟运行,根据每一次的仿真结果与物流目标及预期效果的对比,多次重复运行和修改使模型逐渐趋于高效平稳,仿真试验的可控性、零损失性及可重复性可最终低代价、低成本提高军事物流的战时军事效益。

1. Flexsim 在军事物流中的应用

Flexsim 是一款通用仿真软件,在军事领域具有广阔的应用空间,可以对仓储、运输、配送等军事物流的多个环节进行建模仿真。如利用 Flexsim 软件建立军事物流配送中心的内部仿真模型,根据物流配送中心的实际搬运设备、存储设备、工作人员及运输工具的作业路径等情况创建仿真模型中的单元,设置各单元的参数和属性,以多种形式显示的运行数据可以使用户直观分析每台搬运设备的工作效率和各条路径的利用率,甚至可以分析冗余员工能力。适当调整优化模型,最后输出多种形式的数据或文件,以此作为物资的紧急收发作业时的标准,最终达到提高军事效益的目的。

2. Cape Pack 在军事物流中的应用

集装箱在国际物流及海运中得到广泛应用,因为集装箱可以使作业流程标准化,有效提高物流供应链的运作效率,因此军队的仓储及运输部门普遍重视军用物资集装化。传统军队的集装箱的预测计算多以经验估计或手工估算为主,求解结果与实际要求存在较大误差,无法充分发挥运输工具的运输效率。

Cape Pack 软件可以解决单一包装或多种类包装混装的运输问题,在软件内输入包装箱的种类、数量、尺寸和集装箱的尺寸,软件即可自动生成多种三维形式的装载方案,同时计算出托盘、集装箱等设备的利用率,集合包装单元的尺寸、重量等具体数据,用户可根据自身需求准确选择合适的方案。在时间紧迫、物资需求多样的军事条件下,用 Cape Pack 软件迅速制定出优化的装载运输方案,充分发挥包装在物流活动中的桥梁作用和保障物资安全的作用,以较低的资源消耗最大限度地满足军事物流需求,对于军事物资保障能力建设具有重要的现实意义。

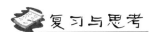 扩展阅读10-1

物流仿真技术应用

复习与思考

1. 如何理解"模型是仿真的基础"这句话?
2. 系统、模型和仿真三者之间有什么关系?
3. 试述仿真系统在物流中的一般应用。

参 考 文 献

1. 王丰,杨西龙.现代军事物流[M].北京:中国物资出版社,2005.

2. 朱美虹.水利水电工程中物流优化系统构建[J].中小企业管理与科技(上旬刊),2007(12).

3. 刘玉明,王耀球.大型工程建设项目的供应物流模式选择研究[J].物流技术,2007(2).

4. 龙跃.突发性灾害救助中的应急物流管理探索与研究[J].江苏商论,2008,(3).

5. 关善勇.特种货物运输管理[M].北京:人民交通出版社,2008

6. 蒋宁,张军.国外应急物流发展现状与特点[J].物流技术与应用,2009,14(3).

7. 邓琳娜.浙江省救灾应急物流系统构建研究[D].赣州:江西理工大学,2011.

8. 孙静霞,张净.国外应急物流研究综述[J].物流工程与管理,2012,34(4).

9. 李晓晖.应急物流规划与调度研究[M].北京:经济科学出版社,2016.

10. 王吉寅,张桥艳.民航货物运输[M].重庆:重庆大学出版社,2017.

11. 辜英智,魏春霖.民航物流基础概论[M].成都:四川大学出版社,2017.

12. 王诺.工程物流[M].北京:人民交通出版社股份有限公司,2018.

13. 黄伟典.建筑工程计量与计价[M].北京:中国电力出版社,2018.

14. 蔡敬伟.全球多用途重吊船市场分析[J].船舶物资与市场,2018,(4).

15. 杨洪所,胡双.全球半潜船运输行业竞争格局与前景[J].设备管理与维修,2018,(23).

16. 旬烨.军事物流学[M].北京:中国财富出版社,2019.

17. 张天宇,姜玉宏.新时期军事供应链发展研究[J].指挥控制与仿真,2019,41(2).

18. 王瑞君,曾艳英.会展物流[M].北京:高等教育出版社,2019.

19. 李旭东,王芳.突发公共卫生事件下基于区块链应用的应急物流完善研究[J].当代经济管理,2020,42(4).

20. 李峰,刘海.浅析5G技术在现代军事物流中的应用[J].物流技术,2020,39(4).

21. 高茜,马兆良,班苑苑.进出口贸易实务[M].南京:南京大学出版社,2020.

22. 王爽.基于区块链的应急物流体系建设[J].市场周刊,2020,(6).

23. 陈静,刘玒玒.生鲜农产品冷链物流的研究与探讨[J].中国储运,2021(7).

24. 李兴举.工程物流实务[M].北京:人民交通出版社股份有限公司,2021.

教师服务

　　感谢您选用清华大学出版社的教材！为了更好地服务教学，我们为授课教师提供本书的教学辅助资源，以及本学科重点教材信息。请您扫码获取。

≫ 教辅获取

本书教辅资源，授课教师扫码获取

≫ 样书赠送

物流与供应链管理类重点教材，教师扫码获取样书

 清华大学出版社

E-mail: tupfuwu@163.com
电话：010-83470332 / 83470142
地址：北京市海淀区双清路学研大厦 B 座 509

网址：http://www.tup.com.cn/
传真：8610-83470107
邮编：100084